経営戦略論を学ぶ

稲田賢次・伊部泰弘
名渕浩史・吉村泰志 ◎──著

創成社

はしがき

■本書の目的

世の中には，すでに経営戦略に関する教科書，入門書がたくさん出版されている。その内容は，すでに出版されているものと重なる部分も少なくない。また，インターネットで経営戦略に関する概念やキーワードを検索すれば，結果は簡単に出てくる。現代は経営戦略の考え方がコモディティ化，ツール化している時代ともいえるだろう。したがって，戦略の現実的な解釈と考察が深く求められる時代であるといえる。

戦略志向の重要性が認識されるようになって歴史的に長いかもしれないが，現代では「戦略」という言葉が便利で簡単に使用されるようになり，今や企業だけでなく国家，産業，個人などさまざまな主体に幅広く使われている。しかし，本当の意味で「戦略」と呼べるものが一体どれくらいあるのだろうか。

経営戦略とは，少なくとも中・長期にわたって重大な課題に取り組むための構想や行動指針であり，採択すべき戦略によって成果が変わる経営上きわめて重要な意思決定である。さまざまな業界に属する企業はビジネスの数だけ戦略が存在すると考えられているかもしれないが，戦略がすべて異なるわけではない。自社が置かれている環境において，その時点で想定する戦略は無数の選択があるのではなく，いくつかに限られてくるように思われる。その時点の取り巻く環境状況から将来に向けて，企業は有効で適切な戦略を採択し，実行することが大切である。

経営戦略論は，これまで有効な経営戦略についてさまざまな理論アプローチや概念から研究・考察されてきた。本書は実際の経営戦略を考えるにあたって，既存の経営戦略論の内容から「基本」と「解釈」を学ぶことを目的とした教科書である。実際に大学で経営戦略論を担当する教員と実務の最前線で活躍するコンサルタントによって，経営戦略に関する教科書を作成しようと検討を重ねたのが本書である。

■本書の対象

本書は，経営戦略論を学びたい方を対象にしており，まず，はじめて経営戦略論を学ぶ大学生を想定している。また，過去に勉強したがもう一度勉強してみたいと考えている方，ビジネスマンとして経営戦略論を学びたい方，大学で経営戦略論を担当している教員にも参考にしてもらえると幸いである。既存の理論や概念を簡単に理解したい，全体を把握したい方を対象にしている。

経営戦略論を学ぶにあたって，実際に経営戦略を策定する立場でなければ学ぶ意義がないというわけではない。経営戦略はトップや経営幹部だけがデザインすればよいというものではなく，現場のミドルも戦略内容にかかわることもある。一方，現在の事業に対して競合他社の戦略分析を行うことでも有効に活用できるだろう。大学生にとっては社会に出る前に経営戦略論について学び，戦略的思考を身につけてもらいたい。

■本書の特徴

大学で経営戦略論の講義を担当する立場から，実際に講義で活用しやすいように，また学ぶ人にとってわかりやすく，役に立つ教科書になるような工夫を重ねてきた。その結果，本書は次の３点が主な特徴といえる。

第１に，本書の構成は最小限必要だと思われるテーマに基づいている（【本書のテーマ】と【本書の構成】を参照)。経営戦略を策定する場合において，さまざまな状況を想定した上で選択したつもりである。もちろん最新の理論や抜け落ちているテーマや内容はあるが，本書は既存の経営戦略論の基本をしっかりと学ぶことに重点を置いている。実際の現場でも，最新であれば必ず役に立つというわけではない。まず基本を押さえ，その説明と必要な解釈を行うことにしている。

第２に，本書で取り上げる基本的な概念はできるだけ簡単に説明し，脚注も少なくする代わりに本文中ではいろいろな工夫を試みている。既存の経営戦略論がどのように重要性をもつかは，現実に対する分析や考察を通した解釈力にある。実際の現場でも，環境が日々変化する中で適切な分析を行い，実行することが何よりも大切である。その意味で執筆者それぞれがわかりやすく，役に立つように説明，解釈を行っている。また，説明力が乏しい理論や概念における欠点に踏み込んで説明を試みている箇所もある。

第３に，本書のレイアウト＆デザインについて，通常の本文に加えて，用語の知識も増やし，思考をめぐらせ，学習したポイントは確認できるようにすることで，理解を深める工夫をしている。詳しくは【本書の利用方法】を参照してほしい。

経営戦略論の教科書は，入門書でも難しいと感じる学生が多い。難しい内容をわかりやすく，役に立つように教えることを念頭に，執筆を試みたつもりである。とはいえ，基本的な説明にとどまらず，思い切って執筆者なりの解釈を試みるなど，あえて基本的内容を逸脱している点も少なくない。そこは本書を通じて読者が少しでも経営戦略論が持つ面白さ・興味深さを感じ，理解を深めてもらうことができたならば，執筆者としてこの上ない喜びである。本書をあくまでもきっかけにしてもらい，さらにステップアップして学習してもらえれば幸いである。

■本書のテーマと構成

本書は，経営戦略の基本として必要だと思われる6つのテーマに基づき，それぞれ12章に振り分けて構成している。

本書のテーマ

テーマ	該当章
Ⅰ．経営戦略とは何か？	第1章
Ⅱ．自社の取り巻く環境を分析し，事業領域を設定するには？	第2・3章
Ⅲ．競合企業とどのように差別化し，競争優位性を獲得していくのか？	第4・5章
Ⅳ．企業が成長していくためにとるべき戦略，仕組み，法則とは？	第6・7・8章
Ⅴ．経営資源を活用し，いかに能力を高めるのか？ またどのように経営資源を配分，展開させるのか？	第9・10章
Ⅵ．経営戦略と組織との関係とは？ 戦略を決める経営者のリーダーシップとは？	第11・12章

第1章では経営戦略の基本について学ぶが，その中で各章の重要な概念がどこに掲載されているのかがわかるように配慮している。各章は順番に学習できるように振り分けてはいるが，問題意識に応じてどのテーマ，どの章から読んでもらってもかまわない。

本書の構成

該当章	各章の内容	サブタイトル
第 1 章	経営戦略の基本	経営戦略論を学ぶ
第 2 章	環境分析	環境によって企業の立ち位置はどう変わる
第 3 章	ドメインと事業定義	自社の生存領域を決める
第 4 章	競争戦略	生き残りをかけた戦い
第 5 章	市場地位別戦略	競争ポジションによる戦略定石
第 6 章	成長戦略	成長の手法…アンゾフの考え方
第 7 章	事業システム	競合に打ち勝つ事業の仕組み
第 8 章	製品ライフサイクル	製品・企業・事業の誕生から衰退までの戦略
第 9 章	経営資源と能力	己を知れば百戦危うからず
第10章	PPM（プロダクト・ポートフォリオ・マネジメント）	事業のポジションを見極める
第11章	経営戦略と組織	組織で戦略する
第12章	経営戦略と経営者のリーダーシップ	戦略の前にあるべきもの

【謝　辞】

本書を企画するにあたって，執筆メンバーは大学院生の頃から研究を通して膝をつきあわせ議論をしてきた先輩・朋友３人（伊部・吉村・稲田）でスタートした。本書を借りて，龍谷大学の学縁に感謝するとともに，龍谷大学でこれまで御指導頂いた諸先生・諸先輩の学恩に感謝の意を記したい。また，日ごろから各種学会・研究会等の交流を通じて，諸先生・諸先輩方から御指導・御鞭撻を賜り，貴重なアドバイスを頂いている。本書の紙面の関係上，お一人ずつ御礼を申し上げることはできないが，４人が共通して所属している実践経営学会と関係する諸先生方に御礼申し上げたい。

また，本書の執筆は，共同執筆者であるコンサルタントの名渕氏の共同参画を通して紙面におけるさまざまなアイデアと工夫により，従来の教科書よりもレイアウトやデザインにおいて充実できたといえる。今回，４人で執筆できたことを何よりも心より嬉しく思う。

本書をとりまとめるにあたり，当初の企画通りにはなかなか進まず，試行錯誤を繰り返しながら思いのほかかなりの時間がかかってしまった。共著執筆のため，全体的な調整もまだまだ不十分であることは否めない。もし今後の改訂の機会があるならば，一層の充実をはかるべく次の機会に譲りたいと思う。

最後に，厳しい出版事情にもかかわらず，本書を出版して頂いた株式会社創成社には心から御礼を申し上げたい。特に執筆作業を辛抱強く見守って頂き，出版の手続きや編集・校正に多大な御尽力を頂いた出版部の西田徹氏には心から感謝の意を表したい。

2015年6月　共著者を代表して

稲田　賢次

目　次

本書の利用方法

本書は，各章の最初にまず見開きで【黒板】に見立てたレジュメがあり，次に本文中には文章による説明以外に【講義日】，【図表】，【用語解説】，【事例で考える】，【STEP UP】，【考えてみよう】，【○×確認 Quiz】で構成されている。

【黒　板】 最初の見開き２ページは教員が板書する「黒板」に見立て，要点のみを整理をしている。学習する内容として，最初に要点を確認することができるだけでなく，最後に復習として要点をチェックすることができる。

【講義日】 本文のタイトルの横に学習した日を記載できる欄を設けている。日程を記載することで，いつ学習したのかを記録することができる。

【図　表】 図も表も図表として掲載している。出所を簡易化して明記し，詳細は参考文献から確認することができる。

【用語解説】 本文中で説明が必要な用語（📖）について，説明や解説を加えている。

【事例で考える】 執筆者がセレクトした事例を紹介し，事例から概念の理解を助ける目的で説明している。ケース分析というより，ケースによる理解と考察という位置づけである。

【STEP UP】 さらに深く学習を進めたい人に，章の中でスタンダードな原著や重要な文献を紹介している。

【考えてみよう】 本文の説明から，さらに考えてほしい項目である。講義やゼミの例題として一緒に考えてもらうことはもちろんのこと，時間外でも友人や同僚と議論し合うことをお勧めしたい。正解は１つではないかもしれないが，その違いを通して考えることも有効だと考えられる。

【○×確認 Quiz】 教員が講義で確認したい内容，あるいは試験のための準備問題を，○×のクイズ形式で提示している。学生自身が講義中に，あるいは試験前に確認できる問題であり，答えと簡単な解説もあるので，ぜひトライしてほしい。

第1章　経営戦略の基本
～経営戦略論を学ぶ～

◎ 経営戦略を学ぶこととは？

・ビジネスを成功に導くのも失敗に導くのも，経営戦略が大きく関係
・採用する戦略によって業績に差がでる

◎ 経営戦略に影響を与える要因

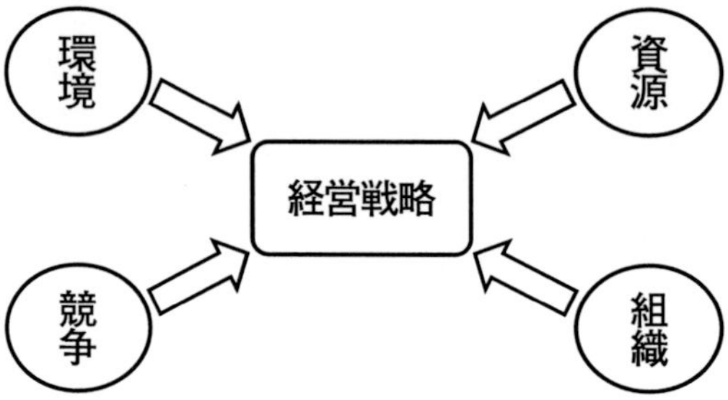

◎ 意思決定としての戦略　　（※人生の戦略も…）

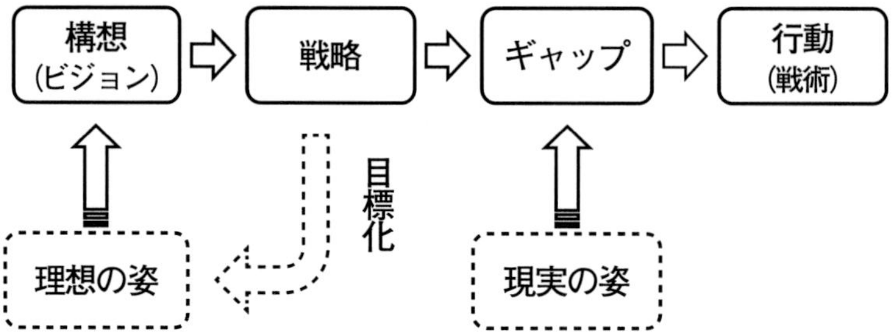

◎ 戦争論の古典から学ぶ戦略論

・クラウゼビッツの戦争論
・孫子の兵法
・ランチェスターの法則　「一騎打ちの法則」「集中効果の法則」

◎経営戦略の概念

・経営戦略論は，チャンドラー，アンゾフから始まる
・戦略定義が定まっているわけではなく概念は多様
・本書の経営戦略の定義
「①変化する環境に対して企業が創造的に適応し，②競争を通して独自の優位性や能力を確立するための，③長期的な基本構想と行動指針のパターン」
・「戦略」と「戦術」の違い
戦略：長期的・大局的な視点から目標を達成するための計画（what to do）
戦術：戦略に基づいて実行される具体的，かつ実際的な手段（how to do）
・経営戦略の3つの階層（全社戦略，事業戦略，職能別戦略）

◎分析型戦略論とプロセス型戦略論

・分　析　型：事前計画，分析的，合理的，トップマネジメントによるなど
・プロセス型：事後的なパターン，プロセス，相互作用，組織メンバーも含むなど
⇒ どちらも同時に必要！

◎経営戦略形成のプロセス

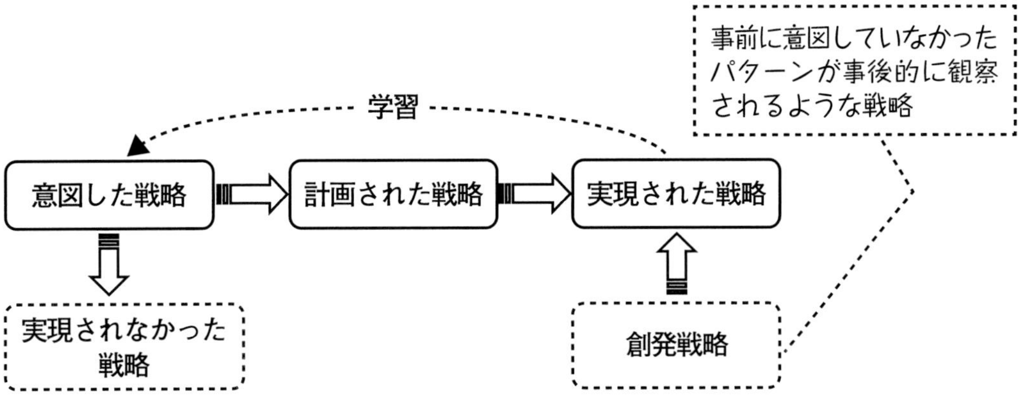

※学んで欲しいこと
経営戦略とは何か？　その基本の捉え方について学習してください。
学んだ捉え方を実例に当てはめて，考えるようにしてみてください。

第 1 章　経営戦略の基本
～経営戦略論を学ぶ～

講義日
／

1．経営戦略を学ぶこととは…

（1）ユニクロの戦略から学ぶこと

ユニクロを展開するファーストリテイリング会長の柳井正氏は，「世界一のアパレル製造小売業」を目指し，海外戦略をすすめている。1984 年にユニクロ第 1 号店を広島に出店してから約 30 年。現在では，ロンドン，パリ，ニューヨーク，上海，台北，ソウル，香港，オーストラリア，ドイツなど世界各地の主要都市に出店している。報道によると，2015 年 8 月期にユニクロの店舗数は国内と国外で逆転する見通しとなっている。

「フリース」，「ヒートテック」の成功に代表されるように，商品開発では常にイノベーションを試み，価格と品質のバランスを保ちながら付加価値を高め，他社に対して競争優位性を構築し，劇的に成長してきた。これまで国内のロードサイドを中心に出店をすすめてきたが，現在は海外出店を加速させ，将来の成長に対して革新的に行動している。

海外出店を戦略として実行するには，進出国における法律や経済状況，消費者の嗜好やブランドに対する認知度，他のライバルとの競争など，さまざまな要因を考慮する必要がある。さらに，海外展開における人材の確保や経営チームの育成，技術の移転，商品供給体制の構築など，いくつもの課題に取り組まなければならない。ユニクロはそれらの課題に取り組み，海外戦略を実現させた。

しかし，ユニクロの海外戦略は，当初から成功していたわけではなかった。初期の海外進出は撤退も含めて失敗の連続であったが，進出国の大都市の繁華街にフラッグシップ・ショップ（旗艦店）📖を出店する戦略を採用することで成功に向かい始めたのである。ロードサイドを中心に多店舗化をはかる従来の方法ではなく，ユニクロは新たな戦略の転換をはかったのである。ユニクロのこれまでの成功は，こうした数々の挑戦の中から，時には失敗を通して学習し，そこから成功に導く戦略を発見し，実行してきたといえる。

ビジネスを成功に導くのも失敗に導くのも，経営戦略が大きく関係している。採用する戦略によって，業績にも差がでてくる。万が一，誤った戦略を実行した場合，その大きさにもよるが，企業の存続自体を危うくしてしまうこともある。また，ユニクロのように失敗から学習してそれが戦略の実行推進力となることもある。

用語解説 **フラッグシップ・ショップ（旗艦店）**

複数の支店を持つ専門店が十分なスペースをとって，視覚的に自社のコンセプトに最も適切と考えられる演出や訴求（VMD：ビジュアル・マーチャンダイジング）を行う代表的な店舗のことをいう。ラグジュアリー（高級）ブランド店で採用されている戦略の１つ。フラッグシップ・ショップは多店舗展開をしている店舗の中でもブランドの情報発信基地であり，旗艦店は全商品を取り扱うなど特に力を注ぐことによってブランドの認知と浸透をはかることを目的にする。

ユニクロは海外で旗艦店の出店を通して知名度をはかり，グローバルブランドとしてユニクロのポジションを確立したい考えである。海外だけでなく国内でも心斎橋店，銀座店，「UNIQLO OSAKA」（2014年10月31日オープン）の３店舗をグローバル旗艦店として展開している。特に「UNIQLO OSAKA」は関西のみならずアジア中核都市の１つとして，インバウンド効果の外国人観光客を意識した店舗戦略となっている。

考えてみよう

企業が過去に実行した戦略の「成功」と「失敗」の事例を調べてみよう。そこから，その原因について考え，学ぶ教訓があれば導きだしてみよう。

（2）経営戦略に影響を与える要因と意思決定

経営戦略に影響する要因として，代表的なものがいくつかある（図表１－１参照）。

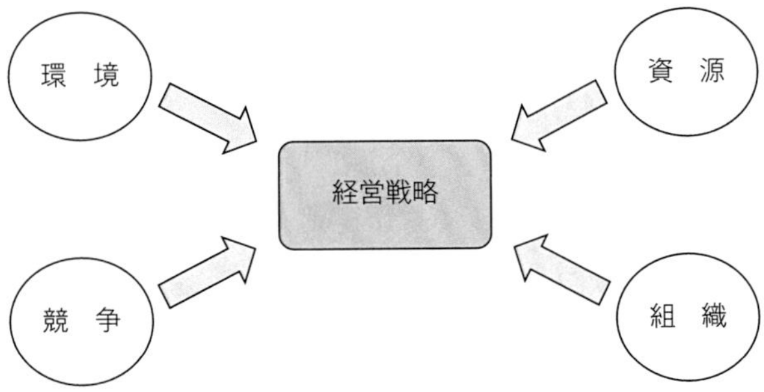

図表１－１　経営戦略に影響を与える要因

企業を取り巻く環境は時代とともにますます変化のスピードが増し，複雑化してきている。技術革新の進展，グローバル化，規制緩和，消費者の嗜好の変化，通信・情報技術の急速な進歩による社会環境の変化など，企業はさまざまな環境変化に適応することが求められる。したがって，戦略を策定するには，まず自社を取り巻く環境の分析（☞ 第２章参照）が欠かせない。

企業は，競争に対して戦略的に対応することも必要である。今日のような厳しい競争の中で，他社が簡単に模倣できる平凡な戦略では企業が長期的に発展・存続していくことは難しい。戦略とは競合他社との間で自社の競争優位性を模索しながら構築するものでもあり，戦略やそれを支える仕組みの優劣が結果的に企業の業績格差につながるといえる。

企業の外部要因にばかり目を向けてもいけない。いくら戦略が優れていても内部の組織や経営資源・能力を無視したものであれば，戦略を実行・実現することはできない。戦略とは組織の活動を一定の方向に向け，行動指針として実行できるように描くものでなければならない。

その意味で，経営戦略とは将来の「設計図」や「シナリオ」のようなものであるといえる。その設計図やシナリオを描くとき，次の一連のプロセスから意思決定を行う（図表1－2参照）。

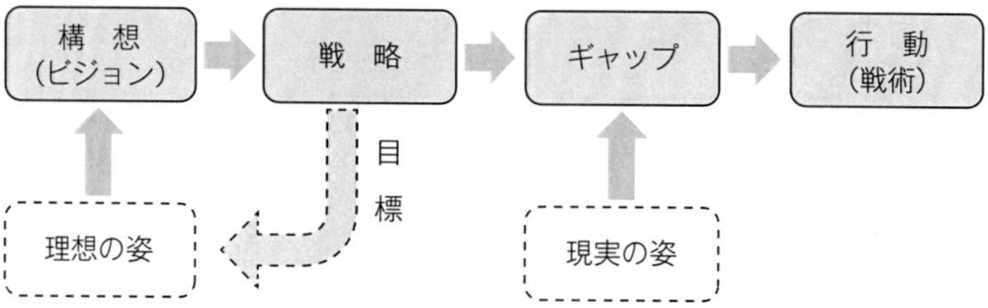

図表1－2　意思決定における戦略

出所：奥村［1989］，79ページより一部追加・修正。

まず，企業は自社の理念や価値観から理想の姿を描き，将来どのようになりたいのかという構想（ビジョン）を立てる。次に，そのために何をなすべきかという目標を設定する。この目標志向に当たるのが経営戦略である。しかし，その目標を実現するには「理想の姿」と「現実の姿」との間に生じるギャップを埋めなければならない。このギャップを埋めるために，手段となる具体的な行動（後述する「戦術」）を決め，実行していくことが意思決定として必要になる。

この目標志向でいえば，わたしたち個人が考える「人生の戦略」にも似ている点が少なくない。人は未来に向かって生きている。ただ漠然と生きるよりも，自分の価値観の中から有意義と思う目標を探し，将来の生き方を構想し，そのための行動を起こし，試行錯誤している。振り返れば，しっかりした目標を持って「いま何をするべきか」を考えて行動したほうが，結果的に成果があがっていることも少なくない。人それぞれの「幸福」を定義することは難しいかもしれないが，充実感や達成感を得るために戦略的に考えることは大切である。もちろん経営戦略と人生の戦略は異なる部分も多々あるが，これから学ぶ戦略論の概念はわたしたちの日常の中で説明できるものも少なくない。経営戦略論の概念や考え方を学ぶことによって，そのヒントになるかもしれない。

企業にとって有効な経営戦略とは何か，また，どのように戦略は形成されるのか。これらの理論的な考察が経営戦略論であり，経営戦略論のこれまでの基本的な概念を通して，経営戦略を学ぶことが本書の目的である。

2．戦争論の古典から学ぶ戦略論

「戦略」という言葉の語源は，もともと戦争に関する軍事用語から始まったとされる。戦争現象を分析した理論的な研究として『戦争論』をまとめたクラウゼビッツ（Clausewitz, C.von.）は，戦略とは戦争目的を達成するための戦闘であり，戦争全体と戦争における個々の作戦を計画するための方針であることを示している。

戦争論からの教訓は，多くの要人やリーダー，経営者たちを惹きつけ，影響を及ぼした。今日のビジネスの競争や組織の統括などにおいても参考にすべき点が多く，経営のヒントとして活用されている。

戦争論の古典として評価が高いのは，『孫子』の兵法📖である。軍事戦略家の孫武の作と言われているが，約2,500年前の中国の春秋戦国時代に戦争を行う際の心構え，戦争の性質，基本方針，戦局の展開，戦い方にかかわる内容が13篇にまとめられている。

用語解説

『孫子』の兵法と五事七計

『孫子』の兵法の内容は，①計篇，②作戦篇，③謀攻篇，④形篇，⑤勢篇，⑥虚実篇，⑦軍争篇，⑧九変篇，⑨行軍篇，⑩地形篇，⑪九地篇，⑫火攻篇，⑬用間篇の13篇から構成されている。

「五事」とは，①道，②天，③地，④将，⑤法である。①は為政者（リーダー）と人民が心をひとつにして一致団結する（生死を共にする）こと，②は天候，季節，時期などのタイミング，③は地域，地形，距離などの地理的要素，④は指導官の知謀・信義・仁徳・勇気，威厳などの力量，⑤は部隊の編制，規律，装備などの軍の制度・軍規を指している。

「七計」とは，①どちらの君主が人心を把握しているか，②将軍はどちらが優秀か，③天の利・地の利はどちらに有利か，④法規はどちらがより厳格に守られているか，⑤兵はどちらが強力か，⑥兵卒の訓練はどちらがよりなされているか，⑦信賞必罰はどちらがより明確に守られているか，の7点で判断する。

戦争を行うかどうかの判断は，ときに冷静さを失うこともある。事前の判断として五事七計という基準は，戦略を合理的に深く考えて結論を出さなければならないものである。

「五事七計」は，経営のシーンに置き換えても類似している点や参考にできる点があるといえるだろう。

戦争はその国の存亡にかかわる一大事であるから，戦争をする前には慎重に開戦を判断しなければならない。『孫子』では，最初の計篇で勝つか負けるかを事前に分析することが大切であるとする。分析するのは敵・味方の状況を5つの基本的な要因（五事）と，さらに7つの比較項目（七計）から検討する。そして，そのための情報収集を必要とする。決して安易に戦争はせず，戦争をしても負ける戦闘はしない。「戦わずして勝つ」のが最善の策と考える。

戦争時の兵力（＝戦闘力）の差によって勝敗が決まること，それに合わせて戦略を立てることを示したのが，ランチェスター（Lanchester, F.W.）である。ランチェスターは第1次世界大戦時に活躍したイギリスの航空工学のエンジニアであり，戦闘機の開発と成果の関係を研究した結果，兵力数と武器性能によって損害量が決まるという関係から2つの法則を導きだした。

その研究がやがて第2次世界大戦でオペレーションズ・リサーチという分野に発展し，経営の分野に応用され普及した。日本では経営コンサルタントの田岡信夫氏が販売競争で勝つための戦略として紹介し，ランチェスター戦略と呼ばれるようになったのである。

ランチェスターが導き出した法則から，2つの戦略が示される（図表1－3参照）。

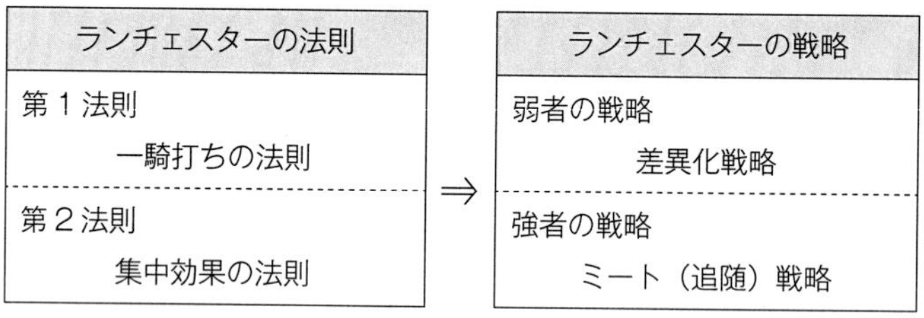
ランチェスターの法則
第1法則
一騎打ちの法則
第2法則
集中効果の法則
⇒
ランチェスターの戦略
弱者の戦略
差異化戦略
強者の戦略
ミート（追随）戦略

図表1－3　ランチェスターの法則と戦略

第1法則の「一騎打ちの法則」は，一対一同士で戦う場合に必ず兵士の数の多い方が勝つというものである。第2法則の「集中効果の法則」は，武器などの兵器が入ると，戦力は兵士の数に二乗した差が出るというものである。

ランチェスターの法則から導き出される戦略について，弱者の戦略では強者にまともに戦っては負けるため，強者にはできない差異化戦略を採用しなければならないというものである。例えば，一点に集中する，局地戦・接近戦に持ち込む，一騎打ちに持ち込むことなどが挙げられる。一方，強者の戦略は相手の戦略を模倣すれば物量作戦で弱者に圧倒的に勝つことができるため，ミート（追随）戦略を採用することが戦い方の定石となる。

ビジネスの世界に応用すると，大企業は市場シェアと経営資源において圧倒的に中小企業に優っているが，中小企業は大企業が参入できないような領域で差異化戦略を採用することで，強者に引けをとらない戦いの方法があることを示している。一方，大企業は豊富な経営資源の差で勝つことができるため，総合力でカバーする戦略をとればつけ入る隙を与えないようにすることができる。もし中小企業が新商品をヒットさせたら，大企業は同じ商品を複数導入したり，市場を広域に対応するなど追随していればよい。

現代のニッチャーの戦略，リーダーの戦略といった地位別戦略（☞ 第５章参照）につながる考え方といえるだろう。

3．経営戦略の概念と内容

（1）経営学における戦略研究の始まり

経営学の古典と呼ばれる諸研究の中で「戦略」という言葉を最初に使ったのは，チャンドラー（Chandler, A.D.）だといわれている。チャンドラー［1962］は，経営戦略を「企業の長期的目標と目的の決定，行動指針の採用，目的を達成するために必要な資源配分」と定義した。

ただし，チャンドラーの関心は組織と戦略の関係であった。つまり，戦略の探求というより戦略の変更に伴ってそれを実行するための組織がどのように変わっていくのかを歴史的に考察することだった。多角化戦略とそれを管理するための事業部制組織に注目し，有名な邦訳の「組織は戦略に従う」（☞ 第 11 章参照）という命題が導かれた。

経営戦略を実践的な立場から最初に体系的にしたのが，アンゾフ（Ansoff, H.I.）である。アンゾフ［1965］は，戦略を「部分的無知の状態のもとでの意思決定のためのルール」と定義し，不確実性の高い状況において意思決定を導くためのものであることを示している。

アンゾフが戦略に注目したのは，企業が行動を起こす前の意思決定にある。企業の意思決定には日常から将来にかかわる重要なものまでさまざまあるが，アンゾフは３つの意思決定（業務的意思決定，管理的意思決定，戦略的意思決定…☞ 第 11 章参照）に分類し，企業における「戦略的意思決定」の重要性を指摘し，計画論の立場から意思決定の戦略概念を導入したのである。

戦略的意思決定とは，企業の内部よりも外部にかかわる意思決定であり，企業を取り巻く環境にかかわるものを「戦略的」に捉えること意味する。環境とのかかわりから，アンゾフは企業行動を「競争行動」と「戦略行動」に区別している。つまり，環境変化に適応し利益を得る「競争行動」と，積極的に環境変化にかかわり変化を先取りする「戦略行動（企業家行動）」を区別し，企業の成長には２つの行動を共存させることが求められると説明した。

（2）経営戦略の概念

アンゾフが示した戦略の概念だけでなく，経営戦略にはさまざまな視点があり，特に定義として定まっているものがあるわけではない。その理由として，戦略は計画文書のような形で必ず存在しているわけではなく，戦略の捉え方が企業によって実態的に異なっていることが考えられる。また，戦略は必ず目に見える形のものでもなく，立案する経営者の頭の中にある場合も少なくない。戦略とは事前に規定されるものから事後的に証明されるものまであるだろう。

経営戦略の概念の多様性について，ミンツバーグ（Mintzberg, H.［1998］）は従来から示されてきた戦略概念を次の5つのグループ（5P）に分類している（図表1－4参照）。これらの概念はどの概念が正しいかというものではなく，戦略をどの次元で捉えるのか，戦略をいずれの時点に焦点を置くかによって異なってくると考えられる。

戦略概念	内　容
計　画（Plan）	目標達成のための行動のコースや指針として捉えた戦略
策　略（Ploy）	特定の状況で競争相手を出し抜く計略として捉えた戦略
パターン（Pattern）	実際の戦略的な意思決定や行為の整合性で捉えた戦略
位　置（Position）	環境における位置（ポジション）として捉えた戦略
視　野（Perspective）	企業のビジョンや構想として捉えた戦略

図表1－4　ミンツバーグの戦略概念（5P）による分類

出所：ミンツバーグ〔Mintzberg, H.〕（斎藤訳）［1999］，10～16ページより作成。

とはいえ，経営戦略とは何かという統一的な理解も必要である。経営戦略をより広い意味で捉え，これらの特徴を含む定義づけが求められるだろう。そこで本書では，経営戦略を「①変化する環境に対して企業が創造的に適応し，②競争を通して独自の優位性や能力を確立するための，③長期的な基本構想と行動指針のパターン」と定義する。この定義には次の考察が含まれている。

①は，企業と環境とのかかわり方について，組織は環境の変化に適応しなければ存続することができないが，単に適応するだけでなく「創造的に適応する」ことが大切である。このことは環境が企業に要請するものが何かを考えるだけでなく，組織体として企業が環境に積極的に働きかけることによって「創造的に適応する」ことも戦略の概念に含めるべきとの考えだからである（奥村［2007］）。

②は，企業はどのような状況でも周辺に顕在的，あるいは潜在的な競争相手が必ず存在している。したがって，将来の長期的な方向を選択するにあたって，競争相手に勝てる要素，つまり競争優位性につながるものでなければならない。仮に競争が厳しくない場合でも，自らの独自性（能力）や強みを発揮するような戦略が必要である。

③は，経営戦略とは企業の将来性や方向性に対して，場当たり的に短期の現象を追いか

けるのではなく長期的な構想として捉えることにある。構想とは単に将来を考えるだけではなく，行動が伴うものでなければならない。また，その行動によって価値を創造するものでなければならない。戦略を立案する者にとって，構想する力が必要である。構想力には「見えないもの」を見るという意味も含まれる。「見えないもの」を見ているリーダーが企業のキーパーソンとしてどれだけいるか，それが企業の成長や存続を分けるといっても過言ではない。経営戦略を立案する前に，経営者の役割や規制，リーダーとしての正しい姿勢や行動（☞ 第12章参照）が求められる。

（3）「戦略」と「戦術」

ビジネスにおいて，「それは戦略ではなく戦術だろう」あるいは「戦術はいいから戦略を考えよう」などの議論が飛び交うシーンがしばしばある。議論に参加しているメンバーが戦略と戦術の区別をしていなければ場は混乱し，議論が平行線をたどることになりかねない。戦略と戦術をしっかりと区別し，その関係について理解しておく必要がある。

戦略と戦術はもともと軍事用語から派生した概念であるが，その違いは次のように区別される（図表１－５参照）。

	戦　略（Strategy）	戦　術（Tactics）
基　本	長期的・大局的な視点から目標を達成するための計画	戦略に基づいて実行される具体的，かつ実際的な手段
意志決定	トップ	ミドル以下
範　囲	広　い	狭　い
期　間	長期的	短期的

図表１－５　戦略と戦術の違い

出所：宮崎［2009］，37ページを一部修正。

経営に用いられる「戦略」とは長期的，大局的な視点からの目標であり，一貫性が求められる。一方，「戦術」とはその目標を達成するための具体的かつ実際の手段であり，その場の状況に合わせることが求められる。

登山を例に仮に山頂を目指すことが戦略だとすると，戦術は山頂までの考えられるルート（手段）となる。その手段は，選択の中からベストなものを選ぶ。例えば，時間はかからないけれども起伏のあるリスクの高い最短ルートを選ぶのか，回り道になるがアップダウンの少ない安全なルートを選ぶのかである。こうした意味で，戦略はおおむね“what to do”（何をなすべきか）を，戦術は“how to do”（どのようにすべきか）を表すものと解釈できる。

ただし，戦略と戦術の両者の関係は，目標と手段の連鎖関係として階層的に成立することを忘れてはいけない。つまり，上位概念である戦略と下位概念である戦術はセットの関係にある。現実的に戦略が実現すると，今度は戦術が上位概念として戦略化されることがある。そうすると，下位概念として新たな戦術が必要になる。それゆえ，戦略と戦術はどのレベルに着目するかによって捉え方が異なる。戦略と戦術の捉え方も，時間の経過とともに，つまり企業の成長過程に応じて変わる可能性のある概念であるといえる。

（4）経営戦略の階層

経営戦略の階層は，組織の次元や業務の種類によって，全社戦略，事業戦略，職能別戦略の3つのレベル（☞ 第11章参照）によって把握するのが一般的である。全社戦略が上位にあり，その下に事業戦略，最下位に職能別戦略という階層構造になっている。

1つめの全社戦略とは，企業全体としてどのような方向性で経営していくのかを示す。例えば，企業の事業は何か，どのような領域にするのかというドメインの設定（☞ 第3章参照）は全社戦略に位置づけられる。2つめの事業戦略は，（複数の事業分野ごとに）個々の事業単位でどのような行動をとり，どのような競争優位性を構築するのかを示す。3つめの職能別戦略とは，ビジネスを遂行する上で必要となる職能（購買，製造，物流，マーケティング，財務，人事など）の改善や新しい方法でどのように構築していくのかを示す。

全社戦略で「どこで競争するのか」，事業戦略で「どのように競争するのか」を決め，職能別戦略で戦略方針を実現するために「各分野で何をすべきか」を検討することによって，設計図やガイドラインとしての経営戦略が明らかになり，具体的な活動に結びついていく。

全社戦略，事業戦略，職能別戦略は互いに関連しているが，必ずしも全社戦略から策定し，最後に職能別戦略を策定するとは限らない。概念的には，この3つの戦略を切り離して議論することができるが，現実には3つの階層の各戦略は互いに深く関連していて，明確に切り分けることは難しい。したがって，これらの3つの戦略は，整合性と一貫性をもって策定していく必要がある。

4．分析型戦略論とプロセス型戦略論

経営戦略に関する研究の流れは，分析型戦略論からプロセス型戦略論の流れで発展している。以下では，その研究の概要について説明していく。

（1）分析型戦略論

分析型戦略論とは，経営戦略の「計画」を前提に分析的なアプローチをとることによっ

て合理的な経営戦略を探索する研究の思考枠組みの総称である。

経営戦略論は分析型のアプローチの考え方や手法が開発されてきた。1970 年代には企業の成長を通して多角化が進展するとともに，どのように多角化を行えばよいのかという問題が戦略論の研究の中心であった。アンゾフの研究では成長戦略として市場と製品の関係で示した成長マトリックス（☞第６章参照）から多角化の分析はスタートしたが，その後，多角化した事業をいかにマネジメントするのかをいう議論が重要になってきた。プロダクト・ポートフォリオ・マネジメント（PPM）（☞ 第 10 章参照）は，多角化した事業への経営資源の配分と内部資金の流れを合理化するための手法として開発された。PPM の考え方の前提として経験曲線効果や，製品や事業には「導入」，「成長」，「成熟」，「衰退」というステージをたどることを仮定した「製品ライフサイクル」（☞ 第８章参照）という概念も有効な分析の１つとして示された。

もう１つ分析型戦略論の代表的な研究として，ポーター（Porter, M.E.［1980］）の競争戦略（☞ 第４章参照）が挙げられる。ポーターは，経済学の応用分野である産業組織論に基づき，市場および業界の構造と企業の行動によって業績が決まることを示した。つまり，企業が競争優位を獲得するには業界構造（ファイブ・フォース）を分析し，そこから魅力的なポジションを自社の事業に位置づけ，基本戦略の中から自社に合う戦略を選択することにあると説明した。戦略論の学派の中でもポジショニング・アプローチと呼ばれる代表的研究である。そして，戦略を実行するにあたって価値を生み出す活動として，企業の主活動と支援活動からなるバリューチェーン（価値連鎖）（☞ 第７章参照）という概念が示された。

分析型戦略論の研究によって経営戦略論のアプローチは，「アート」から「サイエンス」の側面が強調されるようになったといわれている。これまでの経営戦略論では経営者の経験談が語られ，直感や経験の度合いといったいわゆる「アート」の領域に属すると考えられてきた。戦略が「サイエンス」として捉えられるようになったのは，単なるケーススタディではなく大量データによる統計的分析に基づく体系的でシステマティックな実証研究の分析によるところが大きく貢献したといわれている。

分析型戦略論に共通するのは，戦略の合理性，つまり論理的で分析的であることが特徴である。分析型戦略論はこれまで戦略論の中心として，緻密な計画による分析ツールやフレームワークとして活用されてきたのである。

（２）プロセス型戦略論

1970 年代後半から，マイルズ＆スノウ（Miles and Snow［1978］）やミンツバーグ［1978］の戦略形成のパターンの研究からプロセス型戦略論の研究がスタートする。事後的なパターンの側面を重視するプロセス型戦略論の特徴は，経営戦略を①企業が環境と相互作用を行うプロセスの産物として捉える，②トップマネジメントだけでなく組織メンバーを含む組織の内部から生み出される，③策定と実施は不可分なダイナミックなプロセスとして説明する。

このような背景には，分析型戦略論への批判が挙げられる。分析型戦略論では事前計画としての側面を重視するあまり，分析に関心が行きすぎて逆に組織全体の実行力が欠如するようになったといわれている。いわゆる分析麻痺症候群と呼ばれる（浅羽・牛島［2010］）。

事前計画を重視する分析型戦略論が有効に機能するには，①環境が安定的で長期予測が可能，②戦略立案者が戦略代替案をすべて列挙でき，代替案を採用した場合の結果も予測でき，③組織メンバーは戦略を十分に理解し計画通りに実行するという条件が必要になる（奥村［1989］）。

緻密な分析から策定された戦略が必ずしもそのまま実現するとは限らず，行動の１つひとつが集積され学習される過程で一貫した戦略パターンが形成される場合がある。この捉え方が，プロセス型戦略論の考え方である。

環境の不確実性が高まると，分析型戦略論の前提条件が満たされなくなる。そのような状況では「事前にラフなシナリオを描きつつも，トライアル＆エラーを繰り返し，そこから有効な戦略のコンテントを創出し，それを蓄積しながら次第にその戦略コンセプトを精緻化する（奥村［1989］）」というプロセス型戦略論の方が有効性は高まるのである。

プロセス型戦略論の研究は，やがてハメル＆プラハラッド（Hamel and Praharad［1994］）の『コア・コンピタンス』を代表とする近年の資源ベース（リソース・ベースド・ビュー）のアプローチへ発展する。資源ベースの理論は「コンピタンス（中核能力）」や「ケイパビリティ（独自能力）」に注目することによって，知識や能力の蓄積と展開にかかわる組織学習を重要な概念として戦略を説明しようとしている（☞ 第９章参照）。

分析型戦略論はどのような経営戦略が優れた戦略なのかという戦略内容が中心となり，一定の成果をあげたといえる。一方，プロセス型戦略論はどのように経営戦略が生まれ，形成されるのかというプロセスに焦点が当てられた。分析型戦略論に対する批判は，戦略内容の研究に偏ることなく，戦略プロセスに焦点を当てることも同時に必要であることを示している。

5．経営戦略形成のプロセス

経営戦略には，策定者が事前に意図した計画的側面と，試行錯誤や学習のプロセスを通してあらわれてくる事後的パターンの側面の両方がある。図表１－６は，経営戦略の形成を示したものである。

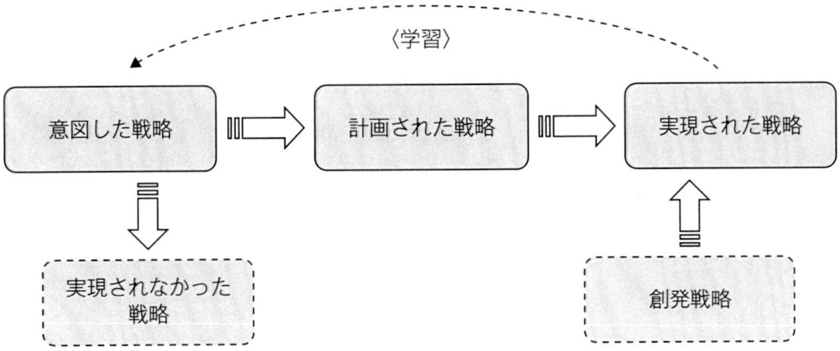

図表１－６　経営戦略の形成と実行のプロセス

出所：ミンツバーグ［1999］，13ページと大滝他［2006］，18ページを参考に作成。

事前計画としての戦略には「意図した戦略」と「計画された戦略」がある。多くの場合，実行に先立って「意図した戦略」を完璧に実行できることを目指して，実行段階で詳細な「計画」を策定する。

「計画された戦略」にしたがって戦略の実現を試みるものの，実際にはすべての戦略が実現されるわけではない。「実現された戦略」のうちある部分は，事前に意図し，計画され，実現した戦略であろう。しかし，「実現された戦略」のある部分は，最初から明確に意図したものではないことが多々ある。試行錯誤を繰り返し，行動からそのつど学習するプロセスを通じて戦略パターンは形成されることがある。

事前に意図していなかったパターンが事後的に観察されるような戦略は，「創発戦略」と呼ばれる。完璧な計画はありえない。むしろ，すべてとはいわないが，予想しなかった状況から企業はそれを環境の機会として捉え，戦略が創造されるというプロセスに意味がある。事前に意図し計画した戦略とは違っていても，「好機に乗じる戦略」こそ創発戦略といえる。

現実の企業行動において，戦略は「事前計画」であると同時に，「事後的パターン」である。一方的に計画的で，まったく学習のない戦略はほとんどない。しかし，また一方的に創発的で，コントロールのまったくない戦略もない。現実的な戦略はすべてこの２つを併せ持つ。つまり，戦略は計画的に策定される，と同時に創発的に形成されなければならないのである。

事例で考える

創発戦略から生まれた「くまモン」

「ゆるキャラグランプリ 2011」で優勝した「くまモン」。現在は熊本を代表するキャラクターとして大ブレイクを果たしているが，当初から計画されたものではなかった。「くまモン」は，もともと小山薫堂氏が「くまもとサプライズ」運動のロゴデザイン作成を水野学氏に依頼し，その「おまけ」として制作されたキャラクターだった。立体化された動くキャラクターになってここまで人気者になるとは，予想もしていなかったという。

「くまモン」を世に知らしめる契機となったのが，九州新幹線全線開業を控え，大阪の地で熊本の認知向上を目指す PR キャンペーンの戦術として「くまモン」を使ったことによる。九州新幹線全線開業により約３時間でつながる大都会大阪の地で「行ってみたいな，面白そうだな，食べてみたいな，使ってみたいな，進出してみたいな」と思われるように，少しでも熊本の認知度をアップしたかった。キャンペーンをするに当たり，最初は「熊本らしさ」を排除し，お笑い文化の大阪で「くまモン」そのものを大阪の人気ものにする話題先行のプロモーションを行ったのである。

具体的には「くまモン神出鬼没大作戦」と題し，道頓堀商店街や通天閣などに「くまモン」を出没させ，「くまモン大阪出張紀行」としてツイッターやブログに記事をアップし，やがて県内外に知られるようになっていった。また，「吉本新喜劇」の舞台に出演するなど，経験を重ねてコミカルな動きを際立たせながら「やさしく誠実だけれど，やんちゃでちょっとあまのじゃく」という「くまモン」の個性が磨かれ，愛着のあるキャラクターになったのである。

【参考】：熊本県庁チームくまモン［2013］より

確認Quiz!!

① 経営戦略にはさまざまな概念が存在するが，その概念を集約すると「変化する環境に対して企業が創造的に適応し，競争を通して独自の優位性や能力を確立するための，長期的な基本構想と行動指針のパターン」と定義することができる。

② 企業は環境に対して適応しなければ存続できないが，創造的に適応することは控えるべきである。

③「戦略」と「戦術」の違いの１つは，期間の長さである。

④ 分析型戦略論では，戦略のプロセスに焦点が当てられている。

⑤「意図した戦略」を緻密に計画すれば，戦略は実現するものである。

確認Quiz!!

答え

①：答え　○

②：答え　×

創造的に適応することも大切である。

③：答え　○

その他にも，意思決定者や範囲が異なる。

④：答え　×

分析型戦略論では，戦略の「計画」に焦点が当てられている。

⑤：答え　×

意図しても実現しなかった戦略もあれば，意図しないところから生まれる創発戦略もある。

主要参考文献

浅羽　茂・牛島辰男［2010］『経営戦略をつかむ』有斐閣。

Ansoff, H.I.［1965］*Corporate Strategy,* McGraw-Hill.（広田寿亮訳［1969］『企業戦略論』産能大学出版部）

網倉久永・新宅純二郎［2011］『経営戦略入門』日本経済新聞出版社。

Chandler, A.D.Jr.［1962］*Strategy and Structure,* MIT Press.（有賀裕子訳［2004］『組織は戦略に従う』ダイヤモンド社）

北野利信［1977］『経営学説入門』有斐閣新書。

熊本県庁チームくまモン［2013］『くまモンの秘密—地方公務員集団が起こしたサプライズ』幻冬舎。

クラウゼビッツ，篠田英雄訳［1968］『戦争論（上）』岩波文庫。

金谷　治訳［2000］『新訂　孫子』岩波文庫。

Miles, R.E. and C.C. Snow［1978］*Organizational strategy, structure and process,* McGraw-Hill.（土屋守章・内野　崇・中野　工訳［1983］『戦略型経営』ダイヤモンド社）

Mintzberg, H.［1978］"Patterns in Strategy Formation," *Management Science,* Vol.24, No.9.

Mintzberg, H., Ashlstard, B., and Lampel, J.［1998］*Strategy Safari: A Guided Tour through the Wilds of Strategic Management,* NY：Free Press.（斉藤嘉則訳［1999］『戦略サファリ—戦略マネジメント・コンプリート・ガイドブック』東洋経済新報社）

長沢伸也・菅原紀宏［2012］「フラッグシップショップ戦略によるブランド構築—ユニクロの事例—」『早稲田国際経営研究』第 43 号，109 ～ 117 ページ。

三谷宏治［2013］『経営戦略全史』ディスカバー・トゥエンティワン。

宮崎哲也［2003］『コトラーの「マーケティング」実践ワークブック』秀和システム。

大滝精一・金井一頼・山田英夫・岩田　智［2006］『経営戦略（新版）』有斐閣。

奥村昭博監修，中央職業能力開発協会編［2007］『経営戦略 2 級』中央職業能力開発協会。

奥村昭博［1989］『経営戦略論』日経文庫。

Porte, M.E.［1980］*Competitive Strategy：Techniques for Analyzing Industries and Competitors,* Free Press.（土岐　坤・中辻萬治・小野武夫訳［1985］『競争の戦略』ダイヤモンド社）

第2章　環境分析
～環境によって企業の立ち位置はどう変わる？！～

◎経営環境とは？

・内部環境…経営資源（ヒト・モノ・カネ・情報など）の質や量の現状
・外部環境…社会環境（社会情勢の変化）と
　　　　　競合（市場）環境（競合他社との競争関係）

◎環境分析の手法（１）～マクロ環境分析～

・マクロ環境分析…間接的な環境と直接的な環境
・間接的な環境…PEST分析
　→政治（Politics），経済（Economy），社会（Society），
　　技術（Technology）の４つの環境要因を分析
・直接的な環境…政府の規制，流通機構の態様，消費者の行動，
　　　　　　　　競争者の行動

◎環境分析の手法（２）～3C分析～

・3C分析＝自社がどのような経営環境に置かれているかを
　　　　　自社（Company），競合（Competitor），顧客
　　　　　（Customer）から分析し，カギとなる成功要因
　　　　　を導き出す

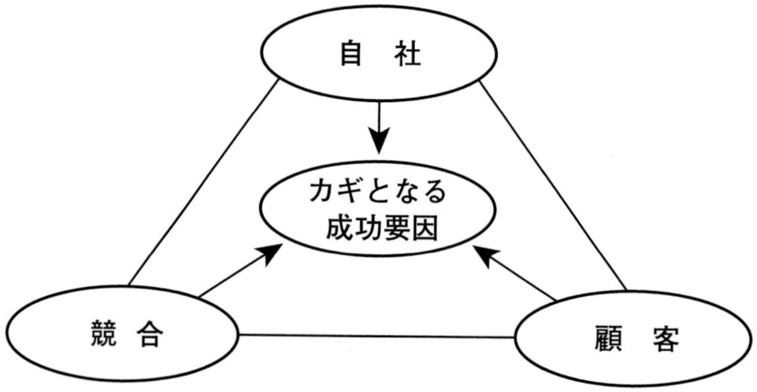

・自社分析…自社の強みや弱みを経営資源や経営活動から分析
・競合分析…自社の競合企業は誰か，競合の強みや弱みを
　　　　　競合企業の経営資源や経営活動から分析
・顧客分析…市場や顧客についての分析，潜在顧客と顕在顧
　　　　　客が分析対象

◎環境分析の手法（３）～SWOT分析～

・SWOT分析＝自社の事業領域（ドメイン）を設定する際に
　　　　　　自社の内部環境と外部環境を分析

	メリット	デメリット
内部環境	Strength（強み）	Weakness（弱み）
外部環境	Opportunity（機会）	Threat（脅威）

・自社の内部環境分析…自社の強みと弱みの分析
・自社の外部環境分析…自社の置かれた市場やカテゴリーに
　　　　　　　　　　どのような新しい機会や脅威が存在し，
　　　　　　　　　　予想されるのかを認識

・SWOT分析の効果
　① 強みを活かしたビジネスチャンス
　② 脅威を事前に知ることで回避
　③ 脅威を，強みを活かしてビジネスチャンスに

※学んで欲しいこと
企業にとっての環境（内部環境と外部環境）とは何かを理解し，企業が取りうる経営戦略を実行するためには，どのように経営環境を分析すれば良いのかを学びましょう。

第２章 環境分析
～環境によって企業の立ち位置はどう変わる?!～

講義日
／

1．経営環境とは

黒字経営を続けていた企業が，突然赤字に転落したり，逆に赤字経営が一転して黒字経営になるといったことがよく見られる。まるで，サッカーの試合で攻守が目まぐるしく変化するのに似ている。では，なぜ，企業やスポーツにおいて形勢の逆転が起こるのであろうか？　それは，環境という要素が大きく影響しているからである。企業が，経営活動を行う上で関係するすべての環境状況を経営環境という。経営環境には，企業内部の環境（内部環境）と企業外部の環境（外部環境）がある。

内部環境とは，企業内部の経営資源（ヒト・モノ・カネ・情報など）の質や量についての現状のことをいう。つまり，企業内部の現時点でのヒトという人材力や組織の行動力，モノという設備力や商品力，カネという資金力，情報という企業経営にとっての「使える」情報力などの強弱や善し悪しの状態のことをいう。

また，外部環境は，企業の内部環境を除いた企業を取り巻くさまざまな環境状況のことである。具体的には，「社会環境」と「競合（市場）環境」がある。

「社会環境」とは，企業を取り巻く社会（政治・経済など）の情勢の変化，具体的には，少子高齢化，円高・円安などの為替変動，グローバル化などのことで，それらの変化に迅速に，正確に対応していかなければ，企業は生き残れない。それは，現在の日本が，まさに「供給過多」の時代であり，「代替品」が数多く存在する社会だからである。企業は，「供給過多」であるがゆえに，消費者に「買いたいモノやサービス」を提供し，顧客満足を志向しなければ，収益を上げることなどできないのである。

また，「競合（市場）環境」とは，その企業が進出している事業や市場における競合他社との競争関係のことである。同じ市場に競合他社がどのくらい存在し，現在の自社のマーケット・シェア（市場占有率）がどの程度なのかといった自社が置かれた市場のポジションを規定する要因となる環境である。

2．環境分析の手法（1）～マクロ環境分析～

（1）マクロ環境分析とは

企業を取り巻く経営環境におけるマクロ環境分析には，大きく分けて「間接的な環境」を分析対象とする場合と「直接的な環境」を分析対象とする場合がある（小川［2009］）。

「間接的な環境」とは，企業にとって短期・長期にわたり直接コントロールできない環境のことをいう。一方，「直接的な環境」とは，短期的にはコントロールが難しくても長期的には，企業が自らコントロール可能になるだけでなく，環境変化を自ら促進させることができる環境をいう。

（2）間接的な環境の分析方法～PEST分析～

間接的な環境には，政治，経済，社会，文化，技術，自然など各国や地域によってそれぞれ独自性を持ち，企業が直接コントロールできない要因が含まれている。具体的には，特に，政治（Politics），経済（Economics），社会（Society），技術（Technology）の４つの環境要因を分析する手法をその頭文字を取って，PEST分析という。

まず，政治については，規制緩和などによる法律改正，民主党から自民党への政権交代，近隣諸国との外交問題などが挙げられる。特に，規制緩和などの法律改正については，例えば，次のようなものがある。薬事法の改正は，一般用医薬品のうち，第二類医薬品と第三類医薬品が登録販売者を置くことで販売可能となったため，そのような医薬品がドラッグストアや薬局のみならず，スーパーマーケットやコンビニエンスストア，家電量販店などでも販売を行うところがあり，関連する企業の経営戦略に大きな影響を与えたと考えられる。

次に，経済については，好況・不況などの景気動向，インフレーション・デフレーションなど物価動向，GDP（国内総生産）などの経済成長率，失業率などが挙げられる。このような経済指標を基に，今後の動向を見極めた経営戦略を立案し，実行する。

さらに，社会については，総人口，地域・年代別の人口分布，出生率などの人口動態，教育制度や教育問題，犯罪傾向，文化・芸術の振興などが挙げられる。特に，日本は，急速に少子高齢化が進んでいるため，高齢者向けの市場は拡大傾向にあるものの，子供向け市場は，縮小傾向にある。そのため，企業の経営戦略においても大きく影響していくものと考えられる。

最後に，技術については，医療・IT・ロボットなどの新技術開発，新技術への投資状況などが挙げられる。特に，自社の属する業界における製品の規格標準やデファクト・スタンダード（事実上の業界標準）がどのようなものになるのかによって，企業の経営戦略も大きく変化するため，企業は，そのような新技術の動向や規格標準に注目する必要がある。

（3）直接的な環境の分析方法

企業の直接的な環境には，政府の規制や流通機構の態様，消費者の行動，競争者の行動などがある。

政府の規制は，前述した間接的な環境要素にも含まれるが，長年の企業や業界の働きかけによって，緩和されたり，撤廃されるなど直接的な環境要素にもなりうる。

流通機構の態様は，これまでの流通チャネル（流通経路）を選択するのではなく，インターネットを利用した取引など新たなチャネルの選択が可能になるなどの動きがある。

消費者の行動と，競争業者の行動は，3C 分析の顧客分析と競合分析に該当するため，ここでは，説明を省略する。

3．環境分析の手法（2）～3C 分析～

（1）3C 分析とは

3C 分析とは，自社がどのような経営環境に置かれているかを自社・競合・顧客の３つの立場から分析し，カギとなる成功要因を導き出すとともに経営課題を導き出すことである。自社（Company），競合（Competitor），顧客（Customer）の３つの頭文字をとって 3C 分析と呼ぶ。図表２－１は，3C 分析を示したものである。

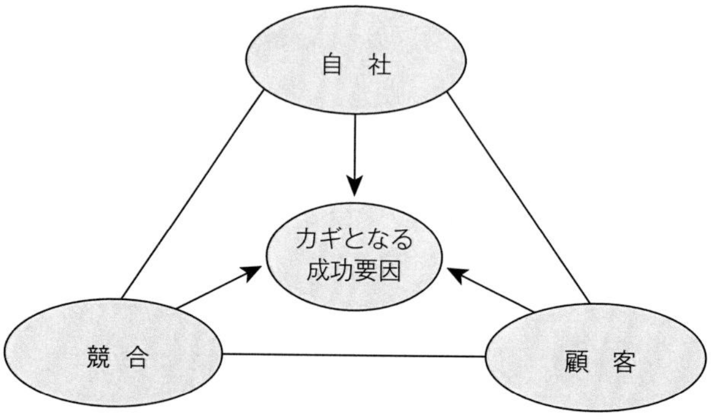

図表２－１　3C 分析

（２） 自社分析

自社の強みや弱みを自社の経営資源や経営活動から分析することである。その際，定量的分析と定性的分析が行われる。具体的には，ヒト・モノ・カネ・情報といった経営資源に基づく技術力や組織力，販売力のみならず，売上やマーケット・シェア，ブランド・イメージなども含まれる。また，付加価値を生み出す要素やコスト・パフォーマンスなどから検討される。

（３） 競合分析

自社が進出している市場の競合企業は誰であり，また，競合企業の強みや弱みを競合企業の経営資源や経営活動から分析することである。この分析においても定量的分析と定性的分析が行われる。特に，競合企業のマーケット・シェアをいかに奪うかあるいは，自社のマーケット・シェアをどのように守るかといったマーケット・シェアが分析の中心テーマとなる。マーケット・シェアの観点から，競合がどの程度いるのかという参入企業の数や自社分析で用いた要素（経営資源，技術力や組織力，販売力のみならず，売上やマーケット・シェア，ブランド・イメージなど）を競合企業に当てはめて分析する。そうすることで，自社の強みや弱みを分析することに役立つ。

用語解説 **定量的分析**

分析対象が量的に表わされるものであり，計算により数値化が可能なものである。具体的には，マーケット・シェアや原材料コスト（費用）の算出などが挙げられる。

用語解説 **定性的分析**

分析対象が質的に表わされるものであり，数値化できない性質などを分析することである。具体的には，インタビュー調査や観察の結果得られた情報を文字で表わすといったことが挙げられる。

（４） 顧客分析

市場や顧客についての分析である。本分析も，定量的分析と定性的分析が行われる。特に，顧客については，顧客になってくれるであろうという潜在顧客やすでに顧客である顕在顧客の双方が分析対象となる。具体的には，市場規模や市場成長性，顧客ニーズ，顧客の購買行動や購買プロセス，購買決定者の特質について分析する。特に，潜在顧客を分析することで，自社の今後の経営戦略の方向性などが検討できる。

4．ケース：Y 温泉にある U 旅館の 3C 分析

Y 温泉にある U 旅館について 3C 分析を行ってみる。

【設　定】

Y 温泉は，1700 年代に開湯した由緒ある温泉である。G 山の山麓に温泉街が広がり，10 軒程度の旅館がある。また，最近，温泉スタンドや日帰り温泉施設が開設された。泉質は塩化物泉で弱酸性，泉温は 35℃，効能は，関節痛や疲労回復に良いとされている。U 旅館は，創業 110 年を迎えた老舗旅館であり，Y 温泉でナンバーワンの売上を誇る。しかし，近年，客足は減少傾向にあり，Y 温泉全体も観光客が多く利用する近隣の T 温泉や S 温泉に客を奪われているため，売上が低迷している。

そこで，U 旅館の女将は，当旅館の 3C 分析を実行し，当旅館の現状を把握し，次の一手を考えるためのカギとなる成功要因を探ることとした。

【U 旅館の 3C 分析】

●自社分析

① 自社の強み
- Y 温泉でナンバーワンの売上であり，特に料理がおいしいと評判である。
- 宿泊客だけでなく，日帰り客が楽しめるよう，ランチを充実させている。
- 若者向けのカクテル・テイスティング・イベントやスイーツに関するイベントを開催している。

② 自社の弱み
- 老舗旅館ということもあり，施設が老朽化してきている。
- 温泉と料理以外にあまり娯楽施設や観光スポットがないため，客を他の温泉に奪われている。
- 駅から徒歩 20 分と少し不便である。

●競合分析
- 他の温泉街には，温泉と料理以外に観光スポットがある。
- 競合は，当該温泉および他の温泉旅館だけでなく，近くに大型ショッピングセンターができたため，特に若者がそちらに流れてしまっている。

●顧客分析
- 料理を目当てに宿泊する客が増加している。
- リピート客が多く，また癒しを求めて来街する人が増加している。

●カギとなる成功要因

① 地域住民をどう呼び込むか？
- ショッピングセンターから温泉街までのシャトルバスを運行し，温泉街に人を呼び込む。
- 地域住民が日常的に利用できるよう他の温泉旅館とのコラボレーションによってイベントを充実させる。
- リピーターをさらに増やすべく，ランチメニューの充実を図る。

② 観光客をどう呼び込むか？
- 非日常の演出をする。（できるだけ，自然を満喫できる工夫をする。）
- 夕食だけでなく，朝食に力を入れる。（農家と提携し，畑を使って朝ごはんを提供する。）
- 当旅館自慢のスイーツなどお土産品を充実させる。

この分析によって，U 旅館は，顧客へサービスを提供する「ビフォア・オン・アフター」のそれぞれの場面において，当旅館の強みをいかんなく発揮できる経営戦略を立案することが大切である。

用語解説

ビフォア・オン・アフター

企業が顧客に製品やサービスを提供するプロセスにおける時系列での場面設定をいう。具体的には，企業が顧客に自社の製品やサービスを提供する前（ビフォア），自社の製品やサービスを提供中（オン），自社の製品やサービスを提供した後（アフター）における場面設定を行い，それぞれの時点における顧客への働きかけを行うことで効果的に顧客との関係性を構築できる。

考えてみよう①

自分の興味のある実在する企業でも 3C 分析をしてみよう。

5．環境分析の手法（3）～ SWOT 分析～

（１）SWOT 分析とは

企業が，経営環境の変化に素早く，正確に対応するには，自社の外部環境や内部環境を知り，自社の経営資源の最適な活用をはかっていく必要がある。そのための環境分析手法の１つが，SWOT 分析である。

SWOT 分析とは，自社の事業領域（ドメイン）（第３章参照），つまり，誰に対して（WHO）（例えば，ファミリーや 30 代の女性など），何を（WHAT）（例えば，ファスト・フードやカジュアル衣料品など），どのように（HOW）提供するか（倉庫型店舗やインターネットを利用して販売するなど）を設定する際に，自社の内部環境と外部環境を分析することである。

図表２－２は，SWOT 分析の具体的手法を示したものである。これによると，まず，自社についての内部環境の分析では，競合他社と比較した場合の自社の強み（Strength）と弱み（Weakness）を明らかにする。また，自社を取り巻く外部環境の分析では，競合他社や顧客，政治・経済状況といった競争上の要因のビジネスの機会（Opportunity）と脅威（Threat）を明らかにする。

	メリット	デメリット
内部環境	Strength（強み）	Weakness（弱み）
外部環境	Opportunity（機会）	Threat（脅威）

図表２－２　SWOT 分析

（2） 自社の内部環境分析～自社の強み（Strength）と弱み（Weakness）～

自社内の経営資源（ヒト・モノ・カネ・情報など）のうち，自社の長所である強みは何か，また短所である弱みは何かを正確に理解することである。具体的な強みとしては，「自社には，自社製品を買い続けてくれるロイヤルティ（忠誠度）の高い顧客が多数いる」「自社には他社に負けない技術がある」「ブランド力のある製品がある」といったことが考えられる。逆に，弱みとしては，「他社製品と比べて自社製品の価格が高い」「販売網が少ない」「研究開発費やマーケティング費用が少ない」といったことが考えられる。

（3） 自社の外部環境分析～機会（Opportunity）と脅威（Threat）～

外部環境を分析する際，自社の事業や製品の置かれた市場やカテゴリーにおいて，どのような新しい機会や脅威が今存在し，また将来予想されるのかを理解する必要がある。具体的な機会として，「高齢者向けの市場が拡大する」「ある企業との M&A（合併と買収）により，販売網が確実に広がる」「業界の規制が緩和される」といったことが考えられる。一方，脅威としては，「少子化により子供向け市場が縮小する」「参入企業の増加により競争が激化する」「長引く不況により消費が低迷している」などが考えられる。

（4） SWOT 分析の効果

SWOT 分析は，競争戦略を行う上で，現在進出している市場やこれから進出しようとしている市場に対して，どのようなビジネスチャンスやビジネス上の脅威が想定されるのかを考えたうえで，自社の強みや弱みを分析することになる。

つまり，SWOT 分析をすることによって，自社の強みを活かしてビジネスチャンスを得ることができるとともに，ビジネスを行うにあたっての脅威を前もって知ることによって取り除く方法が検討できるのである。

また，外部環境の変化によって生じるビジネスの脅威を自社の強みを活かしてビジネスチャンスにしてしまう方法を模索することもできる。

つまり，ビジネスチャンスを得るために自社の強みを活かし，弱みを強みに変える方法を検討する手段が SWOT 分析であるといえる。そこでの分析をもとにドメイン設定を行い，マーケティング戦略や経営戦略を策定していくことになる。

考えてみよう②

あなた自身の就職活動に役立つよう，自身の SWOT 分析をしてみよう。

（１）自己分析シート

	メリット	デメリット
内定を得るための内部環境分析	自身の強みは？	自身の弱みは？
	・	・
	・	・
	・	・
内定を得るための外部環境分析	志望する業種・業界の機会とは？	志望する業種・業界の脅威とは？
	・	・
	・	・
	・	・

（２）自分の弱みを強みでカバーする方法とは？

・

・

・

（３）志望する業種・業界の脅威をどうすれば機会に変えられるか？

・

・

・

6．ケース：マクドナルドのSWOT分析

マクドナルドをSWOT分析してみると，図表2－3のようになる。

強み（Strength）	弱み（Weakness）
・多店舗展開による規模の経済性を享受 ・業界トップであり，低価格から高価格までの品ぞろえによるボリューム感を提供 ・ドライブ・スルーなどで店内飲食だけでなく，持ち帰りが可能 ・リピーターが多く，ブランド・ロイヤルティ（ブランド忠誠心）が高い顧客の存在 ・多額の広告宣伝費を投入し，ブランド力強化が可能	・原材料費の高騰がハンバーガーの値段に影響 ・牛肉など衛生上や狂牛病等のリスクの存在 ・立地による，店舗間での収益格差の存在
機会（Opportunity）	**脅威（Threat）**
・価格と価値のバランスを考慮した「バリュー・マーケット📖」という市場の存在 ・デリバリー市場の拡大 ・各産業のリーダー同士のコラボレーションの存在 ・他の業種・業界との商品展開などでのコラボレーションの可能性	・人口減少や少子高齢化による需要減少 ・ファスト・フードからスロー・フード（自然食品・健康食品）志向の広がりの加速 ・外食から内食志向への変化の加速 ・他のハンバーガー・ショップおよびファスト・フード店・飲食店との競争の激化

図表2－3　マクドナルドのSWOT分析

用語解説

バリュー・マーケット

価格と価値のバランスを考慮した商品やサービス展開を行う市場のこと。これまで，商品やサービスの価格を下げれば当然，品質や価値は低下するといった「安かろう悪かろう」といった価格と価値がトレード・オフ関係であった市場ではなく，低価格であってもそれなりの品質や価値を提供できている「安かろう良かろう」といった価格と価値がトレード・オン関係である市場のことである。具体的には，ユニクロの衣料品やマクドナルドのハンバーガーなどが該当する。

まず，強み（Strength）については，業界トップであるというポジションを活用し，規模の経済性📖，ブランド・ロイヤルティが獲得しやすいといったメリットを発揮できる。また，中食需要にも対応できるように「持ち帰り」が可能であることも強みとして挙げることができる。さらに，多額の広告宣伝費を投入しブランド力の向上をはかることができる。

次に，弱み（Weakness）については，原材料を輸入に頼ることが多い商品のため，為

替変動の影響を受けやすく，また，食品のため，牛肉などの衛生上や狂牛病などのリスクがある。さらに，店舗立地の状況によって店舗間での収益格差が生まれやすいなどがある。

第３に，機会（Opportunity）については，価格と価値のバランスを考えた「バリュー・マーケット」の存在やデリバリー市場の拡大は，ファスト・フードという商品を扱うマクドナルドにとっては，魅力的な要素である。また，各産業のリーダー同士のコラボレーションの存在や他の業種・業界との商品展開などでのコラボレーションの可能性についても，マクドナルドは，業界トップであるという強みを活かし，異業種とのコラボレーションやファスト・フード以外の商品展開を考えることが可能であろう。

第４に，脅威（Threat）については，人口減少や少子高齢化によってファスト・フード需要の減少，ファスト・フードからスロー・フード（自然食品・健康食品）志向の広がりの加速，外食から内食志向への変化の加速，他のハンバーガー・ショップおよびファスト・フード店・飲食店との競争の激化などが挙げられる。

そのため，マクドナルドは，「弱み」を「強み」に変えていけるか，また，「脅威」を工夫によって「機会」に変え，その「機会」を「強み」にしていけるかが今後の戦略課題である。また，戦略課題の解決のヒントとしては，業界トップであるブランド力を活かしたデリバリー市場への積極的参入や異業種とのコラボレーションや多様な商品展開をさらに考えていくことが必要となろう。

用語解説

規模の経済性

事業の規模が大きくなると，単位当たりのコストが小さくなり，競争力を発揮できるという考え方である。

考えてみよう③

あなたの関心のある他の企業でもSWOT分析をしてみよう。

７．経営環境によって変わる企業の“立ち位置”

現在の企業環境は，外部環境と内部環境を問わず，目まぐるしく変化している。その変化に迅速に対応できない企業は，当該市場から退場せざるを得ないのは周知の事実である。そうならないためには，企業は，自社に関係するあらゆる環境を分析し，最善策を迅速に実行に移すことが求められている。それは,「朝令暮改」な対応であったとしても,結果が求められる企業経営においてはやむを得ないと考える。

特に,本章において,企業の経営環境の分析手法として,マクロ環境分析(主にPEST分析),3C分析,SWOT分析を取り上げ,解説した。どれも,企業経営において欠かせない環境分析手法である。

そのため,これらの環境分析で得られたさまざまな要素を経営戦略立案に取り込み,活かしながら,経営戦略を実行し,評価していく必要がある。

つまり,経営環境によって企業の"立ち位置"が変化するため,経営環境の分析手法は,その変化の方向を見極めるためのツールとして環境分析を行う必要がある。

確認Quiz!!

① 企業の外部環境には,社会環境と競合(市場)環境がある。
② PEST分析とは,人(People),経済(Economics),社会(Society),技術(Technology)の4つの環境要因を分析する手法である。
③ 3C分析とは,自社,競合,従業員を分析することである。
④ SWOT分析の内部環境とは,強み(Strength)と脅威(Threat)である。
⑤ SWOT分析をすることによって,自社の強みを活かしてビジネスチャンスを得ることができる。

確認Quiz!!

答え

①：答え　○

②：答え　×

PEST 分析とは，政治（Politics），経済（Economics），社会（Society），技術（Technology）の４つの環境要因を分析する手法のことである。

③：答え　×

3C 分析とは，自社（Company），競合（Competitor），顧客（Customer）を分析することである。

④：答え　×

内部環境は，強み（Strength）と弱み（Weakness）である。

⑤：答え　○

主要参考文献

浅羽　茂・牛島辰男［2010］『経営戦略をつかむ』有斐閣。

井上善海・佐久間信夫編著［2009］『よくわかる経営戦略論』ミネルヴァ書房。

小川孔輔［2009］『マーケティング入門』日本経済新聞社，116 ～ 145 ページ。

佐久間信夫・大塚正智編著［2006］『現代経営戦略論の基礎』学文社。

嶋口充輝・内田和成・黒岩健一郎編著［2009］『1 からの戦略論』碩学舎。

第3章 ドメインと事業定義
～自社の生存領域を決める～

成長・発展・
行く末に影響

◎ 自社のビジネスとは何か？

自社で行っている事業はどのような事業か？
誰に対してどんな商品・サービスを提供しているのか？
その事業はいったい何を目指しているのか？

経営戦略論では“ドメイン”“事業定義”と呼ぶ

◎ ドメインと事業定義

・ドメイン＝範囲，領域，分野など → 企業の事業範囲や活動領域
⇒ 企業の生存領域

・ドメインと事業定義の関係

全社（企業）レベル　事業レベル

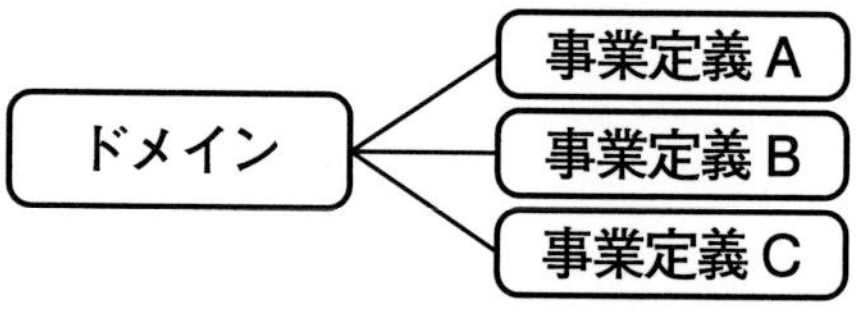

◎「マーケティング近視眼」に学ぶ事業設定（レビット）

・マーケティング近視眼（※近視眼＝マイオピア）
⇒ 近くを見すぎる（製品ベースで狭く捉える）ことの弊害
⇒ 顧客の価値や機能から捉えること，顧客視点の重要性を指摘！

「事業定義」
にも該当

・ドメイン設定に関する教訓
物理的定義：製品・サービスそのものに基づく
→ ドメインの範囲は狭く，環境変化に適応できず，事業は衰退，方向性×

機能的定義：製品・サービスが提供する価値・機能に基づく
→ ドメインの範囲は広く，事業に対する柔軟性，将来の成長・発展の方向性○
（ただし，マクロピアになってもいけない）

◎ 3つの次元による事業定義（エーベル）

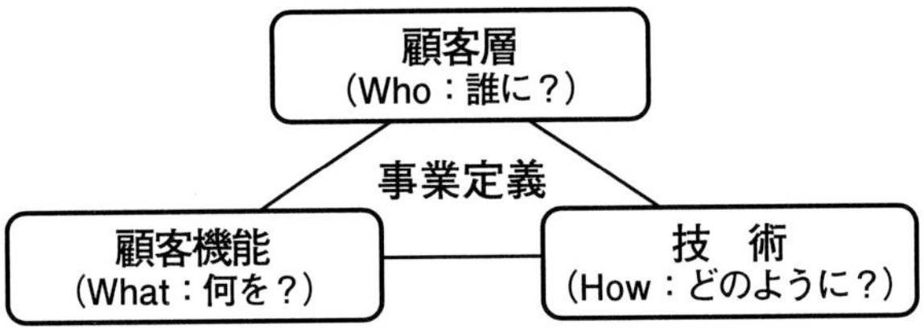

◎ 望ましいドメインの設定

・ドメイン設定の意義
①組織のメンバーの努力，エネルギーのベクトルを合わせる
②必要とする経営資源の方針，メンバー間での共通理解の促進
③組織内外に向けた自社の存在感（アイデンティティ）の形成

・適切なドメイン設定
マーケティング遠視眼（※遠視眼＝マクロピア）↔ 近視眼とは逆
⇒ 遠くを見すぎる（定義を広く捉えすぎる）ことの弊害
⇒ 事業領域があいまいになり，事業の拡大志向に歯止めがかからなくなる
狭すぎず，広すぎず適切な範囲の設定が必要！

・ドメイン・コンセンサス
経営側（企業）と組織内外（環境）から形成される社会的合意
社会的に支持されずに受け入れられないドメインは機能しない
CI（コーポレート・アイデンティティ）：企業を正しく理解してもらう戦略

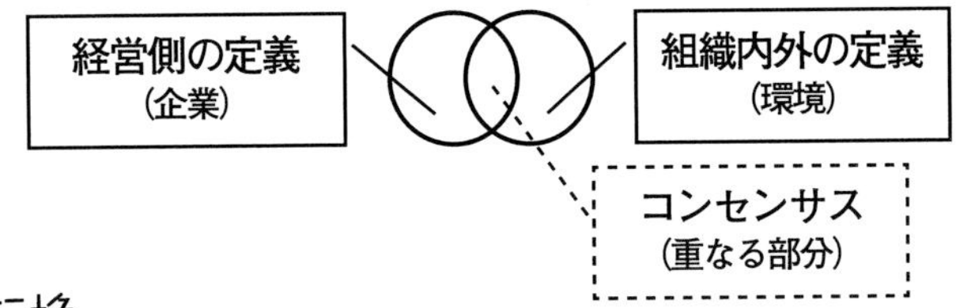

・ドメインの再定義・転換
企業を取り巻く環境は常に変化している
→ 現在のドメインがマッチしなくなる
現在のドメインを超えて成長をはかる → ドメインの見直し・再定義が必要

※学んで欲しいこと
企業の事業領域に関する戦略的な意味について，学んでください。
特にドメインやエーベルの3つの事業定義を実例とともに考えてください。

第3章 ドメインと事業定義
～自社の生存領域を決める～

講義日 ／

1．自社のビジネスとは何か

(1)「スターバックス」のビジネスとは…

現在，世界規模で展開するカフェチェーンのスターバックス。最初から現在のようなカフェビジネスを展開していたわけではなく，もともとコーヒー豆を焙煎し販売する業者だった。現在のようなスタイルになったのは，ハワードシュルツ氏がイタリアのエスプレッソバーをヒントにカフェを展開したことがきっかけである。そして，スターバックスのビジネスは顧客に高品質のコーヒーとともに「サードプレイス（第三の場所）」を提供することにある。スターバックスが「ブランド」として評価されているのは，まさにこの点だと考えられている。つまり，店舗はカフェにおける癒しの空間，上質な時間の提供にあり，そのため椅子やテーブルは大きめでゆったりと配置され，インテリアや照明・音楽にも工夫がされており，店内は禁煙，くつろげる居心地のよい店舗設計が施されている。

用語解説 **サードプレイス（第三の場所）**

第三の場所とは，社会学者のオールデンバーグ（Oldenburg, R [2000]）が唱えた概念である。第一の場所は生活を営む「自宅」であり，個人が解放できる場所である。第二の場所は「職場」であり，社会性が重視され，私的なことが排除される場所である。第三の場所とは，自宅でも職場でもない，自分にとって居心地のよい場所であり，私的であるが社会性が確保される場所を示す。また，第三の場所は「コミュニティライフ」のような機能を担っている意味で，社会的に重要な役割を担っているといわれている。

(2) 自社の事業を定義すること

コーヒー豆を販売するビジネスとカフェを運営するビジネスは，根本的に経営のあり方が異なる。スターバックスの場合，カフェへ転換し，自社の事業を「サードプレイス」と位置づけたことで成長・発展を遂げたといえる。逆に言えば，スターバックスがコーヒー豆の販売業者を続けていれば，あるいは「サードプレイス」を提供するカフェを展開していなければ，現在の姿はありえない。また，現在のような成長・発展を遂げていたかどうかはわからない。むしろ，なかったかもしれない。

このように企業における事業のあり方について，経営戦略論では「ドメイン」あるいは

「事業定義」と呼ぶ。自社で行っている事業は，いったいどのような事業なのか。誰に対して，どのような商品・サービスを提供しているのか。その事業は，いったい何を目指しているのか。このような問いかけに対して，企業における戦略的な意義や内容について学ぶことが本章の目的である。

企業におけるドメインや事業定義は現時点の経営方針を決めるだけでなく，将来の企業の行く末に影響が及ぶ。そのため，奥深い思考が要求される。企業が事業を決めることは決して簡単なものではなく，戦略的な洞察をふまえた意思決定でなければならない。

しかし，自社の事業定義を明らかにしなければ，日常の運営に必ず支障をきたすというものでもない。自社の事業を意識的に定義しておけば，問題が発生した時に出発点に返って基本的な姿勢や立場を確かめることができ，また将来どのようにあるべきかを考える意味でも重要になってくるという性質のものである。

そのことは，わたしたち１人ひとりにも当てはまることがあるといえる。「自分は今どこにいて，これからどこへ行こうとしているのか」，「自分はいかなる存在であるべきか」ということがわからなくても，日常生活を営むのに問題はない。しかし，戦略を考える際に実は問題を先送りし，行く末に影響を及ぼすことになるかもしれない。

2．ドメインと事業定義

経営戦略論では，事業領域や範囲にかかわる概念をドメインと呼んでいる。ドメインとはもともと範囲，領域，分野，定義域などを意味し，企業の事業範囲や活動領域から「生存領域」として捉えられる。

ドメインのほかに，事業定義と呼ぶ場合がある。両者はさほど区別されずに共通して使用される場合もあるが，議論の上で区別しておいた方がよい。ドメインの場合，まず企業（全社）レベルの意思決定で捉え，事業定義の場合，事業レベルで捉えるのが一般的である。企業（全社）レベルで行われる多様な製品群の複数事業を包括し，結びつけるような場合に「ドメイン」と呼び，個々の事業部でさまざまな製品分野ごとに行われる場合は「事業定義」と呼ぶ（図表３－１参照）。

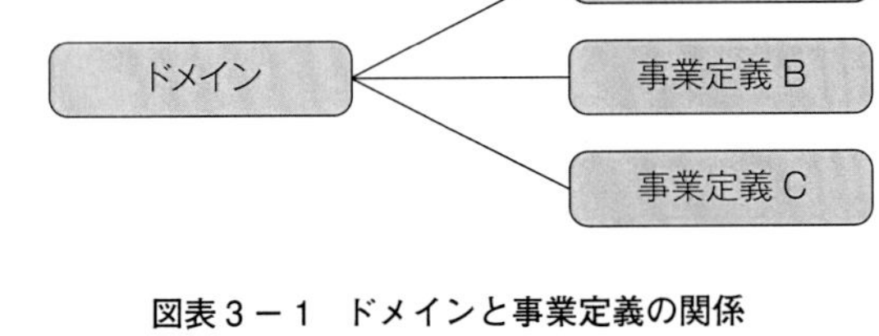

図表３－１　ドメインと事業定義の関係

ドメインには，「現実の事業領域」と「戦略領域」の2つの側面を持つ（榊原［1992］）。現実の事業領域はすでに具体化された実際の領域のことを指し，戦略領域は企業の事業展開の方向性や可能性から目指すべき領域（まだ事業化されていない潜在的な事業領域を含む）のことを指す。経営戦略論の視点からいえば，戦略領域としてのドメインがより重要性を増すと考えられるが，企業の戦略として現実と将来を含む一定の事業領域をドメインと捉える。

戦略領域を意識したドメインには，企業として将来に対する構想，理想の姿，ビジョン，経営理念などが含まれている場合がある。

例えば，米国のゼロックス社は，かつて，将来の構想として「未来のオフィス」というドメインを設定したことがある。もともとは「コピー機の製造」によって事業を成長させたが，1970年代にライバル企業の参入によりコピー機専業メーカーからの脱却が迫られるようになった。そこで，コピー機の競争力を強化するとともにオフィス全体の生産性の向上に貢献し，総合的な情報システム機器の企業へと変貌する「未来のオフィス」というドメインを定義し，さまざまな事業が展開されたのである。他にも，例えばセコムは「社会システム産業」という構想をドメインに設定して，将来の進むべき方向を示すことができた。警備保障事業にとどまらずさまざまな事業展開を行い，成長・発展している。

事例で考える

セコムの「社会システム産業」

日本警備保障株式会社というベンチャー企業からスタートしたセコムは，労働集約的で人件費のかかる人的警備の限界を，機械警備という方法で革新した。警備保障の本質は社会の人々に「安心と安全を提供する」ことであり，セコムはこの捉え方が警備保障だけではなく，健康，情報，環境などのさまざまな事業分野につながるだろうと考えた。

セコムは「信頼される安心を，社会へ」をスローガンに，「社会システム産業」を企業ドメインとして2000年に規定した。「社会システム産業」とは，「社会にとって安心で，便利で快適なサービスシステムを次々に創造し，それらを統合化・融合化して，トータルな新しい社会システムとして提供する産業」とし，具体的な事業領域としてセキュリティ事業を中心に，防災事業，メディカル事業，保険事業，地理情報サービス事業，情報通信事業，不動産事業の各事業分野で新しい事業の創出と拡充に取り組み，独自のネットワークシステムを構築しながらトータルシステムとして事業を提供できるようにしている。

参考：セコム株式会社（2000）より作成。

3．「マーケティング近視眼」に学ぶドメインの設定

ドメインを設定するにあたって，過去の研究から学ぶべき代表的な概念がある。それがレビット（Levitt, T. [1960]）の「マーケティング近視眼」（マーケティング・マイオピア）である。「マイオピア」とは「近視眼」の意味で，マーケティングにおいて近視眼に陥らない（あまり近くばかりを見すぎて肝心なことを取り違えない），つまり目的と手段を取り違えてはいけないことを指摘した。

レビットの論文の中に「4分の1インチのドリル」という有名なエピソードがある。そのエピソードは「4分の1インチのドリルを購入した人たちが本当に欲しかったのは，ドリルではなく4分の1インチの穴である」というものである。つまり，顧客は製品を購入するのではなく，その製品が提供するベネフィット（便益）を購入していることを意味する。別の言い方をすれば，レビットは製品・サービスの売り手視点ではなく顧客の買い手視点への転換の重要性を指摘している。つまり，自社の製品を（マーケティングの発想である）顧客の価値・機能といった視点から捉えることが大切であることを示している。

この捉え方は製品・サービスだけではなく，事業についても同じことがいえる。レビットは近視眼に陥り，衰退した企業の例として米国の鉄道会社と映画会社について取り上げている。鉄道会社が衰退したのは，自らの事業を「鉄道事業」と定義したことが原因であると説明する。もし鉄道会社が自社の事業を「輸送事業」と捉えていれば，新しく発展してくる自動車や航空機が持つ輸送価値や機能に対応することができたかもしれない。鉄道を動かすことを目的化してしまい，他の事業に積極的に参入し，市場を拡大するチャンスをみすみす逃してしまったのである。同様に映画会社の衰退も，テレビの発達とともに危機に陥った映画会社は「映画製作事業」としてではなく，「娯楽（エンターテインメント）事業」と定義していれば不振に陥らずに済んだのではないかと指摘する。

鉄道事業，映画事業のように製品・サービスそのものに基づくドメインの定義を「物理的定義」と呼び，輸送事業や娯楽事業のように製品・サービスに備わる価値や機能に基づくドメインの定義を「機能的定義」と呼ぶ。

レビットがマーケティング近視眼で示した事例から，ドメインに関する教訓をまとめたのが図表３－２である。ドメインを設定する際，物理的定義のように自社が提供している既存の事業ベースで捉えると，ドメインの範囲は狭くなり，環境変化に適応できず，事業は衰退してしまう。事業の将来性も考えにくい。一方，機能的定義のように自社の事業を顧客の価値・機能に関連させて捉えると，ドメインの範囲は広くなり，事業の幅や柔軟性が増し，将来の成長・発展の方向性を示すことができる。

ドメインの定義	物理的定義 （失敗したドメイン）	機能的定義 （望ましいドメイン）
鉄道会社の例	鉄道事業	輸送事業
映画会社の例	映画事業	娯楽（エンターテインメント）事業
ドメイン設定の視点	製品・事業ベース	顧客の価値・機能ベース
ドメインの範囲	狭い	広い
設定の教訓	事業の衰退，環境変化に適応できない	将来における成長・発展の方向性を示す

図表３－２　レビットのマーケティング近視眼が示す事例とドメイン

顧客視点のドメイン定義の具体的な例を挙げてみよう。例えば，IBMは売上の大半が大型コンピュータを主力事業としていた頃から「サービスとソリューション（問題解決）」をドメインとしていた。“IBM means service”の理念に代表されるように，現在ではソフトウェアやサービス，コンサルテーションが主力事業となっている。

Googleはインターネット検索を事業としているが，使命として「世界中の情報を整理し，世界中の人々がアクセスできて使えるようにすること」と定義することによって，検索にとどまらずさまざまなサービスを提供している。

他にも，写真フィルム産業における企業は「フィルム」から「画像処理」へ，アート引越センターは「荷物の移動」ではなく「生活の移転」へと定義を変えることによって新たな発展をとげたのである。ドメインを設定するにあたり「顧客が本当に求めているものは何か」を熟慮することにより，ビジネスチャンスが開けることを示している（石井・栗木・嶋口・余田［2004］）。

4．3つの次元による事業定義

代表的なドメインの定義として他にも取り挙げられるのが，エーベル（Abell, D.F.［1980］）である。エーベルは，①顧客層，②顧客機能，③技術の3つの次元で事業を定義する方法を提示している。それをフレームワークで示したのが，図表3－3である。

STEP UP ✍

エーベル［1980］の*Defining the Business*（石井淳蔵訳［2012］『新版 事業の定義』）は，事業定義の考え方や手法について最初の出発点となる著書である。さらに学びたい人は，確認してみよう。

３つの次元について，①顧客層とは，対象とする顧客は誰か，どの顧客をターゲットにするかを決めることである。②顧客機能とは，製品・サービスが満たす顧客ニーズのことである。③技術とは，そのニーズを満たすための方法・ノウハウのことである。この３つの次元を通して，①誰に（Who），②何を（What），③どのように（How）提供するのかという点から事業の戦略領域を定義することができ，競争優位性を獲得するためのさまざまな戦略を考えることができる。

３つのそれぞれの次元に座標軸を入れると，事業の領域を把握することができる（図表３－４参照）。エーベルの方法は，３つの次元の軸のそれぞれについてどの程度の広さをとり，どの点で他社と差別化するかの分析に役立つ。

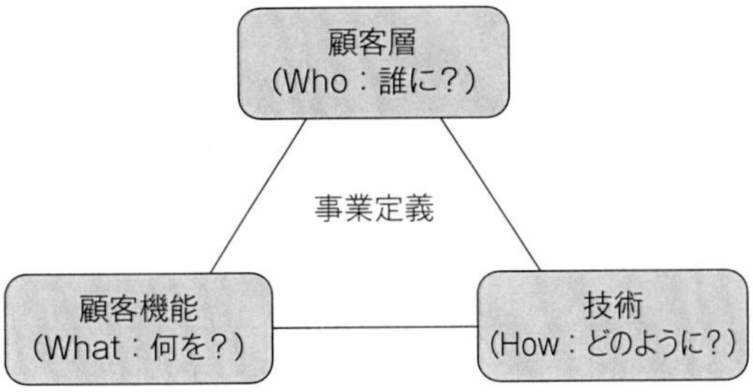

図表３－３　３次元の事業定義のフレームワーク

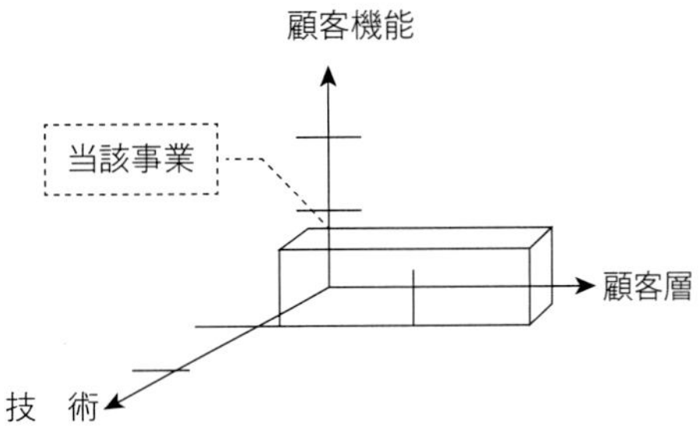

図表３－４　３次元の座標軸と事業のイメージ

出所：エーベル［1980］，36ページを参考に作成。

このフレームワークを，具体的な例で考えてみよう。文具・事務用品のアスクルは「オフィスという１つの生活空間で必要なものがすべてそろう」というコンセプトのもと，文具・事務用品業界におけるビジネスモデルを変革し成長を遂げたが，アスクルの事業定義は（当時の民間事業所数620万社のうち30人未満の）中小事業所（約95％）をターゲットに（＝①顧客層），そこで使用される必要な小口のオフィス用品を（＝②顧客機能），直接注文を受け，翌日に届ける仕組み（＝③技術）で説明することができる。

これまで文具・事務用品の業界は，メーカーが膨大な在庫を持ち，それを卸売が文具店へ商品を卸し，消費者が文具店に買いに行くというものであった。業界トップのコクヨは，そのブランド力とともに全国総代理店と呼ばれる卸売店，小売店を強固に系列化された流通システムを構築し，それが競争優位の源泉となっていた。アスクルの親会社であった当時のプラスはこの点で立ち打ちすることはできなかったが，最終的に①顧客層を変え，③顧客の注文から配送までのビジネスフロー，エージェント（代理店）による代金回収や債権管理，情報システムなどの仕組みを独自に構築することでドメインを確立させたのである。

考えてみよう①

あなたの身近な企業を取り上げ，エーベルの３次元のフレームワークを使って事業定義を考えてみよう。

① 事業（ドメイン）：
② 誰に（顧客層）：
③ 何を（顧客機能）：
④ どのように（技術）：

考えてみよう②

自分の人生のドメインについて，上記①～④に当てはめて考えてみよう。

5．望ましいドメインの設定

（1）ドメインの設定の意義

企業がドメインを設定するのとしないのとでは，いったい何が違ってくるのだろうか。なぜ，あらかじめドメインや事業を定義する必要があるのだろうか。

ドメインの設定の意義として，次の３点が考えられている（伊丹・加護野［1993］，大滝・金井・山田・岩田［2006］）。

第１に，組織のメンバーの努力やエネルギーのベクトルを合わせることができる（それによって，行ってはいけないことが明確になる，活動が分散するリスクを避ける，狭い範囲のドメインに限定されないなどの効果が期待できる）。

第２に，事業を展開する上でどのような経営資源が必要なのか，また，どのような情報や経営資源を蓄積すべきかについての方針やメンバー間での共通の理解を促すことに役立つ。

第３に，組織の内外に向けた自社の存在感（アイデンティティ）の形成がなされることである。ドメインが設定されることで，組織メンバーの一体感を促し，社会に対して企業の果たす役割を明らかにでき，企業の社会的な存在意義を明確にすることに役立つ。

（2）適切なドメイン設定

ドメインは単に設定するだけでなく，どのようなドメインを設定するのが望ましいかが重要になる。ドメインの設定は狭すぎても，広すぎてもいけない。適切な範囲のドメイン設定が求められる（図表３－５参照）。

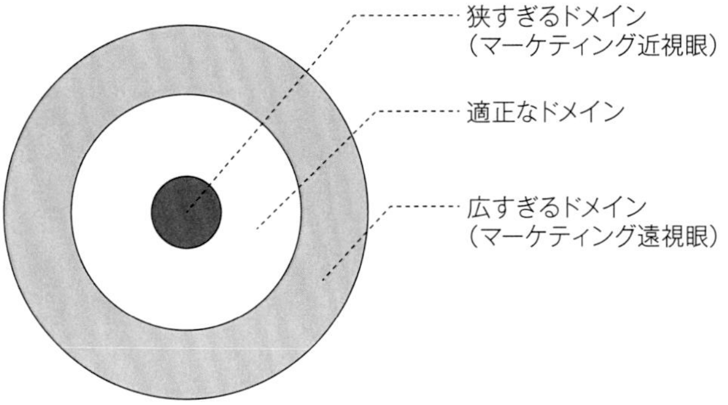

図表３－５　適切なドメイン設定の範囲

レビットは近視眼に陥らないように，物理的定義による狭すぎるドメインを設定することに警鐘を鳴らしたといえる。確かに，一般的に「○○業」というくくりで説明される事業名や産業区分は，企業の戦略にとってあまり意味をなさない。経営戦略とは他社との差別化の命題に解答を与えるものであるため，自らを同業者と同じように捉えていては意味をなさないからである。

しかし，近視眼に陥ることに注意しすぎると，逆に「マーケティング遠視眼（マーケティング・マクロピア）」に陥ることになりかねない点にも注意を払う必要がある。「マクロピア」とは「遠視眼」のことで，遠くを見すぎることの弊害，つまり定義を広く捉えすぎて事業領域があいまいになり，事業の拡大志向に歯止めがかからなくなってしまうことを意味する。

顧客に提供する機能や便益から幅広く定義した方がよいこともあるが，遠視眼が示すような広すぎるドメインはその意義自体を失ってしまう。最悪，単なるスローガンになってしまう場合がある。

先に挙げた米国のゼロックス社の例では，「未来のオフィス」というドメインの範囲が広く総花的になり，戦略的に機能しなかったことが指摘されている。特に既存事業であるコピー機の戦略的位置づけが「未来のオフィス」の中で明確にされなかったことが問題となった（榊原［1992］）。

かつて流通企業でナンバーワンの売上高を達成したダイエーの例では，自社を「総合生活文化情報提案企業集団」という定義で位置づけ，流通以外の外食，金融，ホテル，大学など，事業のあらゆる分野で多角化を進め，自社の流通関係に関連しない業種・業態に至るまで事業を買収した。ドメイン定義から考えれば広すぎる設定に対して，結果的に歯止めがきかない拡大をしたことになる。

広すぎるドメインの誤りは，単なる抽象的な定義になってしまうことである。企業が事業を幅広く展開している場合，それらの事業のすべてを含む「傘」のような抽象的な表現では，方向性や将来的な広がりが漠然となり，ドメインとして理解することが難しく機能しない場合がある。

(3) ドメイン・コンセンサス

ドメインの設定が適切であるかどうかは，経営者が一方的に定義して決まるものではない。組織のメンバーや外部の人々に広く支持されたときに，初めてドメインは機能する。逆にいえば，社会的に支持されず受け入れられないドメインは，企業のスローガン（≒飾り物）であって実質的に機能しない。このように，組織内のメンバーや組織の外側（環境側）から形成される社会的合意のことを「ドメイン・コンセンサス」と呼ぶ（榊原［1992］）。

ドメイン・コンセンサスとはドメインについての両者の共通認識であり，経営側の定義と組織内外（組織メンバーないし環境側の認識）による定義の2つの重なる集合部分がコンセンサスとなる。重なる領域が大きいほど社会的支持が大きく，小さいほど認識のギャップが大きいとされている（図表3－6参照）。

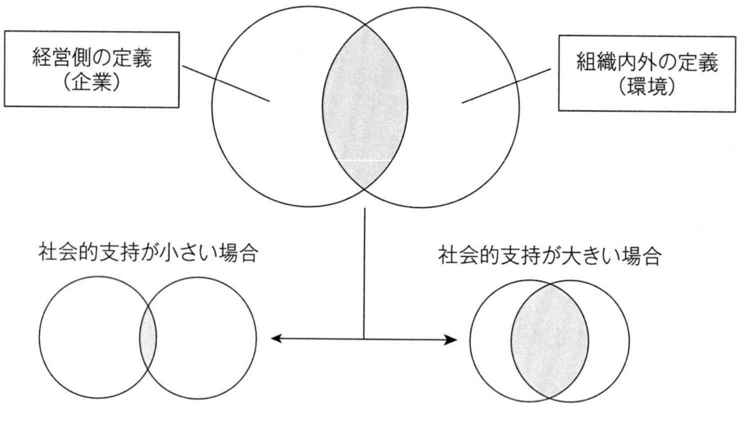

図表3－6　ドメイン・コンセンサス

（※塗りつぶし部分が合意形成されている領域を指す）
出所：榊原［1992］，35ページより筆者一部加筆・作成。

実際に当該企業が製品・サービスを介して何を行っているのか，また何を行わないのかについて，社会的に形成された合意がドメイン・コンセンサスである。したがって，企業と社会との間で製品・サービスにどのような意味が与えられるのかが重要な意味を持ってくる。例えば，便利さを提供するコンビニエンスストアが高級専門店を開店してもうまくいかないのは，消費者がそれを認めていない，社会的支持が少ないコンセンサスであるからだといえる。

榊原［1992］はレビットが取り上げた米国の鉄道会社の例についても，ドメイン定義が間違っていたからというよりも，ドメイン・コンセンサスの視点からそのドメインの物理的定義が顧客やユーザーに支持されなくなったからだと指摘する。企業を取り巻く環境が常に変化している以上，ドメイン定義も一定ではなく必要に応じて転換・再定義することが必要であることを示している。

企業が成長・発展し，事業の多角化が進み，数多くのさまざまな製品・ブランドが展開されると，組織メンバーから見ても社会から見ても，その企業のドメインが見えなくなってしまうことがある。この状態を克服するために，組織メンバーや外部とのコンセンサスの形成という点から，それぞれの認識不足や誤解を是正し，自社の企業像やドメインを正しく理解してもらおうとするのがCI（コーポレート・アイデンティティ）である。CIは実際にロゴやマークを新しく策定することなどの宣伝手段として使われることにとどまるケースが多く，本来は自社のドメインを明確な形で打ち出し，社会におけるアイデンティティを確立する方法である。

用語解説

CI（コーポレート・アイデンティティ）

コーポレート・アイデンティティ（Corporate Identity 略称：CI）は，企業文化を構築し，特性や独自性について統一されたイメージやデザイン，またわかりやすいメッセージで発信し，組織内だけでなく社会と共有することで存在価値を高めていく企業戦略である。

事例で考える

星野リゾートの「リゾート運営の達人」における ドメイン・コンセンサス

星野リゾートは，運営に特化した「リゾート運営の達人」をドメインとして設定している。1987年にリゾート法が制定されて以来，資金力と開発力を持つ大手企業によるリゾート事業への新規参入が相次いだ。星野リゾートの地元である軽井沢でも例外ではなく，厳しい競争環境の中で大手企業と共存しながら成長していくために旅館やリゾートのオーナーから「運営」の委託を請け負う「リゾート運営の達人」を目指したのである。「リゾート運営の達人」の定義は，以下の３つの指標で規定されている。それは，①顧客満足度2.50，②経常利益率20%，③エコロジカルポイント24.3ポイントの達成である。顧客に対して地域の魅力を最大限に活かしたソフトの開発によりリピート率を高めてきた。従業員やオーナーに対して「ビジョンと価値観の共有」，「コンセプトへの共感」，「会社情報と意思決定プロセスの公開」，「フラットな組織」など組織・人事施策を数々打ち出し，改革を進めてきた。その結果，経営難に陥った数々のリゾート施設の事業再生に成功し，リゾート運営会社として社会的に認知されている。

参考：星野リゾートHP

（4）ドメインの再定義・転換

その後，ゼロックス社のケースでは「未来のオフィス」という広げすぎたドメインを変更し，文書の作成，複写，保管，伝送，検索に事業の焦点を絞った「ドキュメントカンパニー」という（コピー機との関連も明らかな）ドメインに再定義し，ドメインの設定を「総合化」から「限定的・特定的」な領域に方針変更をした。

ドメインの定義は永久不変のものはなく，企業にとって転換すべき時が来るかもしれない。企業を取り巻く環境が常に変化している以上，現在のドメインがマッチしなくなる，あるいはそれを超えて成長をはかるために，企業はドメインの見直しと再定義が必要になってくるといえるだろう。

事例で考える

JTBのドメイン転換：「総合旅行業」から「交流文化事業」へ

日本の旅行業取扱額は年々縮小，旅行業者数の減少に伴う国内の旅行市場の長期停滞傾向や旅行者のニーズの変容により，JTBは2004年よりこれまで担ってきたパッケージ旅行（交通手段＋宿）を提供する「総合旅行業」ではなく，それを超えた事業領域の拡大に向けて「交流文化事業」へとドメインを転換した。交流文化事業とは「お客様の感動と喜びのために，JTBならではの商品・サービス・情報および仕組みを提供し，地球を舞台にあらゆる交流を創出すること」と定義する。「旅行」ではない「交流文化」を事業の源泉として再定義したことは，「旅」が持つ5つの力（交流，文化，経済，教育，健康の力）を活かし，新たな「商品・場・機会」を創出し，旅行業の新たなビジネスを成し遂げるため，地域・観光資源の魅力の発掘と多彩な産業との連携を模索している。

参考：JTBのHP

確認Quiz!!

① ドメインとは，企業（全社）レベルの意思決定に関するものである。

② ドメインは物理的定義にしたがって定義することで，将来の方向性を示すことができる。

確認Quiz!!

答え

① 答え：○

② 答え：×

ドメインの範囲が狭く，環境の変化に適応せず，将来の方向性を示すのは難しい。

主要参考文献

Abell, D.F. [1980] *Defining the Business: The Starting Point of Planning,* Prentice-Hall.（石井淳蔵訳［2012］『新版 事業の定義』碩学社）

網倉久永・新宅純二郎［2011］『経営戦略入門』日本経済新聞出版社。

石井淳蔵・栗木　契・嶋口充輝・余田拓郎［2004］『ゼミナール　マーケティング入門』日本経済新聞社。

伊丹敬之・加護野忠男［1993］『ゼミナール経営学入門（第２版）』日本経済新聞社。

片山富弘［2009］「第９章 事業領域」嶋口充輝・内田和成・黒岩健一郎編『１からの戦略論』碩学社。

Levitt, T. [1960] "Marketing Myopia" *Harvard Business Review,* July-Aug.（土岐　坤訳）［1982］「マーケティング近視眼」『ダイヤモンド・ハーバード・ビジネス』３－４月）

沼上　幹［2000］『わかりやすいマーケティング戦略』有斐閣アルマ。

大滝精一・金井一頼・山田英夫・岩田　智［2006］『経営戦略（新版）』有斐閣。

Oldenburg, R. [2000] *Celebrating the Third Place: Inspiring Stories about the "Great Good Places" at the Heart of Our Communities,* New York：Marlowe & Company.（忠平美幸訳［2013］『サードプレイス―コミュニティの核になる"とびきり居心地よい場所"』みすず書房）

榊原清則［1992］『企業ドメインの戦略論』中公新書。

セコム株式会社［2000］「安心産業から社会システム産業へのあゆみ」Annual report 2000。http://www.secom.co.jp/corporate/ir/lib/AR/JSPECIAL_2k.pdf

高橋一夫編［2013］『旅行業の扉―JTB100年のイノベーション』碩学社。

参考 URL

星野リゾート HP　企業情報

http://hoshinoresort.com/aboutus/（2014/12/1 アクセス参照）

JTB の HP「The JTB Way」

http://www.jtbcorp.jp/jp/company/about_jtb/philosophy/」（2014/12/1 アクセス参照）

第4章　競争戦略
〜生き残りをかけた戦い〜

◎ 競争がある市場とない市場

・競争がある市場＝レッド・オーシャン市場
・競争がない市場＝ブルー・オーシャン市場

◎ 競争優位性＝自社に他社にはない「強み」の存在

◎ 先発優位・後発優位

・先発優位・・・市場にいち早く参入することで優位性を獲得
　→ 後発者に対していかに高い参入障壁を築くか。
・後発優位・・・市場に遅れて参入することで優位性を獲得
　→ 先発者に対していかに“違い”を創りだすか。

◎ 競争の要因：ポーターが示す5つの競争要因＝ファイブ・フォース

① 競争業者間の敵対関係
　競合企業の数や市場の成長率（魅力度）
② 新規参入の脅威
　新規参入による競争激化，参入障壁
③ 代替製品・サービスの脅威
　代替品により自社のシェアが低下，価格競争
④ 供給業者（売り手）の交渉力
　強い場合，取引価格上昇，業界全体の利益率低下
⑤ 顧客（買い手）の交渉力
　強い場合，割引やマージンが必要，業界全体の利益率低下

◎ ファイブ・フォース

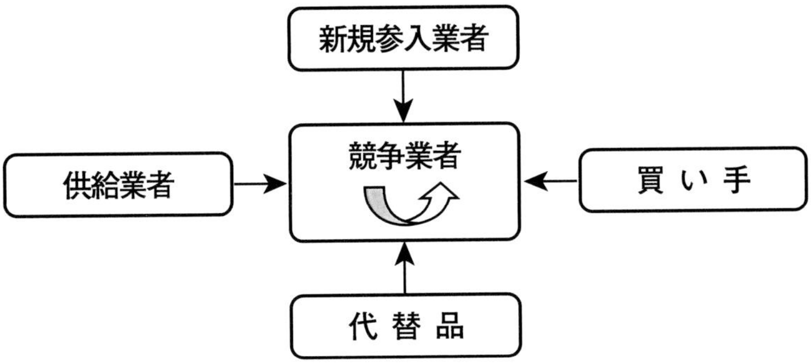

◎ 競争要因に対抗する３つの基本戦略

① コスト・リーダーシップ戦略
圧倒的低コストによる競争優位，低コスト体質

② 差別化戦略
製品の特徴が明確，独自性があると認識，高利益

③ 集中（コスト集中・差別化集中）戦略
特定市場へ経営資源を集中，コストか差別化か

戦略の有利性

		顧客から特異性が認められる	低コスト地位
戦略ターゲット	業界全体	差別化	コスト・リーダーシップ
	特定セグメントだけ	差別化集中	コスト集中

※学んで欲しいこと
競争が起こるメカニズム（ファイブ・フォース）を理解し，その競争要因に対抗する３つの戦略から企業の競争戦略について学びましょう。

第４章　競争戦略 ～生き残りをかけた戦い～

講義日　／

1．競争がある市場・ない市場

「通話から通信へ。」 1990 年代の携帯電話の主要価値は，電話による通話で良かったものが，2010 年代のスマートフォンの主要価値は，さまざまなアプリケーション（アプリ）による通信へと変化している。携帯電話やスマートフォンのように変化が激しく，競合ひしめく市場に参入する企業は，常に生き残りをかけた競争を強いられる。そのような市場をレッド・オーシャン市場📖という。また，企業は，当該マーケット・シェア争いに勝ち抜き，当該市場での競争優位性を築く必要がある。このように競争優位性を築くべく採られる戦略を競争戦略という。つまり，競争戦略の目標は，他社にはない優位性を築き，他社には真似できない参入障壁📖を築き，競争から抜け出すことであり，競争のないブルー・オーシャン市場📖の開拓であるともいえる。

用語解説　**レッド・オーシャン市場**

競争の激しい既存市場のこと。競争が激しい様子をレッド（血）の海にたとえている。多くの企業が当該市場に参入しているため，技術や価格による差別化競争が激しい。ブルー・オーシャン市場とは対照的な市場として位置づけされる。

用語解説　**ブルー・オーシャン市場**

競争のない新市場のこと。つまり，未開拓な市場に 1 社が独占的に参入している市場のこと。しかし，次第に当該市場に参入する企業が増えるにつれ，レッド・オーシャン市場へと変貌していくことになる。

用語解説　**参入障壁**

ある企業が，市場に参入する際に，かかるコスト（費用）のこと。参入障壁が大きいほど，コストがかかるため，当該市場に参入しづらいことになる。参入障壁には，規制，ブランド力，流通コスト，生産力，資本力，技術，価格決定力などさまざまな要素がある。

考えてみよう①

競争がある市場とない市場を具体的に挙げてみよう。

2．競争優位戦略

（1）競争優位性ってなに

企業の競争戦略の目標は，競合とのマーケット・シェア争いに勝ち抜き，当該市場での優位性（自社の強み）を構築することにある。また，競争優位性とは，市場にいち早く参入し，競合他社にまねできない高い技術力を持ち，顧客にとって価値ある製品・サービスによって市場を席巻することで高い収益性を持つという能力がある状態（自社に他社にはない強みがある状態）をいう。

（2）先発優位と後発優位

競争優位性を築く場合，市場にどのタイミングで参入するかは，企業経営の成否を決めると言っても良い。それでは，そのタイミングは，早ければ早い方が良いのか，それとも遅くても競争優位性を築くことは可能なのであろうかといった疑問が生じる。つまり，先発優位📖・後発優位📖のどちらが競争優位性を構築できるのであろうか？　この答えは，実は，双方考えられる。

用語解説　**先発優位**

市場にいち早く参入することで競争優位性を築くことである。メリットとしては，価格を気にしない，新しいもの好きの消費者を獲得することができる，カテゴリーの代名詞になることにより，後発者への心理的参入障壁を築くことができるなどが挙げられる。デメリットとしては，新製品を認知してもらうための販売促進費が膨大になる，多額の研究開発費が必要になるなどが挙げられる。

用語解説　**後発優位**

ある程度市場が出来上がった段階，つまり，競争業者がいる市場において遅れて参入し，競争優位性を築くことである。メリットとしては，先発者の動向を見ながら参入のタイミングをはかれるため，広告宣伝や技術開発における無駄なコストを削減できる，先発者の改良品など，先発者との違いを強調することで先発者のマーケット・シェアを奪い取れるなどがある。デメリットとしては，先発者との“違い”が出せないとマーケット・シェアを奪えない，先発者が高い参入障壁を築いていた場合，参入しにくいなどがある。

先発優位性を築けた事例として，茶系飲料市場にいち早く参入した「伊藤園」がある。伊藤園と言えば，「お～いお茶」が有名である。世界初の缶入り「ウーロン茶」を生産・販売したり，「お～いお茶」の前身である缶入り「煎茶」を生産・販売するなど，これまでのお茶は「家で淹れて飲むもの」であったが，それを「外出先で買うもの」へと変化させ，自動販売機の普及と相まって，新たな茶系飲料市場を創造した立役者となった。また，アップル社の「iPhone」は，スマートフォンを市場に最初に導入し，先発優位性を築くことができた事例である。

後発優位性を築けた事例としては，OSで世界を席巻しているマイクロソフト社の「Windows」がある。「Windows」は，アップル社の「MacOS」より後発で市場に参入したが，「DOS/V」機への互換機戦略が功を奏して市場の9割以上のシェアを獲得するに至り，後発優位性を築くことに成功している。

つまり，先発優位・後発優位のどちらも市場を席巻することが可能である。先発優位を構築しようとするならば，高い参入障壁の構築が必要であるし，後発優位を構築しようとするなら，先発者にはない“違い”をどのように創りだすかが成功のカギとなる。

3．競争の要因：ポーターが示す5つの競争要因（ファイブ・フォース）

競争は，先述のとおり，当該市場を独占しない限り，好むと好まざるとにかかわらず常に起こり得るある種の「現象」といっても言い過ぎではない。

ポーター（Porter, M.E.）は，業界内における競争を激化させる構造要因を，競争業者間の敵対関係，新規参入の脅威，代替製品の脅威，供給業者（売り手）の交渉力，顧客（買い手）の交渉力の5つの競争要因（ファイブ・フォース）から説明している（ポーター著，土岐・中辻・服部訳［1995］）。

STEP UP ✍

ポーター著『競争の戦略』の原著である *Competitive Strategy: Techniques for Analyzing Industries and Competitors* を読んでみよう。

（1）競争業者間の敵対関係

1つめの競争要因として，競争業者間の敵対関係がある。これは，競合企業の数や自社企業のマーケット・シェアの関係において発生する。

もともと当該市場に競合する企業が少なければ，競合と敵対する必要性はなく，そのため他社のマーケット・シェアを奪う必要性はないため，市場全体が安定し，当該企業の利益率も高まる。しかし，競合他社が増加するほど，自社のマーケット・シェアの確保および拡大のため，価格競争に陥りやすく，必然的に利益率も減少する。つまり，当該市場における競合企業の数や市場の成長率（魅力度）も競争要因として大いに関係しているといえる。

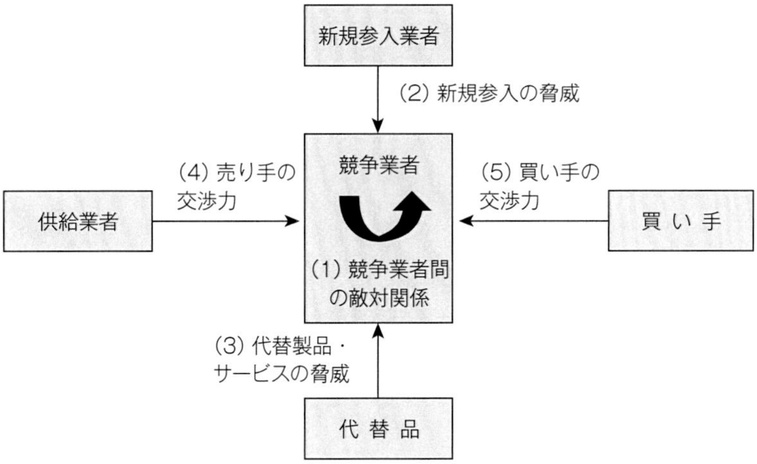

図表４－１　　ファイブ・フォース

出所：ポーター〔Porter, M.E.〕（土岐　坤・中辻萬治・服部照夫訳）［1995］, 19ページ。
筆者一部付記。

（２）新規参入の脅威

２つめの競争要因として，新規参入の脅威がある。これは，当該市場において，新規参入者が増えれば増えるほど，競合が増えることによって競争が激化するため，マーケット・シェアおよび利益率の低下を招く恐れがある。そのため，新規参入者は，当該市場における既存の参入者にとって脅威となる。

しかし，法的規制などによって参入障壁がある場合は，新規参入が容易ではないため，既存のマーケット・シェアおよび利益率は守られることになる。

（３）代替製品・サービスの脅威

３つめの競争要因として，代替製品・サービスの脅威がある。これは，顧客のニーズを満たす別の商品が出現した場合，自社製品やサービスの代替品・代替サービスとして，自社のマーケット・シェアが奪われかねなくなる。そのため，自社の製品・サービスに顧客を振り向けるための販促コストの増加や価格競争に陥りやすくなる。また，価格性能比，代替品の利益率などが考慮される。

また，それら代替製品やサービスが，新たな市場を形成した場合，これまでの市場にとって代わられることもある。そうなってしまうと，これまでの市場ではなく，新たな市場での競争を強いられることになる。

以上の，3つの競争要因は，同業他社という競合相手における競争要因を意味している。

(4) 供給業者（売り手）の交渉力

4つめの競争要因として供給業者（売り手）の交渉力がある。特に，供給業者（売り手）の交渉力が強い場合，価格決定力が供給業者（売り手）側にあるため，顧客（買い手）側にあるときよりも，相対的に取引価格が高くなってしまう。

そのため，供給業者と顧客・買い手の競争は激化し，必然的に業界全体の利益率は低下してしまう。

(5) 顧客（買い手）の交渉力

5つめの競争要因として顧客（買い手）の交渉力がある。これは，供給業者（売り手）の交渉力とは逆であり，顧客（買い手）の交渉力が強い場合である。

この場合，価格決定力が顧客（買い手）側にあるため，供給業者（売り手）は，顧客（買い手）に取引価格を下げるよう要求される。

そのため，供給業者側は，顧客に対して割引やより多くのマージン（粗利益）が必要となり，顧客と供給業者の競争は激化し，必然的に業界全体の利益率は低下する。

以上の，2つの競争要因は，供給業者と顧客の関係から生じるものであるため，取引関係における競争要因を示したものである。

事例で考える

日本の音楽業界のファイブ・フォース

日本の音楽業界でのファイブ・フォースを考えてみると，次のような５つの競争要因が考えられる。

① 競争業者間の敵対関係
エイベックス，日本コロムビア，キングレコード，ポニーキャニオン，ビクターエンターテインメントなどの日本レコード協会に正会員として加盟しているメジャーレーベルの企業が熾烈な競争をしている。

② 新規参入の脅威
日本レコード協会に正会員として加盟していないインディーズ・レーベルの企業が台頭してきた。

③ 代替製品・サービスの脅威
Youtube などで音楽が無料で聞ける。

④ 供給業者（売り手）の交渉力
アーティストは，メジャーかインディーズの選択だけでなく，CD かダウンロード配信かを選択できる。

⑤ 顧客（買い手）の交渉力
CD の中古品市場（店頭およびマーケット・プレイス）によって，低価格で音楽を購入できる。音楽配信によって，アルバムに収録されている曲を分割して，好きな曲だけ購入できる。

事例で考える

日本のゲーム業界のファイブ・フォース

日本のゲーム業界でのファイブ・フォースを考えてみると，次のような５つの競争要因が考えられる。

① 競争業者間の敵対関係
任天堂（Wii など），ソニー（プレーステーションなど），マイクロソフト（Xbox など）といった３社がゲーム業界をリードし，熾烈なシェア争いを行ってきた。

② 新規参入の脅威
ガンホーオンラインエンターテイメントなどの携帯（スマートフォン）サイト専用のゲーム会社が参入してきた。また，DeNA やグリーなどの SNS（ソーシャル・ネットワーキングサービス）を展開する新たな企業が参入してきた。

③ 代替製品・サービスの脅威
専用のゲーム機を必要とせず，スマートフォンなどの端末があれば，ゲーム専用のアプリをダウンロードしてゲームを行うことができる。

④ 供給業者（売り手）の交渉力
ゲームソフトを供給する業者による価格交渉力の脅威がある。

⑤ 顧客（買い手）の交渉力
家電量販店の台頭や価格比較サイトの出現は，メーカー側の価格統制力を弱めている。また，ゲームの中古品市場（店頭およびマーケット・プレイス）の拡大によって低価格でゲームを購入できる。

考えてみよう②

５つの競争要因を具体的な業界に置き換えて考えてみよう。

４．競争要因に対応する３つの基本戦略

競争要因に対応する基本戦略として，ポーターは，次の３つの戦略を挙げている（ポーター著，土岐・中辻・服部訳［1995］）。

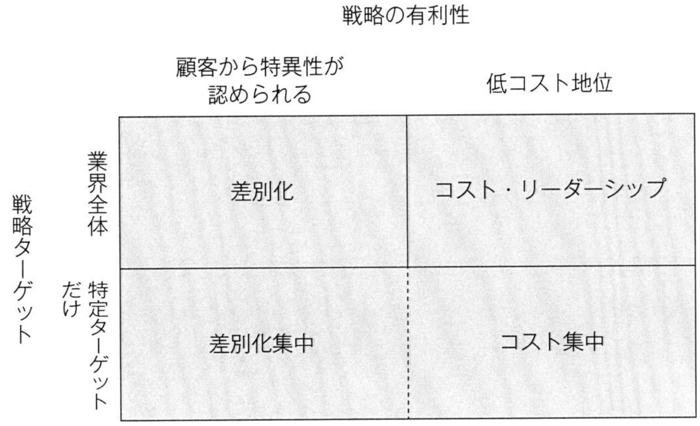

図表４－２　３つの基本戦略

出所：図表４－１と同じ，51ページ。筆者一部付記。

（１）コスト・リーダーシップ戦略

コスト・リーダーシップ戦略とは，他社に比べて圧倒的に低コストをはかることで競争優位を築く戦略である。低コスト体質にすることで，高利益を上げることができるため，いかに低コスト体質にしていくかが重要となる。低コスト化には，製造業でいえば，いかに供給先から安く仕入れるか，規模の経済性や学習効果📖を通じて安く作ることができるか，また，工場のハイテク化による低コスト設備を実現することで安く生産できるかなどが考えられる。また，トヨタ自動車などは，かんばん方式やジャストインタイム生産方式により，低コストで生産可能な独自の手法で成功している（第９章参照）。

コストで圧倒的な優位性を築くことができた場合，他社に真似されにくく，低価格販売が可能となるため，当該市場におけるシェアの拡大や高収益を可能にさせる。また，このコスト・リーダーシップの戦略を採れるのは，業界のリーダーすなわち，最も当該市場のシェアが高い企業だけとされている（第５章参照）。

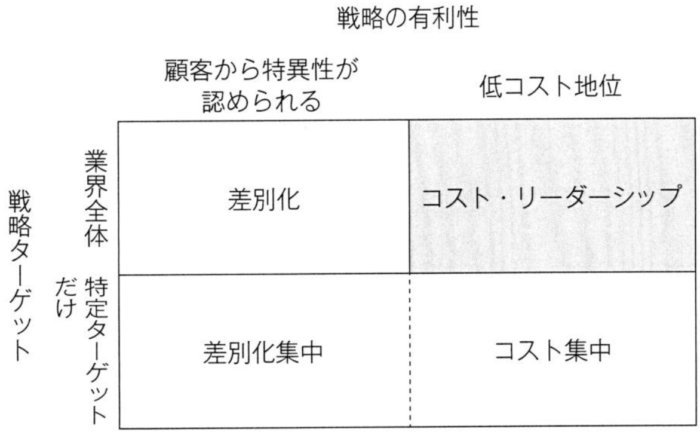

仮に，コスト・リーダーシップ戦略を業界内の複数の企業が採った場合，競争が激化し，価格競争が生じ，業界全体の収益を圧迫することになる。

一般に，コスト・リーダーシップ戦略を採れる企業は，コスト意識が強いため，同時にコストがかかる差別化戦略を採ることが困難とされている。

しかし，コスト・リーダーシップを採る企業は，差別化戦略をまったく無視しても良いということにはならない。例えば，トヨタ自動車は，業界のリーダーとして，トヨタ生産システムに代表される低コストで生産可能なシステムを構築することでコスト・リーダーシップ戦略を採る一方において，ハイブリッド車である「プリウス」の成功に見られるような差別化戦略を採り，ハイブリッド車市場で優位性を発揮するなど，コスト・リーダーシップ戦略と差別化戦略を両立させている。

用語解説

学習効果

企業活動において，生産や投資を経験するたびに，それらについての行動をより習熟させることで，より効率的な生産方法や技術開発が実現されていくこと。

（2）差別化戦略

差別化戦略とは，競合他社の製品と比較し，製品の特徴が明確であり，顧客に独自性があると認識されうる価値を提供することで，それによって高い利益を得る戦略である。差別化戦略は，自社製品やサービスをいかに差別化するかにフォーカスされる戦略である。具体的には，製品設計，ブランド・イメージ，テクノロジー，製品特長，顧客サービス，ディーラー（流通）ネットワークなどが挙げられる。例えば，グーグル社によって開発された「アンドロイド」を搭載したスマートフォンやタブレット端末は，アップル社のiPhoneやiPadとは，機能面（ワンセグやおサイフケータイの使用や防水機能など）や操作性（戻るボタンの存在など）において明確な違いを出しており，差別化戦略に成功している。

また，差別化戦略は，違いを明確化することにより，顧客ロイヤルティ（顧客忠誠心）が獲得でき，そのことが参入障壁となり，競争業者に対しての優位性を形成する。例えば，ファスト・フード市場において，モスバーガーは，マクドナルドの低価格戦略とは対照的に，価格より品質重視の戦略を採ることで，ハンバーガー市場での差別化を形成している。また，スーパーマーケット市場において，消費

戦略ターゲット	戦略の有利性：顧客から特異性が認められる	戦略の有利性：低コスト地位
業界全体	差別化	コスト・リーダーシップ
特定ターゲットだけ	差別化集中	コスト集中

者の低価格志向に応える大手スーパーや地元スーパーとは対照的に，成城石井は，品揃えにおいて高級品や輸入品の割合を増やしたり，高級住宅街や駅なかに立地することで高級スーパーというイメージを形成しており，スーパーマーケット市場での差別化を形成している。

このように，差別化が可能であれば，複数の企業が同時に違う差別化戦略を実現することにより当該市場で共存することができるのである。

（3）集中戦略

集中戦略とは，特定の市場に経営資源を集中させ，その上でコストか差別化のどちらかを行う戦略である。特に，特定の顧客や製品，地域に絞り込み，経営資源を集中させることで，コストでの強みもしくは差別化での強みを発揮できる戦略である。自動車業界において，フルライン戦略を採るトヨタ自動車に対し，ダイハツは，軽自動車に特化し，経営資源を特化させることで集中戦略を採る。

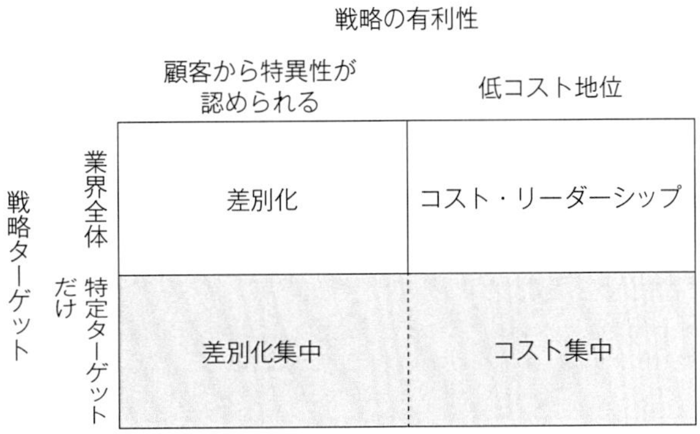
戦略の有利性
顧客から特異性が認められる
低コスト地位
戦略ターゲット
業界全体
特定ターゲットだけ
差別化
コスト・リーダーシップ
差別化集中
コスト集中

集中戦略は，コスト集中戦略と差別化集中戦略に分けることができる。コスト集中戦略は，特定の市場に対して競争優位性を発揮する戦略であり，差別化集中戦略は，特定の市場における特定のニーズに特化し，差別化をはかる戦略である。つまり，ニッチ（すき間）を狙った戦略である。ニッチ戦略は，当該市場でシェアが低い企業や後発の企業が採りうる戦略である。

集中戦略は，他にもさまざまな方法がある。例えば，地域限定製品の開発・販売や地域限定出店といった形で地域を限定して，経営資源を集中し，絞り込みを行い，競合他社との差別化集中を採ることがある。また，販売方法を通信販売に限定する方法もある。具体的には，テレビ通販に限定し，家電製品を販売する「ジャパネットたかた」などが該当する。

事例で考える

航空業界のコスト集中戦略

航空業界において，日本で後発企業である「ピーチアビエーション」「エアアジア・ジャパン」「ジェットスター・ジャパン」といった格安航空会社（LCC = Low Cost Carrier）は，地方都市を結ぶ便に限定し，旅客機も絞り込むことで，日本航空（JAL）や全日空（ANA）などの大手航空会社よりも格安の航空運賃を実現し，コスト集中戦略を採り成功している。また，国土交通省航空局（2013年10月30日発表）によると，国内線におけるLCCのシェアは2013年8月時点で6.9％であり，LCCの旅客数は徐々に増加してきている。

（参考）国土交通省航空局HPより

事例で考える

自動車業界の差別化集中戦略

自動車業界では，日本で10番目のメーカーとして進出した「光岡自動車」（本社：富山市）は，「独創的なクルマに乗る喜びを，より多くの人々に伝えたい」という企業理念のもと，機械による大量生産ではなく，職人が1台1台手作りで車の製造を行っている。

例えば，「ビュート」という車は，完全受注生産方式を採用し，職人が1台1台手作りで製造し，希少性と高い品質を維持することで，差別化集中戦略を採っている。

（参考）光岡自動車会社HPより

考えてみよう③

3つの基本戦略を具体的な業界に当てはめて考えてみよう。

5．3つの基本戦略におけるリスク

競争戦略における３つの基本戦略を遂行するにあたり，それぞれの戦略におけるリスクについて考えてみたい。

まず，コスト・リーダーシップ戦略には，初期投資や再投資などに多大な資金力が必要となるというリスクがある。つまり，資金力のない企業は，コスト・リーダーシップ戦略を採ることができないため，資金力の豊富な業界のリーダーが採るべき戦略であるといえる。また，技術革新や代替品の出現によってコスト・リーダーシップが困難になってしまうケースもある。具体的には，ブラウン管テレビから液晶テレビへ，VTRからDVDへ，カセットテープからCDへ，さらにダウンロード配信へといった形で技術革新が進み，消費者の選好もそれにより変化するなら，これまでの競争優位が消滅し，コスト・リーダーシップも新たな市場で築けない限り，同様の戦略を採ることは困難になる。

次に，差別化戦略には，差別化の程度が行き過ぎてしまうと，結果的に，ターゲット顧客を狭めてしまうリスクがある。その結果，顧客のニーズに合わなくなってしまうことで，多くの需要が見込めなくなり，ブランド・ロイヤルティの維持が困難となる場合がある。また，逆に，差別化の程度が小さい場合，模倣などによって代替品が作られ，結果として差別化そのものがなくなってしまうケースもある。

最後に，集中戦略には，ターゲットの絞り込み過ぎによってコスト優位性や差別性が失われてしまうリスクがある。企業の収益を確保するためには，ある程度の市場規模が必要であるが，ターゲットの絞り込み過ぎは，多数の顧客ニーズをそぎ落としてしまう危険性があり，そうなると，コスト優位性や差別性が顧客ニーズと合致しなくなってしまう危険性もある。また，集中戦略は，通常，中小企業が行う戦略であり，当該市場に大手企業が参入した場合，コストや差別化での優位性が薄れてしまう危険性もある。さらに，さらなる集中戦略を採る企業が，新たな市場を形成し，コスト優位性や差別化での優位性を構築することで，これまで優位性を保ってきた企業が出し抜かれる危険性もある。

このように，3つの基本戦略には，それぞれリスクが存在するため，戦略実行の際は，慎重に行うべきである。しかし，そのようなリスクを事前に知ることによって，リスク管理が可能となり，それを実行することで，それぞれの戦略のメリットを最大限に引き出し，競争上の優位性を獲得できるのである。

6．企業の宿命である競争戦略

競争戦略は，その市場に競合が参入していない状況を除き，必ず考慮すべき戦略である。つまり，競争はいずれ起こるし，常に競争を意識した戦略が必要である。そのような状況のもとで，企業は，収益を確保し，また増大していかなければならない。

それは，企業の宿命といっても良い。本章では，そのような「企業の宿命」の中で考慮すべき競争戦略として，ポーターの競争戦略論である「ファイブ・フォース」とそれに対応する基本戦略（コスト・リーダーシップ戦略，差別化戦略，集中戦略）を中心に概観した。

ポーターは，3つの基本戦略のうち，どれか1つの戦略に傾注すべきと指摘している。しかし，筆者は，その考え方には懐疑的である。つまり，前述したように，日本のリーディング産業を担う企業では，効率的な生産システムによるコスト・リーダーシップ戦略を採ることで優位性を確立しているだけでなく，地球環境に配慮した製品開発を行うなど差別化戦略でも優位性を確立しており，両方の戦略が実行可能な状況にある。そのような競争戦略は，大企業や当該市場のリーダーである場合，共存可能であると考えられる。

つまり，筆者は，経営環境の変化に対応する形で，企業ごとに戦略構成を変化させる必要があるものと考えるため，企業は，競争戦略における基本戦略の選択においては，慎重に対応していく必要がある。

また，時には，企業は，変化対応だけでなく自ら経営環境を変えることで，競争のないブルー・オーシャン市場を創造することも大切である。

確認Quiz!!

① 市場に先に参入すれば必ず成功する。
② 参入障壁が低いほど企業は成功する。
③ コスト・リーダーシップ戦略は，当該市場で市場シェアが小さい下位企業が採るべき戦略である。
④ 差別化戦略は，当該市場で共存できる。
⑤ 集中化戦略は，コスト以外考えられない。

確認Quiz!!　答え

①：答え　×

後発でも成功する場合がある。

②：答え　×

参入障壁が低いと，当該市場に参入する企業が増えるため，競争が激化することが予想されるため，必ずしも成功するとは限らない。

③：答え　×

当該市場で市場シェアが最も大きな企業が採るべき戦略である。

④：答え　○

差別化することで当該市場での存在意義が確立されるため，共存が可能である。

⑤：答え　×

差別化集中も戦略として考えられる。

主要参考文献

Porter, M.E. [1980] *Competitive Strategy. Techniques for Analyzing Industries and Competitors,* Free Press.（土岐　坤・中辻萬治・服部照夫訳［1995］『競争の戦略（新訂）』ダイヤモンド社）

Porter, M.E. [1985] *Competitive Advantage: Creating and Sustaining Superior Performance,* Free Press.（土岐　坤・中辻萬治・小野寺武夫訳［1985］『競争優位の戦略――いかに高業績を持続させるか』ダイヤモンド社）

伊部泰弘「経営戦略」伊部泰弘・今光俊介編著［2012］『事例で学ぶ経営学』五絃舎，11～20ページ。

嶋口充輝・内田和成・黒岩健一郎編著［2009］『1からの戦略論』碩学舎。

参考 URL

国土交通省航空局「資料１　我が国のLCCの現状と課題」

http://www.mlit.go.jp/common/001017437.pdf, 9ページ。（2014年4月29日アクセス）

光岡自動車会社概要

http://www.mitsuoka-motor.com/company/（2014年4月29日アクセス）

第5章　市場地位別戦略
～競争ポジションによる戦略定石～

◎ 競争における市場地位別戦略

・出発点は戦略の主体をどこに置くのかという視点からの競争戦略
・競争上の地位や能力によって，とるべきポジションが決まる　　例：相撲
・４つの類型（リーダー，チャレンジャー，ニッチャー，フォロワー）

◎ ４つの類型の基準

・コトラーの市場シェアによる分類
・嶋口の経営資源（「量」と「質」）による分類

⇩

経営資源による競争地位の類型

		経営資源の量	
		大	小
経営資源の質	高	リーダー	ニッチャー
	低	チャレンジャー	フォロワー

◎ 市場地位別戦略の目標・方針・定石

※定石：それぞれの企業が競争に勝つことができる最善の方法や手段のこと

競争地位	市場目標	基本方針	戦略定石
リーダー	最大シェア 最大利潤 名声イメージ	全方位化	周辺需要の拡大 シェア拡大 同質化 非価格対応
チャレンジャー	市場シェア	差別化	マーケティングミックスによる革新的な差別化
ニッチャー	最適シェア 利潤 名声イメージ	集中化	ミニリーダー
フォロワー	生存利潤	模倣化	低価格

リーダーが追随しにくい戦略が重要！
①企業資産の負債化
②市場資産の負債化
③論理の自縛化
④事業の共喰化

◎ 競争範囲の変化と市場地位別戦略

・これまでは同一業界で想定されてきた

↑

・リーダー企業を脅かす競争業者（業界の枠を越える）

① 業界破壊者（異なる業界から）
② 侵入者（隣接業界から）
③ 挑戦者（同一業界から）

} どこと競争しているのかの見極めが重要！

※学んで欲しいこと

競争上の４つの類型が何によって決まるのかを理解してください。そして，４つの類型の戦略（市場目標・基本方針・戦略定石）の違いを実例にあてはめて，分析・考察してみよう！

第５章　市場地位別戦略
～競争ポジションによる戦略定石～

講義日
／

1．競争における市場地位別の戦略

第４章は，ポーターの３つの基本戦略を中心に競争戦略の内容について説明している。本章では，企業の競争戦略を考えるにあたり，出発点となる問題，すなわち戦略の主体を市場のどこに置くのかという視点から競争戦略について考えてみよう。

競争戦略を決める際に，自社の対象市場とその市場内で競合する企業の地位や経営能力によって影響を受ける。競合する企業が強い場合でも弱い場合でも，自社にとって適した競争ポジションを理解し，その上で有効な戦略を考えなければならない。

企業で考える前に，そのような状況のたとえとして比較的よく似ているのが，相撲の世界である。相撲は横綱，大関，関脇の三役から幕内，そして幕下までその実力が地位によって分かれ，そこでは体格の大きな力士から小さな力士まで区別なく対戦する。この点において，相撲はレスリング，柔道，ボクシングのような体重別の階級で公平に勝負するという前提ではない。相撲の場合，力（パワー）は体格に比例するため体格の大きな方が有利であることに違いはないが，体格だけで勝負が必ず決まるというわけでもない。相撲の技や経験によって，小さな力士が大きな力士を打ち負かすこともある。したがって，相撲では相手の地位や実力に対して自分がどのように戦えば勝率が上がるのかを考えて対戦することが重要なのである。

企業が競争戦略を考える際も，競争相手の地位や能力を考える必要がある。コトラー（Kotler, P.）は，企業における競争対抗戦略のタイプとして，市場地位によってとるべき競争戦略があると考え，その類型として「リーダー」，「チャレンジャー」，「ニッチャー」，「フォロワー」の４つを提示している。

2．４つの類型の基準

コトラーによると，市場が成熟状態にあるとき，業界における競争地位は市場シェアによって分類されると説明する（図表５－１参照）。

リーダーは業界トップの企業で，市場シェア１位の企業である。次に，チャレンジャーはリーダーに挑戦する２位以下の企業であり，シェアを拡大してリーダーの地位を奪おうと攻撃する企業である。ニッチャーはリーダーに攻撃はしないが，ニッチ市場（隙間市場）と呼ばれるごく小規模な市場で独自の生存領域を持っている企業である。フォロワーは独自の領域を持ってはいないが，リーダーやチャレンジャーに挑戦する意思はなく，現状を維持してリスクをおかさず利潤を獲得する企業のことである。

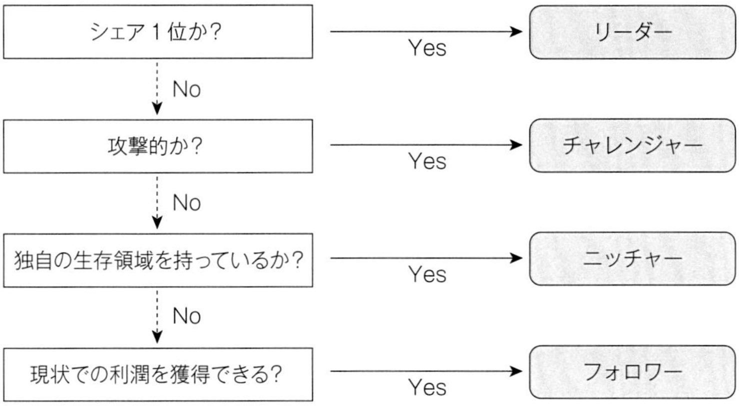

図表５－１　市場地位の分類法

出所：沼上［2000］，102 ページより一部追加・修正。

嶋口［1986］は，この４類型を経営資源の「量」と「質」という尺度を使って示した（図表５－２）。

		経営資源の量	
		大	小
経営資源の質	高	リーダー	ニッチャー
	低	チャレンジャー	フォロワー

図表５－２　相対的経営資源による競争地位の類型

出所：嶋口［1986］，99 ページを一部修正。

経営資源の「量」とは，例えばセールスマン数，営業・流通拠点数，生産能力，資金力などの「大・小」を表す。経営資源の「質」とは，例えばマーケティング力，イメージ，ブランド・ロイヤルティ，流通チャネル力，研究開発技術などの相対的な資源の独自性の「高・低」を表す。

コトラーの４類型が示される前には，「リーダー対フォロワー」という２類型が主流を占めてきた。２類型の図式では，リーダー以外の競合他社をフォロワーとしてひとくくりにしているため，フォロワーの違いが見いだせない。コトラーはその図式を拡大・発展させた。嶋口は分類の根拠として，コトラーの市場シェアだけでなく経営資源の「量」と「質」の違いに注目した。相対的な経営資源の差が，その企業の「経営力」，「企業力」を表すからである。

4つの類型は，当該産業における企業を4つに分類するためのツールではない。また，タイプは良し悪しを示すのではなく，どのポジションの企業がどのような戦略をとれば効果的かという視点から考えることに意義を持つ。企業の成長によって採用していたポジションが代わることもある。

考えてみよう①

ある業界における企業の市場シェアを調べて，4つの類型で競争戦略が説明できるかどうか，考えてみよう。

3．市場目標と戦略方針

企業の市場地位別の4類型における市場目標と戦略の基本方針は，図表5－3に示される。市場目標とは，企業が市場成果として現時点において何を直接的に目標とするかを意味する。次に，市場目標が明らかになると，その目標に向けてどのような戦略の基本方針を立てるのか，つまり原則的な方向でどのように競争に対応するかを決めることになる。

		経営資源の量			
		大		小	
経営資源の質	高	リーダー		ニッチャー	
		市場目標	戦略方針	市場目標	戦略方針
		・最大シェア ・最大利潤 ・名声イメージ	・全方位化	・最適シェア ・利　潤 ・名声イメージ	・集中化
	低	チャレンジャー		フォロワー	
		市場目標	戦略方針	市場目標	戦略方針
		・市場シェア	・差別化	・生存利潤	・模倣化

図表5－3　市場地位別戦略の目標と方針

出所：嶋口［1986］，101ページ。

リーダーは市場シェア，経営資源における優位性から，最大市場シェア，最大利潤，名声・イメージを獲得することを目標に，戦略の基本方針を限定することなく全方位化する。チャレンジャーはリーダーに追いつき，追い越すための市場シェアの拡大を目標に，リーダーと同じ顧客層を狙うがリーダーとは異なる差別化が必要となる。ニッチャーは市場シェアを奪うほど経営資源はないが，利潤と名声と最適シェアを獲得することを目標に，独自性を活かして競合相手が諦めてしまうニッチ市場に集中化する（ミニリーダーとして位置づけられる）。フォロワーは，生存利潤の確保を目標に，リーダーやチャレンジャーと競合せず，むしろそれらの企業の良い所を模倣することにある。

4．戦略定石

次に，それぞれの企業が，市場において実際にどのような手立てを打つべきかが課題となる。4類型の競争戦略には，「定石」と呼ばれる決まった政策のパターンが存在すると考えられている。「定石」とは，もともとは囲碁で昔から研究されてきた最善とされる決まった石の打ち方のことをいう。つまり，戦略定石とはそれぞれの企業が競争に勝つことができる最善の方法や手段のことを指す。

戦略定石として，まずリーダーの戦略定石を明らかにすれば，他の競争類型企業の対応もおのずから明らかになると考えられている。チャレンジャーはリーダーの戦略定石を外した方法を考慮し，ニッチャーはある特定市場におけるミニリーダーなのでリーダーの定石を参考にすればよく，フォロワーはリーダーやチャレンジャーの二次的市場であることがその理由である（嶋口［1986］）。

（1）リーダーの戦略定石

リーダーの戦略は，その他の企業に対して①周辺需要の拡大，②シェア拡大，③同質化政策，④非価格対応を行うことである（図表５－４参照。なお図表５－５は①と②の違いを表し

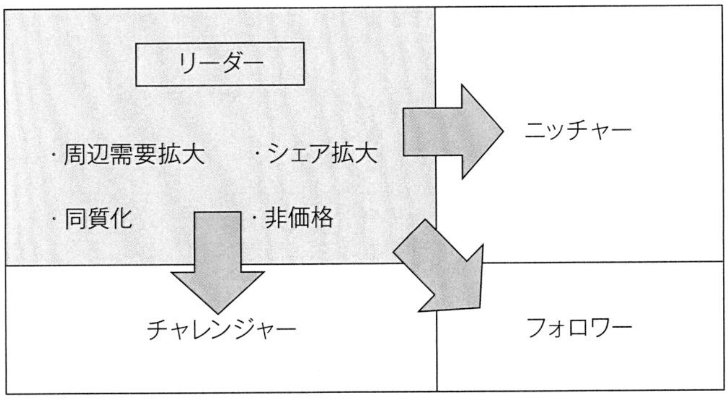

図表５－４　リーダーの戦略

ている)。

① 周辺需要の拡大

周辺需要の拡大とは，市場周辺の需要を拡大させることである。リーダーは既存市場で一番大きなシェアを持ち，また競合企業に対して，量・質ともに優れた経営資源を持っている。したがって，市場の周辺を拡大すれば，市場でのシェア比率に応じて周辺においてもシェアが獲得でき，売上や利益を伸ばすことができる。例えば，任天堂やソニーのゲーム機市場が拡大したのも，ゲームソフトという周辺市場の育成に力を入れたからであり，ソフトの充実によってゲーム機を買う人が増える。

② シェア拡大

シェア拡大とは，市場シェアをさらに拡大することである。リーダーとしての地位を確立しつづけるためにはシェアを拡大する，あるいは最適なシェアを維持し続ける必要がある。そのためには幅広いニーズに応えられるように，製品の種類や価格帯を広げるフルライン政策が行われる。

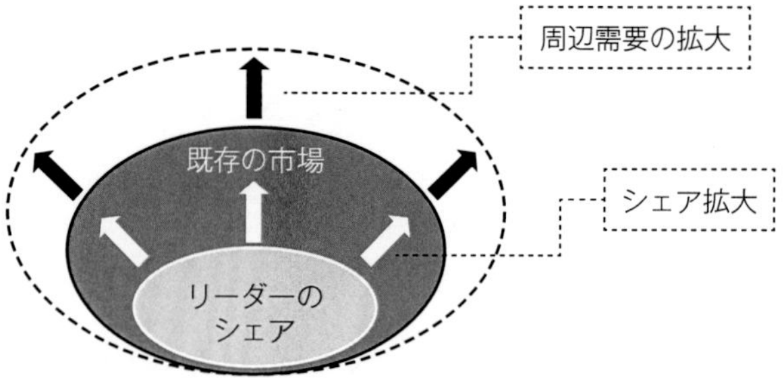

図表５－５ 周辺需要の拡大とシェア拡大

③ 同質化

同質化とは，競合他社の製品・サービスなど成功したものがあれば，それを模倣することをいう。もし競合他社の製品・サービスが伸びるなら，相対的に自社の市場シェアは落ちてしまう可能性があるため，リーダーも同じ製品・サービスを揃えていかなければならない。リーダーが同質化競争をすれば経営資源による規模の力で勝てるため，競合他社の製品を抑えることができる。また，リーダーが同質化を仕掛けることによって市場は大きくなる。

かつて松下電器（現パナソニック）がこの政策を最も有効に活用していたように，日本の家電業界では今でも同質化戦略がとられている。例えば，ダイソンの「羽根のない」扇風機がヒットすると，シャープやパナソニックから同じカテゴリーの「スリムファン」というスタイリッシュな扇風機が発売されたり，iRobot 社のロボット掃除機「ルンバ」が日本市場に投入されると，東芝やシャープから類似商品が発売されるなど，フルライン化をはかるリーダーは完全に模倣するか（＝完全同質化），改善して部分的に模倣するか（＝改善同質化）は別にして，この戦略定石を採用している。

④　非価格対応

非価格対応とは，リーダー自ら価格競争を行わないことをいう。リーダー企業が価格を下げると，他の競合他社も下げざるをえなくなる。そうすると，市場シェアの一番大きいリーダーが最も低価格販売の影響を受け，利益が減ることになる。また，価格を下げることによって，名声やイメージを損なう可能性もある。この戦略定石から外れた行動をとった例として，マクドナルドが挙げられる。マクドナルドはかつて平日キャンペーンとしてハンバーガーを半額で販売したことがあった。一時的な戦術としてキャンペーンは成功したものの，キャンペーンが終了した後に消費者の足は店舗から遠のき，収益が悪化したのである。リーダーは安易に価格競争を仕掛け低価格販売をしないようにすること，そして付加価値づくりによって，当該市場を成長・発展させる必要がある。

（2）チャレンジャーの戦略定石

チャレンジャーの戦略は，リーダーに対する差別化である（図表５－６参照）。ここでいう差別化戦略とは単なる差別化ではなく，リーダーが追随できないような革新的な差別化とその仕組みをつくることが必要な定石となる。つまり，リーダーが同質化を仕掛けにくいような状況にすることがチャレンジャーの成功につながる。

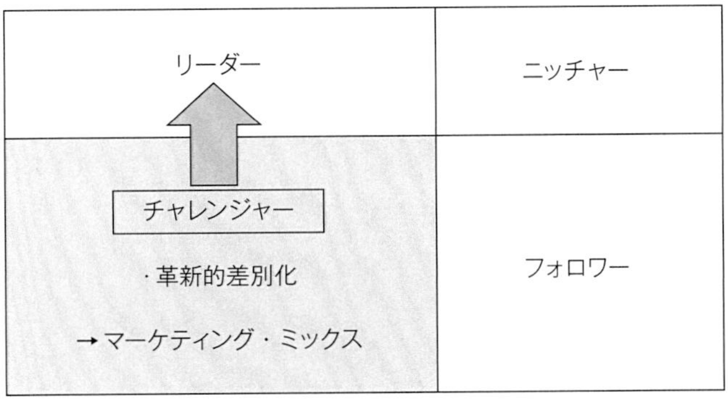

図表５－６　チャレンジャーの戦略

基本的な差別化の内容には，マーケティング・ミックスによる差別化が考えられる。製品上の差別化では，リーダーが同質化（模倣）したくてもできない「ジレンマ」に陥るような革新的な製品が求められる。価格の差別化においては，リーダーは非価格対応を定石にしているため，チャレンジャーは値下げ競争を仕掛けたり，高価格における社会的評価を高めるプレステージ化をはかったり，製品のバリエーションと品質に合わせて価格を柔軟に設定することが有効だと考えられる。流通上の差別化では，リーダーがすでに形成しているチャネルにはない新規のチャネルを構築することが考えられる。販売および販売促進上の差別化として，リーダーとは異なるターゲットを設定したり，リーダーが採用していない広告媒体に絞り込むなどが考えられる。

リーダーの定石である同質化に対して，リーダーにとって同質化しにくい状況は２つある。１つは「同質化したいけど，同質化できない」状況であり，もう１つは「同質化できるにもかかわらず，同質化したくない」状況である。前者はチャレンジャーと同じ戦略をとりたいが，経営資源の大幅な組み替えが必要なことから迅速に対応できず，追随しにくい状況を指す。後者はチャレンジャーと同じ戦略をとろうと思えば経営資源の組み替えなしにとれるが，既存の事業展開に関するジレンマなどの諸事情により，企業としては採用したくない状況を指す（山田［2014］）。

山田［2014］は，この２つの状況を作り出すチャレンジャーの戦略を「リーダーが追随しにくい戦略」と呼び，図表５－７に示す４つの戦略，①企業資産の負債化，②市場資産の負債化，③論理の自縛化，④事業の共喰化が有効であると説明している。

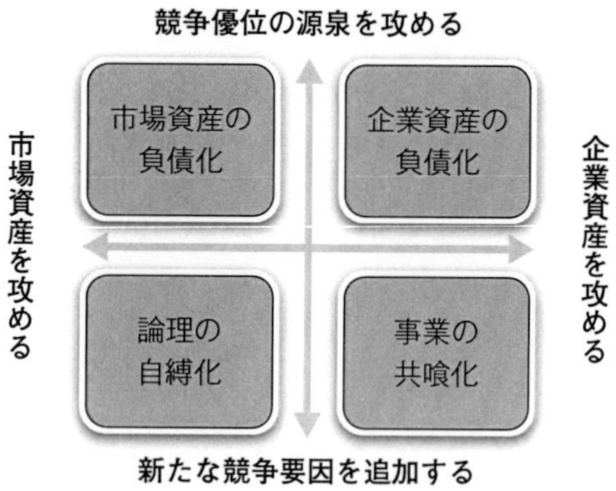

図表５－７　リーダーが追随しにくいチャレンジャーの戦略

出所：山田［2014］，197ページ。

①　企業資産の負債化

リーダーの競争優位の源泉を攻めることによってリーダーの持っていた相対的に優位な経営資源の蓄積を価値のないものにし，さらには負債化してしまう戦略である。リーダーに不協和音を発生させるためには，即座に組み替えることの難しい経営資源（例えば，事業システムや流通チャネル）を攻撃することが望ましい。

②　市場資産の負債化

リーダー企業に対して有利に働いていた競争のルールを変更し，顧客が持つ資産を使えなくする，もしくはリーダーに有利に働かなくなるようにする戦略である。市場資産の負債化を起こすためには，競争の土俵を変えてしまうことが最も効果的だとされる。

③　論理の自縛化

リーダー企業がこれまでの顧客に発信してきたメッセージとは矛盾するような製品を開発し販売する戦略である。チャレンジャーの製品に対してリーダーがもし安易に追随すればこれまでのメッセージと矛盾し，リーダーのイメージを低下させてしまうため，リーダーは同質化がとりにくくなる。

④　事業の共喰化

リーダー企業が強みとしてきた製品・サービスと共喰い（カニバリゼーション📖）関係にあるような製品・サービスを開発・販売することによって，リーダー内に追随すべきか否かの不協和音を引き起こす戦略である。

用語解説

カニバリゼーション

カニバリゼーション（cannibalization）とは，自社の商品が自社の他の商品を侵食する「共喰い」現象のことをいう。新商品の導入，売場，チャネルなどが重複し，売上の減少を招く。

事例で考える

リーダー企業が追随しにくい戦略のケース
モスバーガーによる「バイオーダー方式」

モスバーガーの差別化のポイントは，できたての一番おいしいときに顧客に食べてもらうため「バイオーダー（by order）方式」，つまり顧客の注文を受けてから調理を始める方式をとっている。それに対して，マクドナルドは見込客の分を前もって生産しておく「レディメイド（ready-made）」方式を採用している。マクドナルドがモスバーガーの方式を採用したくてもできないのは，マクドナルドの資産が負債化してしまうからだと考えられている。マクドナルドの立地条件は一等地であり，地価も高くコストを回収するには客の回転率を上げて大量販売せざるをえない。大量販売するためには，客の注文を聞いてから作ったのでは間に合わない。マクドナルドの店舗は行列ができるほど顧客が並ぶことも多いため，「バイオーダー方式」を採用すると，販売の機会損失が発生してしまう。もしマクドナルドがこの方式に追随すると，客の待ち時間が長くなり，ファストフードを求めてマクドナルドに来店していた顧客も失ってしまうというリスクがある。マクドナルドには「お客さまを32秒以上待たせない」というファストフードの原点ともいえる考え方がある。これも論理の自縛になっており，追随できない（しない）と考えられる。

出所：山田［2014］，200～202ページより作成。

(3) ニッチャーの戦略定石

ニッチャーの戦略は，集中化である（図表5－8参照)。ニッチャーは，競合他社との競争は避け独自のニッチ市場で棲み分けを行う。つまり，特定の製品や顧客層に特化して経営資源を集中するミニリーダーである。リーダーと規模は違うが，戦略定石は同じと考えられている。

飲料メーカーの伊藤園は1980年に缶入の烏龍茶を，1985年に缶入の煎茶を世界で初めて販売するなど，特定市場であった緑茶飲料のパイオニアとしてニッチャーの戦略を突き進んできた。現在では「おーいお茶」がトップブランドとして業界リーダーの一角をなし，長期的には「世界のティーカンパニー」を目指している。ニッチャーの中には世界シェアが極めて高く，グローバルに活躍する優れた中小・中堅企業も多く存在している。

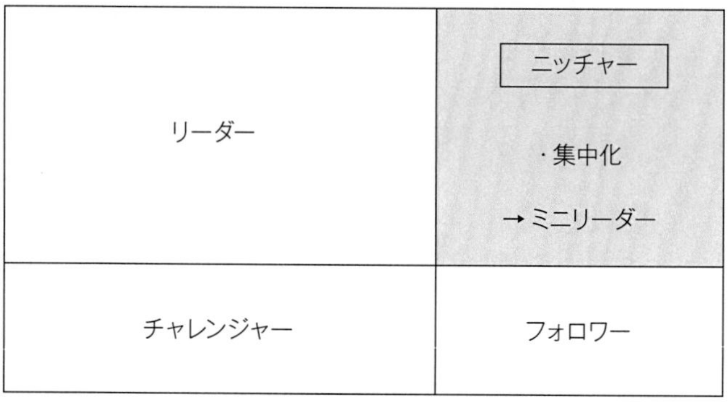
リーダー
ニッチャー
・集中化
→ミニリーダー
チャレンジャー
フォロワー

図表5－8　ニッチャーの戦略

(4) フォロワーの戦略定石

フォロワーの戦略は，模倣化である（図表5－9参照)。リーダーやチャレンジャーと争うほどの経営資源の量や質を持たないため，フォロワーは他の企業からの報復を招かないような市場，例えば低価格を希望する顧客層などを狙う。そして，リーダーやチャレンジャーなどが成功した戦略を模倣して自社の市場地位を確保する。

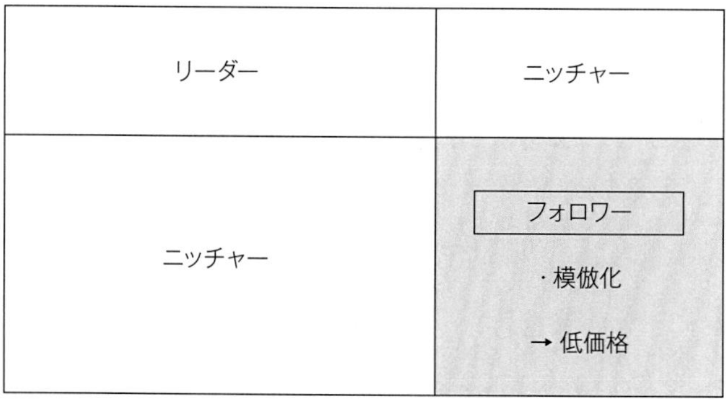
リーダー
ニッチャー
ニッチャー
フォロワー
・模倣化
→低価格

図表5－9　フォロワーの戦略

事例で考える

世界で活躍するGNT企業

経済産業省は，国際市場の開拓に取り組んでいる企業のうち，特定のニッチ分野において世界的に高いシェアを確保し，良好な経営を実践している企業を「グローバルニッチトップ（GNT）企業」として選定している。

Global（世界市場） × Niche（隙間領域） × Top（高いシェア）

ハーマン（Hermann, S.）[1998] & [2012] によると，GNT企業は「隠れたチャンピオン」と称し，「中小・中堅企業で，同族経営・非上場，地方都市に本社が所在し，社歴は比較的長く，ニッチ市場で世界シェアが極めて高く，売上の過半が輸出」という共通の特徴を有するものづくり企業であると説明する。

GNT企業に選定された活躍する企業を，いくつか例として挙げよう。

■日プラ株式会社

国内では「旭山動物園」（北海道），「沖縄美ら海水族館」（沖縄県），国外では「チャイムロング横琴海洋王国」（中国・珠海），「ザ・ドバイモール」（アラブ首長国連邦・ドバイ）など世界各所で使用されている高品質の水槽用のアクリルパネルの製造と施工を行っている。世界シェアは約７割に上り，強度と透明度を落とさない独自の技術と，一貫して請け負うことができるのが強みである。

※参考：日プラ株式会社HPより

■株式会社ヤナギヤ

本物以上の味と食感といわれる「カニカマ」の製造装置の開発で，世界シェアはほぼ７割を獲得している。カニカマが生産される21カ国のうち19カ国で同製品が使用されている。カニの繊細な繊維質を再現する研究を重ね，本物以上の食感を味わうことができる「カニカマ」製造技術を確立した。

※参考：株式会社ヤナギヤHPより

■天池合繊株式会社

40分の１ミリの超極細糸を活用した世界一軽く薄い衣料用織物“天女の羽衣”は空気を感じる滑らかな動きを表現でき，今までに無い織物素材となっている。海外では，パリコレなど世界のトップメゾンのコレクションショーで常に使われ，高い評価を得ている。織，染，加工，縫製を一貫して国内で自社生産するのが強みとなっている。

※参考：天池合繊株式会社HPより

中小企業の多くは，特殊技術など質の高い資源を持つニッチャーを除いて，フォロワー型の企業だと考えられている。フォロワーに属する企業のすべてに戦略があるかどうかは解釈が分かれるが，ただし，すべての中小企業がニッチャーを目指せば成功するというものでもない。ニッチャーの戦略である集中化はむしろリスクが高いため，リスクヘッジ（＝リスクを管理するというよりリスクを回避したり軽減の工夫をすること）で安定的な成長戦略を構築する視点こそが，フォロワーにとって大切である。

手塚［2014］は，フォロワーのための競争戦略について５つの方向性を提示している。まず①競争回避すること，次に競争することになったとしても②顧客ロイヤルティを強める，③「持たざる強み」を活かす，④ポートフォリオによる多様性とリスクの分散を行う，⑤試行錯誤しながら高速回転戦略を実施することがフォロワーにとっての生き残りであり，５つの自由な組み合わせで「オリジナリティ」を持つ必要性を指摘している。

考えてみよう②

自分の興味のある業界・企業の戦略の定石について，具体的に調べてみよう。

5．競争範囲の変化と市場地位別戦略

市場地位別戦略を考える際に，一般的に競合他社を同業で想定している場合が少なくない。つまり，同一産業内に属する企業間の競争ということになるが，産業分類による業界が競争戦略を立案する上において，そのまま有効であることがますます少なくなってきたと考えられる。

その理由として，業界とはもともと取り扱う商品・サービスにおける過去の区分であり，将来を規定する概念ではないからである。近年では業界が専業企業で成立しなくなってきていることや企業の多角化が進む中で競合する企業が同じドメイン（第３章参照）で事業を展開していることが少なくなってきたことが挙げられる。

山田［2014］は，同一業界の企業間で競争している時代はなくなり，業界という枠を超えてリーダー企業を脅かす競争業者として，①業界破壊者，②侵入者，③挑戦者の３つのタイプを指摘している。

業界破壊者は「(機能を同一とした）代替品・サービスによって業界そのものを破壊してくる企業」であり，業界の外から参入する。リーダーは自社が展開するハードウェアにこだわっている間に，まったく別のソフトやサービスによって，その業界自体が壊滅状態になってしまうことがある。例えば，アップルのiTunesなどの音楽配信サービスは既存の

CDショップに大きな打撃を与えた。侵入者は「他の（隣接した）業界から当該企業に参入して，リーダー企業を攻撃してくる企業」である。攻撃する武器として，リーダー企業の属する業界とは異種の経営資源を持って参入してくる企業が多い。例えば，セブンイレブンが銀行業務に参入したセブン銀行などが挙げられる。挑戦者は「同一業界の中において，リーダー企業を攻撃してくる企業」である。NTTドコモに対するKDDI，トヨタに対する日産，キリンに対するアサヒ，セブンイレブンに対するローソンといった捉え方である。

競争の範囲と次元は，かつてよりはるかに多様性が増している。その変化をもたらす1つが顧客ニーズの変化であり，異分野からの競争業者がそのニーズをうまくつかみ，またたく間に業界を席巻し，競争構造を変えてしまうことがある。

例えば，携帯電話・スマートフォンの普及によって他の業界の製品がワンセット化されたことにより，（統計上正確な数字を示すことはできないが）他の業界の製品シェアを奪っている可能性がきわめて高い。携帯電話・スマートフォンに搭載されているデジタルカメラは，携帯の利便性と画素数の向上とともに写真撮影の主流に代わりつつある。他にも，腕時計，固定電話，ノートパソコン，ゲーム機，（ポータブル）オーディオプレーヤー，ナビゲーション，ICレコーダー，歩数計，電子辞書，電子手帳，電卓などの製品を製造している業界に大きな影響を与えていると考えられる。まさに業界破壊者である。

競争とは本来，相手を見極め，相手の弱点や戦略定石を理解し，自社の強みで戦うのが競争戦略である。市場地位別戦略を考える際に，4つの分類によって戦略定石を理解することは大切である。その際に同じ業界だけでなく，自社が設定するドメインから取り扱う製品・サービスがあらゆる業界も含めて「どこと競争しているのか」を見極めなければならないといえる。情報化社会が進展するにつれて，消費者は商品・サービスの購入選択を多様な企業から選択している。企業が想定している競争相手と異なっている場合もあり，常に注意を払う必要があるだろう。

確認Quiz!!

① 市場地位別戦略の4つの分類（リーダー，チャレンジャー，ニッチャー，フォロワー）は，あらゆる業界の企業について明確に分類できるものである。

② リーダーの戦略定石の1つに同質化があり，同質化とは競合他社の製品・サービスなど成功したものがあればそれを模倣することである。

（→答えは，76ページ）

確認Quiz!!

答え

① 答え：×

どのポジションにいる企業が，どのような戦略をとれば効果的かという視点から分類されている。

② 答え：○

主要参考文献

ハーマンサイモン著，鈴木昌子訳［1998］『隠れたコンピタンス経営：売上市場主義への警鐘』トッパン。

Hermann, S.［2009］*Hidden Champions of the Twenty-First Century: The Success Strategies of Unknown World Market Leaders,* Springer.（上田隆穂・渡部典子訳［2012］『グローバルビジネスの隠れたチャンピオン企業』中央経済社）

池田　忠［2013］『明快！　経営戦略がわかる～消費者視点から読み解く“戦略”のキホン』秀和システム。

Kotler, P.［1980］*Marketing Management,* Prentice Hall.（村田昭治訳［1983］『マーケティング・マネジメント：競争的戦略時代の発想と展開』プレジデント社）

成毛　眞［2014］『成毛眞の本当は教えたくない意外な成長企業 100』朝日新聞出版。

沼上　幹［2000］『わかりやすいマーケティング戦略』有斐閣アルマ。

嶋口充輝［1986］『統合マーケティング』日本経済新聞社。

手塚貞治［2014］『フォロワーのための競争戦略』日本実業出版社。

山田英夫［2014］『逆転の競争戦略（第 4 版）』生産性出版。

参考 URL

経済産業 HP「グローバルニッチトップ 100 選（GNT 企業 100 選）」
http://www.meti.go.jp/policy/mono_info_service/mono/gnt100/index.html（2014/12/1 アクセス参照）

日プラ株式会社 HP
http://www.nippura.com/（2014/12/1 アクセス参照）

株式会社ヤナギヤ HP
http://www.ube-yanagiya.co.jp/（2014/12/1 アクセス参照）

天池合繊株式会社 HP
http://amaike.jp/（2014/12/1 アクセス参照）

MEMO

第6章 成長戦略
～成長の手法…アンゾフの考え方～

◎ 企業が成長するとは？

・巨大化していくこと

・倒産せず発展し続けることを目指す継続企業体
（＝ゴーイング・コンサーン）であること
→ 生き続けること

◎ アンゾフの成長ベクトル

	既存製品（技術）	新規製品（技術）
既存市場	市場浸透	新製品開発
新規市場	市場開発	多角化

◎ 多角化戦略

・多角化とは・・・自社の事業範囲の拡大

・多角化戦略を採る理由
① 外的要因・・・外部環境の変化
② 内的要因・・・社内に蓄積された経営資源やノウハウの有効利用
→ 既存事業と新規事業のシナジー（相乗効果）

◎ 多角化の類型（アンゾフ）

①水平型　②垂直型　③集中型　④集成型

関連型・・・①②③　　非関連型・・・④

◎ 多角化を成功させるには

・シナジー

・範囲の経済性

◎ 多角化の方法

①社内の経営資源のみで行う

②社外の経営資源を活用する

◎ 社外の経営資源を活用する方法

①戦略的提携（Strategic Alliance）

・参加する企業の独立性を保ちながら協力的な関係を結び事業展開を行うこと

・合弁会社（ジョイント・ベンチャー）

・メリット・・・規模の経済性，自社能力の向上，リスクやコスト分担等

・デメリット（リスク）・・・企業間の信頼性

・製販同盟・・・ウォルマートとP&G

②M&A（Merger & Acquisition）

・企業合併と企業買収を合わせた造語

・企業合併＝複数の企業が１つに，吸収合併，新設合併

・企業買収＝ある企業が別の企業の経営権を握る

・メリット・・・規模の経済性，範囲の経済性が享受できる

・リスク・・・規模の経済性，範囲の経済性が享受できない，
敵対的買収の脅威，企業間での企業文化や社風の相違

※学んで欲しいこと

企業が成長するとはどうなることかを理解し，アンゾフの成長戦略や多角化戦略から企業が成長する手法を学びましょう。

第6章 成長戦略 ～成長の手法…アンゾフの考え方～

講義日
／

1．企業が成長するとは？

企業が成長するとは，どういうことなのであろうか？ 企業の成長について，筆者は2つの視点から考えてみたい。

1つ目は，巨大化していくことを成長と捉えることである。例えば，日本が誇るホンダやソニーでさえも，最初は小さな町工場からスタートしている。ホンダであれば，オートバイのエンジン開発からであり，ソニーであれば，真空式電子電圧計などの製造が始まりであった。その後，ホンダであれば，自動車産業やロボット産業に，ソニーであれば，AV事業やゲーム事業など幅広い事業を展開し，今日に至っている。このように，企業は，初めは単一の事業体であったものが，複数の事業を同時に行うようになり，事業の巨大化をはかるようになってくる。これを企業の「成長」とみることができる。

2つ目は，倒産せずに発展し続けることを成長と捉えることである。このような企業を継続企業体（ゴーイング・コンサーン）という。羊羹の虎屋や日本酒の月桂冠などの老舗と呼ばれる企業は，何百年もの間，伝統を守り続けることで成長を続けている。また，既存の事業を売却したり，撤退することで倒産を回避し，発展を続けている企業もある。具体的には，2006年にコニカ・ミノルタは主力事業の1つであるカメラ事業をソニーに売却したり，2013年には，パナソニックが国内向けスマートフォン事業からの撤退を行った。いずれも，企業の存続，成長を考えた場合，事業の「選択と集中」を行ったのである。

このように企業の成長を考えた場合，単に「巨大化」することだけが「成長」ではなく，伝統を守り続けていくことや経営環境に合わせて，事業の統廃合を行い，「生き続ける」ことも「成長」であるといえる。

2．アンゾフの成長ベクトル

企業成長の議論については，古くはアンゾフ（Ansoff, H.I.）が提唱した成長ベクトルの概念がある。成長ベクトルは，企業が，将来どのような方向に成長していけば良いのかを意思決定するための戦略手法を製品（技術）分野と市場分野の2次元で示したものである。また，製品（技術）分野において，既存製品（既存技術）と新規製品（新規技術）に，市場分野において，既存市場と新規市場に分類することで合計４つの組み合わせを示し，それぞれ，市場浸透戦略，市場開発戦略，新製品開発戦略，多角化戦略として特徴づけている（アンゾフ著，広田訳［1971］）。

製品（技術）分野

市場分野	既存製品（既存技術）	新規製品（新規技術）
既存市場	市場浸透戦略	新製品開発戦略
新規市場	市場開発戦略	多角化戦略

図表６－１　アンゾフの成長マトリックス

出所：アンゾフ〔Ansoff, H.I.〕広田寿亮訳［1971］，137ページの図表を参考に筆者作成。

STEP UP

アンゾフ著『企業戦略論』の原著である *Corporate Strategy* を読んでみよう。

（１）市場浸透戦略

	既存製品（技術）	新規製品（技術）
既存市場	市場浸透戦略	
新規市場		

既存製品（技術）と既存市場との関係において考えられる戦略であり，ここでは，市場浸透戦略が採られる。現在の製品の販売をさらに増加させるための戦略である。具体的な市場浸透戦略には，自動車のマイナーチェンジ，スマートフォンやパソコンのOSにおけるバージョンアップ，また，洗剤などの１回あたりの使用量を削減し，コスト削減に役立たせるなどの方法がある。また，これまで製品やサービスを利用してくれている顧客に対して，広告宣伝（特にCM）の強化や価格割引をすることで，既存製品をより多く購入してもらうよう仕向ける方法なども考えられる。また，企業は，ロイヤルカスタマー（忠誠心の高い顧客）を増やすために，カスタマー・リレーションシップ・マネジメント（CRM）📖を導入するなどの対策が採られる。

用語解説　カスタマー・リレーションシップ・マネジメント（CRM）

企業が，１人ひとりの顧客情報を活用し，顧客に利便性と満足を提供し，長期にわたり良好な関係を築くことである。

（2）市場開発戦略

既存製品（技術）と新規市場との関係において考えられる戦略であり，ここでは，市場開発戦略が採られる。現在の製品の新たな標的（ターゲット）市場の設定を行うことである。具体的には，これまで国内向けであったものを海外向けに標的市場をシフトしたり，シャンプーなどの業務用製品の一般用製品への転用なども考えられる。また，最近よくみられる全国で発売されているお菓子などで，地域の特徴的な特産物を原料や味にしている地域限定のお菓子を販売していることなども，市場開発戦略の１つである。このようなお菓子は，希少価値を生み出し，お土産品として重宝されている。

	既存製品（技術）	新規製品（技術）
既存市場		
新規市場	市場開発戦略	

また，そのように製品展開する際に，ブランド名を変え，新しいブランドとして展開したり，既存製品のパッケージを変更したり，リニューアルすることで既存製品との製品差別化を行う場合もある。

（3）新製品開発戦略

新規製品（技術）と既存市場との関係において考えられる戦略であり，ここでは，新製品開発戦略が採られる。新製品を開発し，これまでの市場に導入する戦略である。具体的には，ファスト・フードを利用する人に新たなメニューを提供するなどがある。また，対戦ゲームについて，ヘビーユーザーに向けて，新たな対戦ゲームを発売するなどがある。

	既存製品（技術）	新規製品（技術）
既存市場		新製品開発戦略
新規市場		

その際，既存の製品をより古くみせ，新製品の新機能を強調することで新製品に消費者を注目させる戦略の１つである計画的陳腐化を行い，新製品を市場に受け入れやすくする方策も採られる。

用語解説

計画的陳腐化

新製品を市場に導入する際，既存の製品を古く見せるなど陳腐化させ，新製品の付加価値を強調することで新製品の購買意欲を高めるマーケティング手法のことである。つまり，既存製品の製品ライフサイクルを意図的に短縮させ，市場から撤退・廃棄させるように仕向けることである。

（4）多角化戦略

新規製品（技術）と新規市場との関係において考えられる戦略であり，ここでは，多角化戦略が採られる。

	既存製品（技術）	新規製品（技術）
既存市場		
新規市場		多角化戦略

この戦略は，まったく新たな市場に新たな製品を提供することである。具体的には，フィルム会社の化粧品業界への進出やIT関連企業のスポーツ球団への進出などがある。また，多角化は，企業の戦略上，その成否がその後の企業の成長に大きく影響する戦略でもある。

このように，アンゾフは，企業の成長を市場浸透戦略，市場開発戦略，新製品開発戦略，多角化戦略の４つの戦略から捉え，企業が成長する上で採るべき戦略を提示した。特に，多角化戦略は，企業を巨大化させたり，拡大させることで成長を考えた場合，非常に大きな役割を果たし，その成否が企業の運命を決めるといっても過言ではない。

そこで，次節以降において，多角化戦略に焦点をあてて考えてみたい。

3．多角化戦略

（1）多角化とは

企業は，限定された経営資源（ヒト・モノ・カネ・情報など）を最適に組み合わせて，最大の利益を得られるよう事業展開を行っている。しかし，企業が成長するためには，既存の事業を守ることも大切であるが，新製品・新サービスを開発し，新たな市場に進出する意思決定が行われることもある。これが，多角化である。つまり，ここでいう多角化とは，自社の事業範囲を拡大することである。

（2）多角化戦略を採る理由

多角化戦略を採る理由については，大きく分けると，企業の外的要因（外部環境の変化）と内的要因（社内に蓄積された経営資源やノウハウの有効利用）などがある。

前者の外的要因については，既存製品や既存事業の衰退が考えられる。前述した「フィルム会社の化粧品業界進出」は，カメラ市場がフィルムカメラからデジタルカメラに移行し，市場規模が確実に縮小しているため，フィルム開発で培ったノウハウ（コラーゲン研究など）を化粧品業界参入に活かし，多角化した経緯がある。後者の内的要因については，これも外的要因の例においてみられるように，社内で蓄積されたノウハウを新事業参入や新製品開発に活かすことが考えられる。特に，内的要因が働く場合は，余剰資源の有効活用という観点で，既存事業と新規事業の間でシナジー（相乗効果）📖が得られることが多いといわれている。

用語解説 **シナジー（相乗効果）**

2つの事業を単独で行った時に得られる効果よりも2つの事業を同時に行うことによって得られる効果が大きいことである。相乗効果ともいわれている。具体的には，原材料の共同利用によって規模の経済性を活かすことでコスト削減がしやすくなるなどの効果がある。また，アップル社のiPod（音楽プレイヤー）とiTunes Store（音楽配信などのコンテンツ配信サービス）の関係のようにハード（プレイヤー）とソフト（音楽配信）を融合させることで，利用者を拡大させることを可能にした効果なども事例として挙げられる。

（3）多角化の類型

アンゾフは，前述のとおり，成長ベクトルという枠組みの中で新規製品（技術）と新規市場の戦略との関係において考えられる戦略を多角化戦略と捉えているが，さらに「多角化」を広い意味で捉え，多角化戦略を4つの類型に分類している（アンゾフ著，広田訳[1971]）。

① 水平型多角化戦略

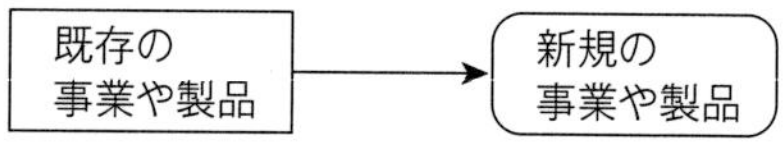

既存の製品や事業と同じような分野において多角化を行う戦略である。その際，共通の経営資源を利用することで，シナジーを得やすい環境を生み出すことができる反面，既存の製品や事業と同じ市場で多角化を行うため，シナジーそのものはそれほど大きくはならない場合もある。オートバイを生産していたメーカーが自動車を生産するといった事例や総合小売業がコンビニエンスストアに進出するといった事例が該当する。

② 垂直型多角化戦略

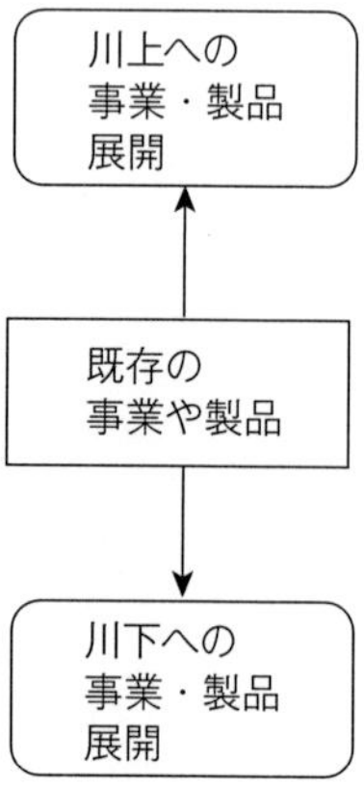

既存市場向けに流通経路において川上や川下に事業や製品を展開する多角化である。垂直統合ともいわれる。

具体的には，アパレルメーカーがSPA（製造小売業）📖に事業展開し，自社ブランドの販売店を展開（川上から川下への展開）したり，レストランが野菜作りや食品加工業に進出（川下から川上への進出）するなどの事例がある。

用語解説 **SPA（製造小売業）**

Specialty store of Private label Apparel の略。製造小売業と訳される。もともと，米国のファッション衣料を扱う GAP 社が自らの業態を規定する言葉として用いたのが始まりである。アパレルメーカーが小売業に進出する場合と，アパレル小売業（販売店）が衣料品の生産にまでかかわる場合の２つの手法がある。

③　集中型多角化戦略

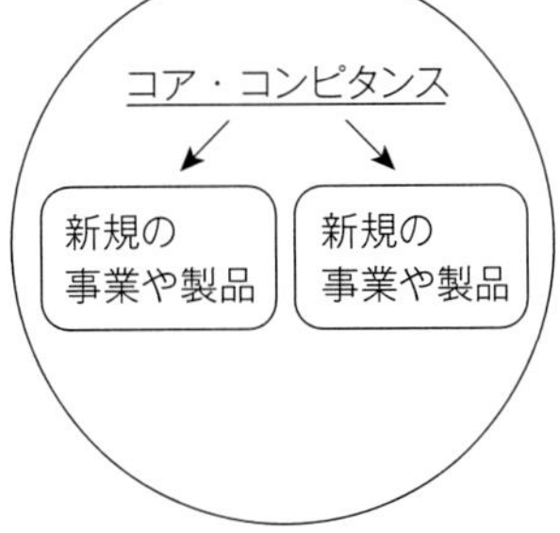

特定のコア・コンピタンス（中核能力）に関連した技術を活用できる事業や製品に特化して進出する多角化である。特に，特殊な技術やマーケティング力が高い企業にとっては，成長分野に特化して，経営資源を集中的に投入することで，高いシナジーを獲得することができる。具体的には，ビールメーカーが研究してきた酵母を使ってバイオ事業に進出する事例や，カメラメーカーが光学技術という独自技術を使って事務機器事業に進出する事例などがある。また，パソコンメーカーが小型の音楽プレイヤーやダウンロード配信のサービスを提供する事業に進出することで成功している企業もある。

④　集成型多角化戦略

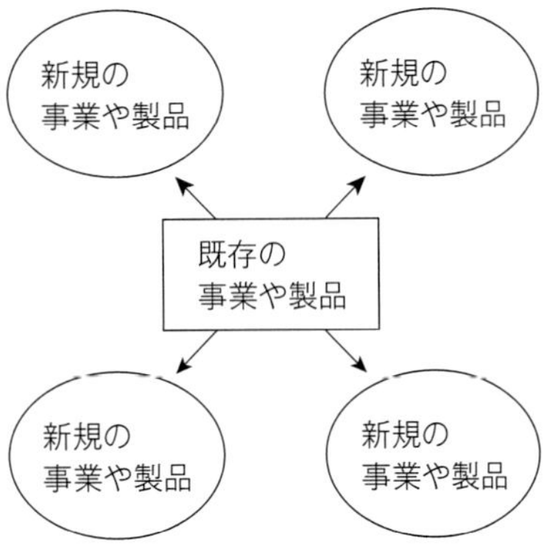

既存の事業や製品とは直接関係しない分野に進出する多角化である。コングロマリット型多角化ともいわれる。これは，多角化しようとしている分野の成長が見込めると判断し実行される戦略であるため，ハイリスク・ハイリターンな多角化である。特に，バブル経済期に本業以外に不動産投資や絵画への投資など企業が行った投資目的の多角化が該当する。また，電機メーカーが銀行業務や音楽事業に進出するなど，異分野への進出を果たし，成功するなどが事例として挙げられる。

また，アンゾフの多角化についての４類型をさらに大きく分類すると，関連型多角化と無関連型多角化（非関連型多角化と呼ばれる場合もある）に分けられる。関連型多角化は，水平型，垂直型，集中型の各多角化戦略を包括しており，複数の事業を行う場合，なんらかの関連性（製品技術や顧客や流通など）を持って行われる多角化である。

一方，無関連型多角化は，集成型の多角化戦略であり，複数の事業がなんら関連性なく行われる多角化である。具体的には，かつて紡績会社が化粧品事業に進出したり，日用品メーカーが記憶媒体事業を展開した事例がある。

（4）多角化を成功させるには

企業が成長のために多角化を行えば，必ず成功するとは限らず，失敗するというリスクは当然ある。では，どうすれば成功により近づけるのであろうか？

ここでは，前述したシナジーという考え方および範囲の経済性という考え方から多角化を成功させる“秘訣”について考えてみよう。

シナジーは，複数の事業展開をした場合，足し算で得られる効果以上のプラスαの効果を生み出すことをいう。特に複数の事業における共通要素（原材料・部品・顧客・流通など）から生み出される。例えば，複数の製品を同一の流通経路を通じて販売すれば，流通コストが削減でき，販売におけるシナジーを生み出すことが可能となる。つまり，流通コストの削減がシナジーというプラスαの付加価値を生み出したといえる。このように，多角化が成功するには，このシナジーを生み出せる事業かどうかを見極める必要がある。

次に，範囲の経済性については，複数の分野の事業を展開する，つまり事業範囲を拡大することでコスト削減などの経済性を得ようとする考え方である。

また，多角化進出のタイミングも考慮する必要がある。特に，事業や製品におけるライフサイクルとの関係で考えていく必要がある。事業および製品のライフサイクルを導入期・成長期・成熟期・衰退期の４つの段階で捉えた場合，成長期後期から成熟期にかけてが，最も成功しやすくなる（第８章参照）。

これは，事業や製品が社会全体に受入れられ，競合の参入による代替品の出現や製品の普及に伴い，需要が停滞する段階において，新規市場や新製品の開発を考え，新たな市場に打って出ることで，企業の継続した成長を考えやすい時期にあるためである。

しかし，すべての事業や製品が同じライフサイクルを経るわけでない（成熟期がなくいきなり衰退期になる場合もある）ため，各事業や製品の導入のタイミングを慎重に考慮する必要がある。

用語解説 **範囲の経済性**

企業が複数の事業を展開することで，効率的，経済的な事業運営が可能となり，競争力が発揮できるという考え方である。特に，複数の事業で経営資源を共有することで生み出される経済性のことをいう。また，規模の経済性が１つの事業の規模拡大による経済性を追求するのに対して，範囲の経済性は，複数の事業展開による経済性を追求する点で違いがある。

（５）多角化の方法には

多角化の方法には，経営資源の利用の観点から考えて，社内の経営資源のみで行う場合と社外の経営資源を活用する場合が考えられる。

特に，社内経営資源のみで行う場合は，新規事業の資源管理が容易であるというメリットがあるものの，多角化が関連事業に限定されることによって事業機会が減少してしまったり，事業展開のスピードが遅くなってしまい，事業チャンスを喪失してしまうなどのデメリットも生じてしまう。そのため，社外資源の有効活用が求められる。

その際，社外資源の有効活用として，戦略的提携（Strategic Alliance）やM&Aなどが考えられる。

①　戦略的提携（Strategic Alliance）

戦略的提携とは，参加する企業の独立性を保ちながら協力的な関係を結び，事業展開を行うことである。製販同盟や製販統合といった用語で用いられることもある。具体的には，製造業と流通業の業務提携や製造業同士が，まったく新しい企業体である合弁会社（ジョイント・ベンチャー）を設立して新規事業を行うなどが考えられる。

このような戦略的提携を行うことで，次のようなメリットがある。まず，同業他社や異業種など連携先の経営資源の活用（強みの活用）による，規模の経済性が獲得できる。次に，組織間学習による自社能力の向上が可能となる。最後に，リスクやコストの分担が可能となる。

しかし，企業間における信頼性をどのように構築するかといったデメリット（リスク）も存在する。特に，戦略的提携の進展は，大規模製造業者と大規模流通業者の関係を大きく変化させている。これまでの製造業者と流通業者の関係は，主従関係に基づく「取引」関係であったものから，戦略的提携の進展が，対等な関係に基づく「取組」関係へと変化させた。つまり，それらの関係は，「パワーの対立」の考え方から「Win － Winの協調」の考え方で捉えられるようになったのである。そのような戦略的提携の動きは，製販同盟と呼ばれている。

その製販同盟が注目されるようになったきっかけは，世界最大の小売業であるウォルマートと日用雑貨品メーカーのP&G（ともに米国企業）が行った製販同盟である。製販同盟の特徴は，ウォルマートから提供されるPOSデータに基づき，P&Gが生産計画を調整し，ウォルマートの配送センターに直接工場から在庫補充する仕組みを構築したことにある。その結果として，両社においてペーパレス取引および在庫リスク・費用の削減を可能にするとともに，ウォルマートは，「エブリディ・ロー・プライス（EDLP）」（毎日お買い得価格の提供）政策を推進した。

また，そのような製販同盟の動きは，日本企業においても見られ，セブンイレブンやイオンの物流システムや商品開発において，大規模製造業者との製販同盟が見られている。

また，衣料品の分野で，製造と小売の双方の機能を持つ製造小売業（SPA）なども新たな業態として登場している。製販統合の１つの形態であり，製造業が小売業に進出する場合と小売業が製造業に進出する場合がある。

このような製販同盟や製販統合が進展する背景には，インターネットを活用した情報の共有化やEOS（電子受発注業務システム）を利用した在庫管理によって，より実需に近い形での生産・販売管理が可能となっていることがある。

また，SCM（サプライチェーン・マネジメント）📖のように流通経路の構成員全体の最適化を図るマネジメント・システムの導入なども流通経路の多様化を加速化させる要因となっている。

用語解説 **SCM（サプライチェーン・マネジメント）**

自社と取引先との関係において，原材料調達から生産，流通，販売までのサプライチェーン（供給連鎖）における全体最適を図ることを目指した企業活動の管理手法の１つである。具体的には，情報システムを構築し，受発注業務や在庫管理，物流において，情報を共有化し，無駄を省くことでサプライチェーン全体のコスト削減や効率化を目指したマネジメント手法である。

② M&A

M&AとはMerger & Acquisitionの略語であり，企業合併と企業買収を合わせた造語である。

企業合併とは，２つ以上の複数の企業が１つになることをいう。また，その手法として，吸収合併，新設合併がある。

吸収合併とは，２つ以上の複数の企業が，１つの企業体を残し，残りの企業体を消滅させることで合併する手法である。この場合，経営権は，残った１つの企業体が握ることになる。具体的には，2013年に，株式会社ダイエーは，イオン株式会社の連結子会社となり吸収合併されている。また，2014年４月には，ソフトバンクグループの電気通信事業者であるイーアクセス株式会社が，株式会社ウィルコムを吸収合併し，７月に社名をワイモバイル株式会社に変更している。また，吸収合併のうち，２つの企業が合併する際の合併比率が１：１の場合を対等合併という。

新設合併とは，合併する２つ以上の複数の企業が，一旦解散し，新会社を設立し，すべての経営権などを新会社に承継させることをいう。具体的には，2003年の三越，名古屋三越，千葉三越，鹿児島三越および福岡三越の合併では，新たな三越を創設させている。

しかし，このような新設合併は，極めて稀な事例であり，ほとんどの合併は，吸収合併されている。

企業買収とは，ある企業が別の企業の経営支配権を握ることである。つまり，買収する側とされる側が存在する。買収元の企業が，買収先の企業の株式の一定割合以上を保有することで，買収先の企業の支配権を掌握する。また，買収した企業を子会社化する場合，つまり，経営権を掌握するには，買収先の企業の持株比率を50％超にする必要がある。また，買収先の経営状況によっては，買収元が買収先の持株比率を100％にすることで完全子会社化してしまうこともある。

では，このようなM&Aを行うことで当該企業間にどのようなメリットがあるのだろうか？

その最大のメリットは，規模の経済性や範囲の経済性を享受することで，比較的簡単にマーケット・シェアの拡大をはかれることである。規模の経済性が発揮されると，大量単品生産によって製品1つあたりのコストを削減することができ，圧倒的なコスト優位性によるマーケット・シェアの拡大がはかれることになる。また，範囲の経済性が発揮されると，複数の事業で共通に利用できる経営資源の存在によってシナジーが享受でき，その結果，コスト削減や収益の増加が見込め，マーケット・シェアの拡大に好影響を与えるのである。

次に，M&Aには，どのようなリスクがあるのか考えてみよう。1つめは，M&Aによって必ずしも上記のような規模の経済性や範囲の経済性を享受できる保証がないことである。経営環境は，不確実性が多く，変化が激しいため，買収や合併する相手の企業の経営状況が必ずしも良いとは限らないことがある。もし，良くない時に合併や買収を強行すれば，その負債もすべて合併・買収側が背負わなければならないため，リスクが高いといえる。

2つ目は，M&Aを行う際，当事者間の関係が友好的な場合と敵対的な場合がある。友好的な場合は，事前に十分議論され，合意する場合が多いため，問題ないが，敵対的の場合，株式を公開買い付け等によって買い集めて経営権を奪取することが多いため，買収される側の合意形成が得られておらず，すんなりとM&Aをできないケースが出てくる。また，仮に合意できたとしても，敵対的買収🕮は，買収される側の心情的な問題が残るケースもあるため，慎重に行う必要がある。

3つ目は，M&Aが実行される企業間での企業文化や社風の相違が挙げられる。これまでの企業の歴史や文化がまったく異なる企業同士のM&Aが行われ，1つの企業体として一緒にやっていく場合，経営手法から社員の働く雰囲気に至るまでどのように調整し，統合していくかが課題となる。

具体的には，近年の日本における銀行の合併・買収は，企業文化や行風などの違いを乗り越えて比較的M&Aがうまくいったケースではなかろうか。逆に，2010年に食品業界トップのキリンホールディングスと第2位のサントリーホールディングスの経営統合の話が破談となった理由は，まさに企業文化や社風の相違が大きかったようである。

このように，M&Aを実施する場合，メリットとリスクを考慮したうえで慎重に進めて行く必要がある。

用語解説 **敵対的買収**

敵対的買収には，いくつかの対抗策がある。それらのうち，ポイズンピル（毒薬条項）とホワイトナイト（白馬の騎士）を取り上げてみる。ポイズンピルとは，既存の株主にあらかじめ新株予約権を発行し，買収者側が一定数の株式を取得しても，新株を発行することで持株比率を下げ，買収者側に経営権等を取得させないようにする手法である。しかし，新株発行によって株価が低下し，一般投資家に被害が及ぶ可能性もあるため，ポイズンピルの発動には慎重にならざるを得ない。また，ホワイトナイトとは，買収される側の企業にとって友好的な第三者の企業に自社株を買収してもらうことで，友好的に買収を進めていく方法である。

4．企業が成長する手法～多角化の課題～

企業の成長は，企業が生き残っていくためには欠かせない宿命である。また，企業が成長する方向性は，巨大化していくことと倒産せずに発展し続けることの２つの側面から考えていく必要があろう。

特に，企業が巨大化していくことは，事業を拡大していくことを意味しており，競争戦略上，多角化を考えなければならない。しかし，多角化は，すべての企業ができるわけではなく，経営環境の変化の激しい現代において，当然リスクもあり，不確実性の高い戦略ともいえる。また，潤沢な経営資源が必要となる。つまり，経営資源が潤沢な大企業特有の戦略にならざるを得ない。それは，多角化による成長を考えた場合，大資本しか生き残っていけないのではないかといった課題がある。そのため，中小企業は，自社の強みを創りだすとともに，社外資源を活用した他社との連携などの戦略的提携による多角化を模索することで倒産せずに発展し続けることを考えていく必要があろう。

また，多角化の時期，分野，資源の活用方法など多岐にわたって慎重に考慮する必要があると考える。それを誤りさえしなければ，企業は成長し，発展し続けられるのであろう。

事例で考える

情報関連企業が自動車開発?!　Googleの挑戦

多角化の注目される動きとして，「究極の自動車開発」が加速している。中でも，自動車開発とは無縁のイメージのある情報関連企業の米Google社が「究極の自動車開発」に挑戦している。アンドロイド製品などスマートフォン関連事業で成功したビジネスモデルを自動車開発に応用している。

2010年Google社は，これまでの自動車とは違うまったく新たな自動車開発に乗り出した。それは，「自動運転車」である。2013年現在，10台以上の実験車を開発し，30万マイル（約48万km）以上走らせている。また，自動運転時に一度も事故を起こしていない。

Google社が，自動車開発に熱心なのは，自動車技術の中核と同社の事業の親和性が高いことにある。特に，「Google Maps」に必要な地図情報を充実したものにできることが理由である。つまり，地図情報を基に計算する自動運転の技術と連動させることでシナジーを得やすいのである。

また，Google社は，自動運転のOS（基本ソフト）の開発にも積極的であり，特にロボットOS（ROS）に自動運転技術の開発で培ったソフトウエアを取り込もうとしている。

つまり，Google社は，車両などのハードウエアは既存の車を使用し，自社の強みである，ソフトウエアに特化させて「自動運転車」という「夢の車」の開発に乗り出し，「究極の多角化」に挑戦している。

出所：日本経済新聞WEB版より

考えてみよう①

多角化がうまくいかなかった企業について，事例を探し，その原因を調べてみよう。

確認Quiz!!

① 既存製品を新規市場に対応させる戦略は，市場浸透戦略である。
② シナジー（相乗効果）とは，２つの事業を単独で行った時に得られる効果よりも２つの事業を同時に行うことによって得られる効果が大きいことである。
③ 集中型多角化戦略とは，従来の事業とは直接関係しない分野に進出する多角化である。
④ 多角化のタイミングは，既存製品の製品ライフサイクルの衰退期に入ってから検討すると成功しやすい。
⑤ 企業の M&A は新設合併がほとんどである。

確認Quiz!!

答え

①：答え　×

市場開発戦略である。

②：答え　○

③：答え　×

特定のコア・コンピタンス（中核能力）に関連した技術分野に特化して進出する多角化である。

④：答え　×

成長期後期から成熟期にかけてが最も成功しやすくなる。なぜなら，事業や製品が社会全体に受け入れられ，競合の参入による代替品の出現や製品の普及に伴い，需要が停滞する段階において，新規市場や新製品の開発を考え，新たな市場に打って出ることで，企業の継続した成長を考えやすい時期にあるためである。

⑤：答え　×

吸収合併がほとんどである。

主要参考文献

Ansoff, H.I.［1965］*Corporate Strategy,* McGraw-Hill Inc.（広田寿亮訳［1971］『企業戦略論』産業能率出版部）
伊部泰弘「経営戦略」伊部泰弘・今光俊介編著［2012］『事例で学ぶ経営学』五絃舎，11 ～ 20 ページ。
伊部泰弘「流通経路」柳　純編著［2013］『激変する小売流通』五絃舎，11 ～ 20 ページ。
加護野忠男・吉村典久編著［2006］『1 からの経営学』碩学舎。
嶋口充輝・内田和成・黒岩健一郎編著［2009］『1 からの戦略論』碩学舎。

参考 URL

日本経済新聞 WEB 版 2013 年 3 月 28 日『「自動運転」は破壊者か　攻めるグーグル，悩むトヨタ』
http://www.nikkei.com/article/DGXNASFK21016_R20C13A3000000/（2014 年 2 月 27 日アクセス）

第7章　事業システム
～競合に打ち勝つ事業の仕組み～

◎ 事業システムとは？

・事業において競争優位性や価値を生み出すための「仕組み」＝事業システム
例）大量生産システム，デル・ダイレクトモデル，楽天市場のRMSなど

◎ 事業システムとビジネスモデルの違い

ビジネスモデル：仕組みの中でも収益を生み出すパターンに注目
事業システム：共通する競争優位性や価値を生み出す構造を理論的なモデルによって分析

◎ 事業システムを分析するフレーム

分析するためのフレームは多数
例）規模の経済，範囲の経済など　→　マクロ的視点
バリューチェーン（価値連鎖）　→　マクロ的視点とミクロ的視点
ビジネスモデル・キャンバス　→　〃

◎ バリューチェーン（価値連鎖）　←　ポーター

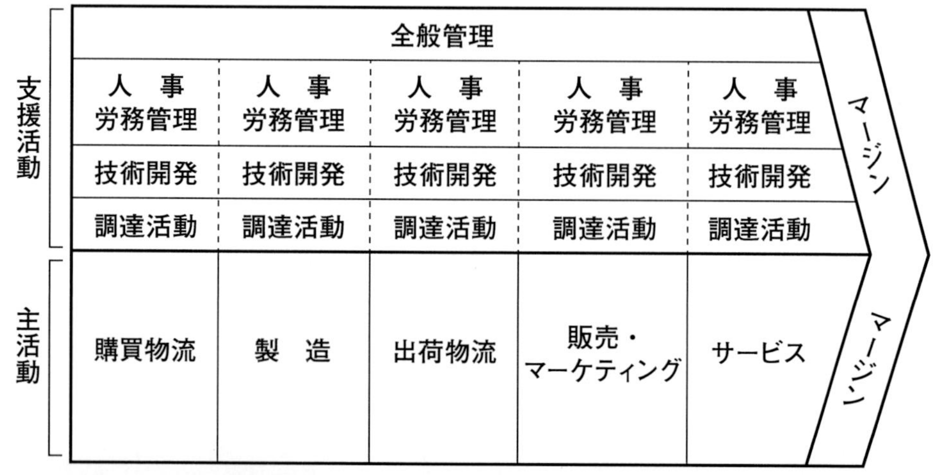

・企業における多様な活動が結びつき，競争優位性や顧客に提供する価値を生み出す仕組み
・企業の活動を９つ（５つの主活動・４つの支援活動）に分解
・５つの主活動を一連の流れとして提示

◎ ビジネスモデル・キャンバス

・ビジネスモデルを俯瞰し設計するための技法
・事業システムを９つの要素に分解し関係性を理解
　→　各項目を埋めていくことで，全体像を理解し，設計すべき細部が見えてくる

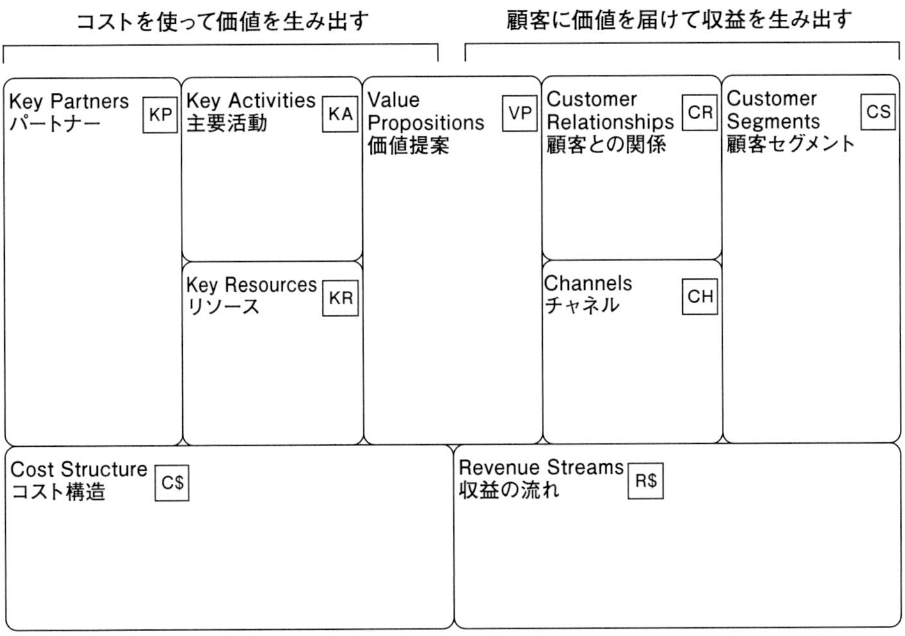

※学んで欲しいこと
事業の核となる仕組みは何か？　それを支えている仕組みは何か？　を分析するフレームとして，バリューチェーンやビジネスモデル・キャンバスを理解してください。さらに，実際の事例にあてはめて，分析する練習をしてみてください。

第７章　事業システム ～競合に打ち勝つ事業の仕組み～

講義日
／

1．事業システムとは何か

（1）事業の背後にある「仕組み」

今から100年以上前，自動車メーカーのフォード社が，それまで高嶺の花だった自動車を低価格化し，多くの消費者から支持を得た。いつの時代も，商品の安さは消費者を魅了する。

消費者が注目するのは自動車の品質と価格であるが，フォード社が自動車の低価格化を実現した背景には，大量生産システムという新しい生産方式の存在があった。今となっては当たり前の方法であるが，当時は，この仕組みが同社の圧倒的な強みとなり，企業として大きく成長できたのである。

低価格の自動車が消費者に支持されることは誰にでも理解できる。しかし，競合企業がすぐさま自動車を安くして販売することはできない。なぜなら，低価格化が大量生産によってもたらされていることがわかったとしても，それを模倣するには時間がかかるからである。新たな設備を準備し，それを活用するノウハウも蓄積しなければならない。材料や部品の調達先とも調整しなければならないであろう。大量生産は企業内部の仕組みであるため，部外者には見え難く，他社からの追随を遅らせることができるのである。

競争が激しくなる現代においては，新しい価値を生み出し，さらに他社からの追随や模倣を遅らせる仕組みがますます重要になっている。また，成功を収めた企業の背後には，必ず巧みな仕組みが存在しているのである。

例えば，パソコンメーカーのデルが1990年代に急成長した要因の１つは，「デル・ダイレクト・モデル」と呼ばれる，受注から製造までの一連の仕組みによって，パソコンの低価格化に成功したからである。また，楽天市場が成功した要因の１つは，出店者が自ら，ホームページ制作から販売・顧客管理までをWEB上で容易に行える運用システム「RMS」を開発したからである。

（2）「仕組み」としての事業システム

大量生産システムは，企業の価値や競争優位性を生み出す重要な要素である。しかし，そのシステムは生産の現場だけで成り立っているわけではない。生産ラインが滞りなく動くには，適切なタイミングで適切な材料や部品を供給しなければならない。それらが少しでも不足すると，たちまち生産できなくなるからである。つまり，大量生産システムには生産ラインだけではなく，外部の事業者との連携を含めた，材料や部品を供給するという仕組みが必要となる。また，生産には，その設備を運営する従業員も必要である。それらの人材を採用し，教育することも，大量生産の仕組みを動かす上では不可欠である。

このように考えていくと，事業の仕組みは，程度の差はあっても，企業におけるすべての活動と何らかのかかわりを持っている。そのため，どこまでが仕組みの範囲となるのか，それを区分ける線引きは難しいと言わざるを得ないであろう。

しかし，その区分は難しいとしても，大量生産システム，デル・ダイレクト・モデル，RMSが，各企業の価値や競争優位性を高め，競合企業からの追随や模倣を遅らせるために中心的な役割を果たしていることは明らかである。

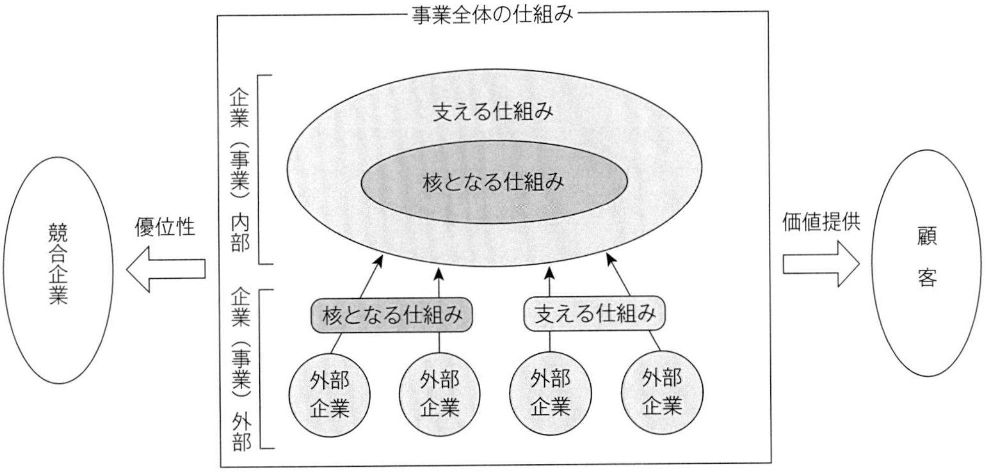

図表７－１　事業システム

このことから，事業における仕組みは，新しい価値を生み出し，さらに他社からの追随や模倣を遅らせることに中心的な役割を果たしている「核となる仕組み」の部分と，それを「支える仕組み」の部分から構成されていると考えることができる（図表７－１）。

それは，企業内部にとどまらず，外部企業との連携も含んでいる場合もある。また，SCMや垂直統合，水平統合などのように，外部企業との連携自体が核となる仕組みになる可能性もある。

これらの事業の背後にある仕組み全体のことを事業システムと呼ぶ場合がある。また，核となる仕組みにフォーカスし，それを事業システムと呼ぶこともある。

事例で考える

デル・ダイレクト・モデル

デルは，1984年に現会長兼CEOのマイケル・デル（Michael Dell）によって設立されたパソコンメーカーである。1994年に始まったデル・ダイレクト・モデルによって，パソコンの低価格化を実現し，世界的な企業となった。

デル・ダイレクト・モデルの特徴は2つある。1つ目は，パソコンを受注してから生産を開始する，いわゆる受注生産（BTO / Build to Order）システムを採用したことである。この方法によって，パソコン本体の在庫が不要となり，不良在庫による損失がなくなった。また，生産するための部品在庫を最小限にとどめ，必要に応じて部品メーカーからタイムリーに調達する方法をとった。これにより，部品の不良在庫も最小限に抑えることができた。つまり，不良在庫の損失をパソコンの価格に転嫁する必要がなくなったのである。

2つ目の特徴は，デルが電話，FAX，ネットで顧客から直接受注し，1～2週間後に配送業者を使って顧客の自宅やオフィスに届ける仕組みを確立したことである。これによって，流通業者のマージンがなくなり，本体価格をさらに抑えることに成功したのである。そして，この事業システムは，長い間，デルに大きな利益をもたらすことになったのである。

低価格を武器に成長していたデルであるが，現在は陰りが出てきている。既存のパソコンメーカーが低価格化に乗り出し，これまでパソコンメーカーへ製品を納入していた周辺機器メーカーなどが，自ら低価格パソコン事業に参入するなど，新たな仕組みによって低価格化が進み始めたからである。例えば周辺機器メーカーであったASUSTeK Computer Inc.（エイスーステック・コンピューター・インク）が，2007年に国内で発売した低価格パソコンEee PCは「ネットブック」の火付け役となった。

（参考）Holzner, Steven [2006]

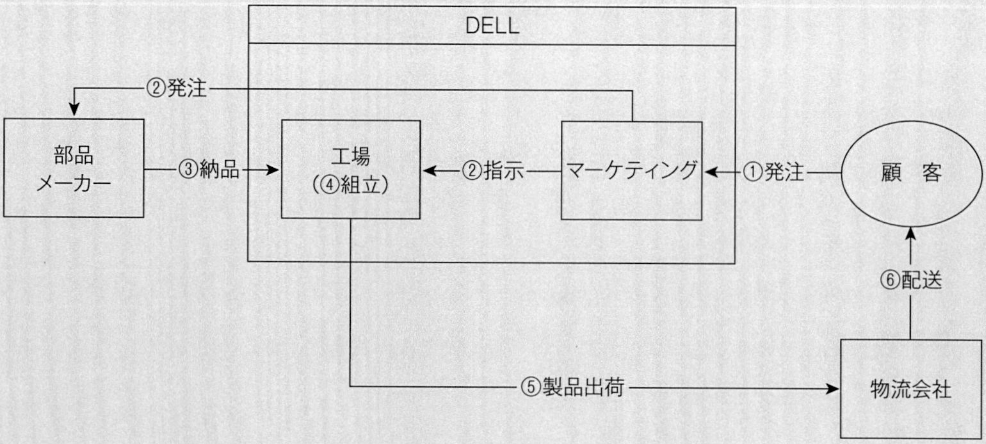

図表7－2　デル・ダイレクト・モデルの概要

事例で考える

楽天市場の RMS（Rakuten Merchant Server）システム

楽天市場は，40,000 店以上のネットショップが１億種類以上の商品を出品している WEB 上の巨大ショッピングモールである。楽天市場が成功した要因の１つに RMS の存在がある。小売業者がネットショップを運営するには，顧客には見えない部分でさまざまな作業を行わなければならない。例えば，ホームページ制作，販売管理，顧客管理といった業務である。

楽天市場が登場した 1997 年当時，一般的に，これらの業務を行うには専門的な知識が必要であった。例えば，ホームページを制作するには，HTML というプログラミング言語を習得しなければならなかった。しかし，楽天市場は，プログラミング言語を使用せず，ブログのようにホームページ制作ができる方法を RMS によって提供した。また，通常は自前でコストをかけて準備しなければならない販売管理や顧客管理システムも，RMS によってすべて WEB 上で運営できるようにしたのである。

これによって，専門的な知識がない小売業者でも，少しだけ勉強すれば楽天市場でネットショップを運営できるようになり，小規模事業者が次々に出店したのである。楽天市場は圧倒的な出店数と商品点数が強みとなっているが，それは RMS システムという，ネットショップの運用を容易にする仕組みによって生み出されているのである。

2．事業システムへのアプローチ

（１）事業システムとビジネスモデル

事業における仕組みをビジネスモデル（Business Model）と表現することがあり，実務界では頻繁に使用される言葉である。事業システムとビジネスモデルという２つの用語は，一般的に同義であると理解しても差し支えない。しかし，あえて２つの違いを挙げるとするならば，次のように区分できるであろう。

・ビジネスモデル

仕組みの中でも収益を生み出すパターンに注目する。多くの企業に共通する，事業の手本となる部分を見出そうとするアプローチである（実務家としての視点）。

・事業システム

収益性の観点だけではなく，企業に共通する競争優位性や価値を生み出す構造（仕組み）を理論的なモデルによって分析しようとするアプローチである（研究者としての視点）。

本章のタイトルは「事業システム」であるが，上記の２つの視点を含めた考察を行っている。

（２）事業システムを理解するためのフレーム

事業システムを理解するために有益と考えられる理論的なフレームは多数存在する。例えば，規模の経済や範囲の経済といった，事業全体を簡潔に表現する概念も，事業システムを理解する上で重要となる。

規模の経済とは，事業規模が大きくなれば，製品１つあたりのコストが小さくなるという考え方である。コストが小さくなる要因の１つに固定費の分散がある。生産に必要となる固定費（例えば，生産機器の導入コストや工場の賃料など）は，生産数量が増えると，その費用が分散されて，製品１つあたりにかかる費用は小さくなっていく。生産に関連した費用だけではなく，営業マンの人件費も固定費であり，販売数量が増えれば，製品１つにかかる人件費は減少する。

また，範囲の経済とは，取り扱う製品の種類を拡大すると，製品１つあたりのコストが小さくなるという考え方である。例えば，食品メーカーが既存の技術を応用して医薬品を開発した場合，その開発コストや生産コストは既存技術や設備を共有化できる部分がある。製品の種類が増えることで，これらの固定費が分散される範囲が広がり，製品１つあたりのコストが削減される。第６章で見た事業の多角化の効果の１つは，範囲の経済によるものである。

本章では，事業システムを俯瞰するためのマクロ的な視点を持ちながら，ミクロ的な視点にまで展開できるフレームとして，バリューチェーン（価値連鎖）とビジネスモデル・キャンバスについて紹介したい。前者は，研究分野からのアプローチであり，後者は実務分野からのアプローチである。

３．バリューチェーン

（１）バリューチェーンの概要

企業では，多様な活動が結びつくことで，顧客に提供する価値を生み出し，その価値が競争優位性の源泉となっている。この場合の価値とは，モノやサービスが所有者にもたらす何らかの利益・メリットである。また，その価値を手に入れるために，多くの場合，購入者が販売者に対して金額を支払うことから，その価値は金額に置き換えることができる。

ポーター［1985］は，この価値が生み出される企業活動，すなわち事業システムを９つの活動に分解し，バリューチェーン（価値連鎖）として提示した（図表７－３)。

バリューチェーンは，主活動と支援活動に大別される。主活動とは，製品を作り出し顧客に届けるまでの機能の流れであり，購買物流，製造，出荷物流，販売・マーケティング，サービスの５つの要素（機能）から構成されている。また，支援活動とは，主活動を支えるための機能であり，４つの要素から構成されている。そのうち人事労務管理，技術開発，調達活動は，主活動に対して直接的な支援を行う機能であり，各主活動には，それぞれ人事労務管理，技術開発，調達活動がある。全般管理は，主活動に直接関係せず，バリューチェーン全体を支援する機能である。

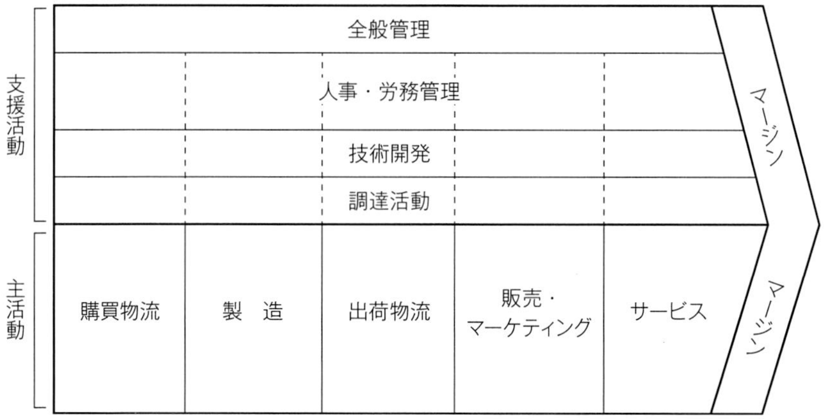

図表７－３　バリューチェーン（価値連鎖）

出所：ポーター〔Porter, M.E.〕（土岐　坤・中辻萬治・小野寺武夫訳）［1985］，49ページに筆者加筆。

「主活動」「支援活動」は，図表７－１で示した「核となる仕組み」「支える仕組み」と表現は似ているが，同義ではない。「主活動」「支援活動」は，ポーター［1985］が企業の活動を分類するために提示したフレームであり，「核となる仕組み」「支える仕組み」は，筆者が提示した，新しい価値を生み出し，競争優位性を高める仕組み（事業システム）を分類するフレームである。仕組み（事業システム）は，ポーター［1985］が提示した企業の活動やその活動の組み合わせによって，「核となる仕組み」「支える仕組み」として生み出されるのである。

要素（機能）		内容の例
主活動	購買物流	外部からの原材料調達，在庫，製造部門への配分など
	製　造	原材料から製品を生産。機械設備の操作・維持管理，製品の組立，製品のテスト，包装作業など
	出荷物流	生産された製品を顧客まで届ける一連の作業。製品の集荷，保管，荷造り，輸送，受注処理，出荷計画など
	販売・マーケティング	営業活動，マーケティング活動全般（製品企画，価格設定，プロモーション，流通チャネル選択など）
	サービス	販売した製品の価値を高める，または維持する活動。据付工事，修理，技術者訓練，部品供給，製品整備など
支援活動	全般管理	本社経営，企画，財務，経理，法務，品質管理など
	人事労務管理	人材の採用，教育，評価，給与管理など
	技術開発	工学的な技術だけではなく，マーケティングにおけるIT技術の活用，物流システムの開発，機械操作の手順書作成なども含まれる
	調達活動	各主活動に必要となる資源の調達。例えば，「製造」活動では機械設備，「販売・マーケティング」活動では広告代理店のサービスなど

図表７－４　バリューチェーンの活動内容

出所：ポーター〔Porter, M.E.〕（土岐　坤・中辻萬治・小野寺武夫訳）［1985］，48 ～ 58 ページをもとに筆者作成。

企業は，９つの各活動にコストを投入し，各活動において固有の価値を生み出している。例えば，「購買物流」では，原材料購入や原材料の蓄積・配送などにコストを投入し，必要な製造部門に適切なタイミングで適切な原材料を配送する（という価値を生み出している）。そして，「製造」では，製造設備や人材にコストを投入し，原材料から製品を生み出している。製品には，製造のプロセスを経ることで原材料以上の価値が付加されているのである。このように，各活動で生み出される価値が連鎖して積み重なり，顧客に対して１つの価値，つまり，顧客が購入したいと思う製品が生み出され提供される。顧客がその価値に支払った金額（＝売上）から投入されたコストを差し引くと「マージン（利益）」が生まれるのである。

売上 －（主活動のコスト ＋ 支援活動のコスト）＝ マージン（利益）

ポーター［1985］は，価値の源泉となっている９つの各活動を個別に分析することが必要であると説いている。なぜなら，企業が生み出す価値は，ただ１つの要素だけで生み出されているのではなく，各活動の価値の集合体で構成されているからである。そして，企業活動は９つに分類されるが，企業ごとに各活動の重要度や関係性が異なり，その違いが企業の特徴を生み出しているのである。

つまり，「図表７－１　事業システム」でいえば，企業における各活動や関係性の違いが「核となる仕組み」「支える仕組み」の違いを生み出しているのである。

（２）分析フレームとしてのバリューチェーン

事業システムを理解するには，特定の活動だけを見るのではなく，９つの活動すべてに目を配る必要があると考えるのがバリューチェーンである。

ポーター［1985］は，その事例として，図表７－５を提示している。各活動の内容をさらに具体的な活動に分解しており，この図表を見ることによって，バリューチェーンにおける主活動と支援活動の関係について理解が深まるはずである。

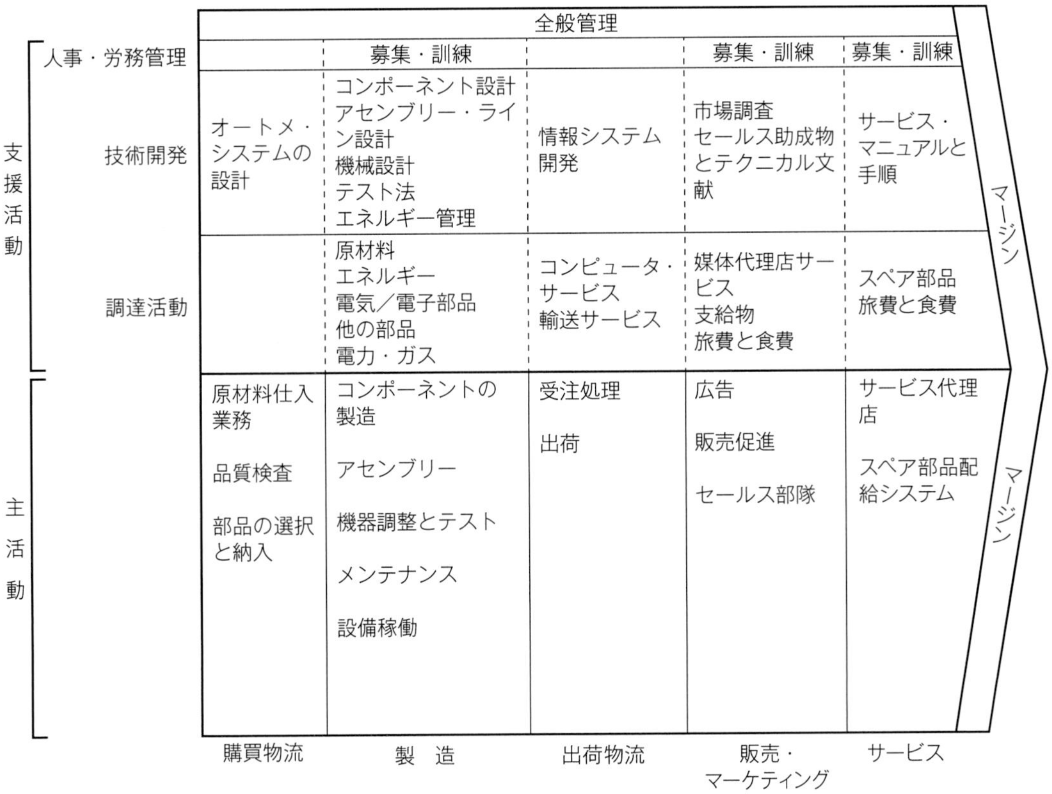
全般管理
人事・労務管理
募集・訓練
募集・訓練
募集・訓練
支援活動
技術開発
オートメ・システムの設計
コンポーネント設計
アセンブリー・ライン設計
機械設計
テスト法
エネルギー管理
情報システム開発
市場調査
セールス助成物とテクニカル文献
サービス・マニュアルと手順
調達活動
原材料
エネルギー
電気／電子部品
他の部品
電力・ガス
コンピュータ・サービス
輸送サービス
媒体代理店サービス
支給物
旅費と食費
スペア部品
旅費と食費
マージン
主活動
原材料仕入業務
品質検査
部品の選択と納入
コンポーネントの製造
アセンブリー
機器調整とテスト
メンテナンス
設備稼働
受注処理
出荷
広告
販売促進
セールス部隊
サービス代理店
スペア部品配給システム
マージン
購買物流
製　造
出荷物流
販売・マーケティング
サービス

図表７－５　ある複写機メーカーの価値連鎖

出所：ポーター〔Porter, M.E.〕（土岐　坤・中辻萬治・小野寺武夫訳）［1985］，59ページに筆者加筆。

バリューチェーンは，製造業を主体に考察されたフレームであるため，主活動には「購買物流」「製造」といった名称が使われている。しかし，ポーター［1985］によれば，製造業だけではなく，流通業やサービス業でも，多かれ少なかれ９つの活動に関連した機能を持っているという。

例えば，小売業者であれば，「仕入（購買物流）」「店舗運営（製造）」「在庫（出荷物流）」「宣伝広告・集客（販売・マーケティング）」「サービス」というように，活動の内容を読み替えることで俯瞰しやすくなるであろう。

（3）バリューチェーンで考える事業システム

バリューチェーンは，すべての活動について分析すべきであるが，本節では，事業システムのポイントをわかりやすくするために，あえて，核となる仕組みにフォーカスし，企業（事業）の特長を示していく。

① デルのケース

すでに見たデル・ダイレクト・モデルは，「販売・マーケティング」における受注活動を，「購買物流（部品の調達活動）」の前に移動させたことで，「購買物流」や「出荷物流（在庫）」において発生する不良在庫のリスクを回避していると分析できる。また，同社はコールセンターの充実によって顧客満足度を高めているが，これは「サービス」にコストを投入することで競争優位性を高めようとしているといえるであろう。

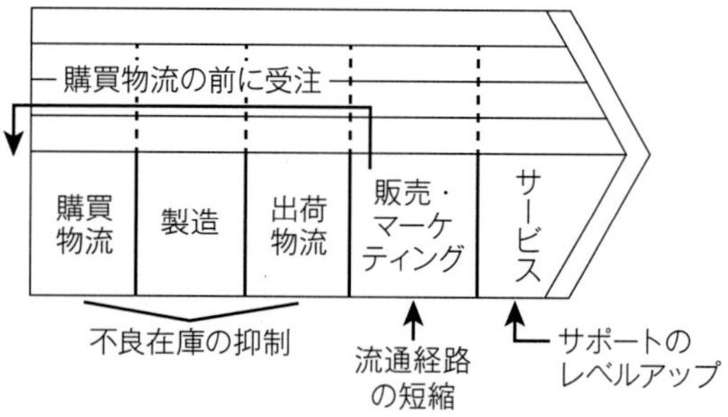

図表７－６　デルの事業システム（核となる仕組み）

② レッツノートのケース

同じパソコンでも，差別化の方法が異なるPanasonic社のレッツノートについて見てみよう。レッツノートは，高価格帯でありながら，国内のノートパソコン市場でトップシェアを維持している。その強みは，ビジネスユースを念頭に置いた，パソコン本体の高機能・高ユーザビリティ（軽量化・耐衝撃性・長時間バッテリー・CD/DVDドライブ内蔵・カスタマイズ性など）である。高い品質を維持するため，Made in Japanにこだわり，設計開発と生産をすべて国内の神戸工場で行っているという。拠点が国内に集結しているため，設計開発部門と生産部門の連係が取りやすく，また，国内の顧客ニーズが設計開発に活かされやすい環境になっている。そのため，顧客の細かいカスタマイズにも対応が可能である。

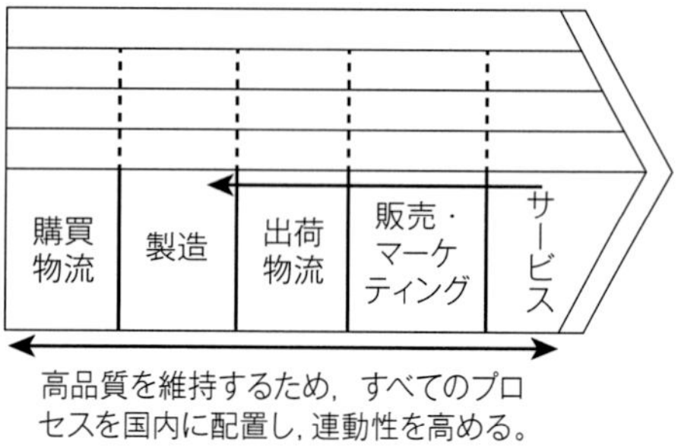

図表７－７　レッツノートの事業システム（核となる仕組み）

生産コスト抑制のために海外生産するパソコンメーカーが多い中，Panasonic社は「購買物流」から「サービス」までのプロセスをすべて国内で行い，それらの活動が「製造」へフィードバックされ，競争優位性の高いものづくりを続けているのである。

③　無印良品のケース

次に，（株）良品計画が経営する無印良品の事業システムを見てみよう。無印良品は，オリジナルの衣料品，家具・インテリア，家電，食品，文具，その他雑貨などを店舗とネットショップにおいて販売している。すべての商品を無印良品のコンセプトに適合したシンプルなデザイン・仕様に仕上げることで，独自の世界観を作り上げている。同社は多様な商品を取り扱うため，自社工場を持たず，商品はOEM📖によるものである。つまり，同社は「販売・マーケティング（商品企画・デザイン，宣伝広告，販売等）」「サービス（アフターフォロー等）」の活動に特化し，「購買物流」「製造」における活動の多くは外部業者に委託しているのである。「購買物流」「製造」を外部化すれば，商品ごとに適切な製造業者を選択することが可能となり，多様な分野のアイテムを取り揃えることができるようになる。ただし，製造における製品の企画・仕様・デザインなどについては，販売・マーケティングと連動した同社の活動領域であり，事業システム上，重要な業務となる。

また，無印良品には，「MUJIGRAM（ムジグラム）」と呼ばれる従業員のための運用マニュアルがあり，出店のための基準やオペレーションの効率化などの考え方が全従業員に共有化されている。業務改善のための細かな仕組みがこのマニュアルに積み上げられ，バリューチェーンにおける支援活動が，同社の機動力を生み出しているという。

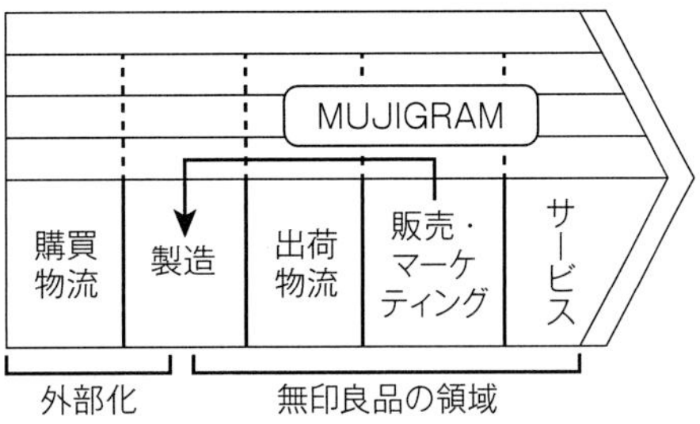

図表７－８　無印良品の事業システム（核となる仕組み）

（4）核となる仕組みとしての支援活動

上記で述べた分析は，事業システムをバリューチェーンのフレームに従って考察したものであるが，あくまで，１つの側面を見たに過ぎない。おそらく，外部には見えない仕組みが多数存在しており，それは主活動だけではなく，支援活動にも埋め込まれているはずである。例えば，（株）良品計画のMUJIGRAMなどは，支援活動でありながら，事業システム上，重要な役割を果たしている機能であるといえる。

用語解説

OEM（オー・イー・エム）

OEMは，Original Equipment Manufacturingの略称である。製造業者が他社のブランドで製品を製造することである。ブランドの所有者が自社製品として販売することを含めてOEMと呼ぶ。また，「OEM供給」と表現することもある。外部の製造業者が製品の企画・デザイン・設計などすべてを請け負う場合は，ODM（Original Design Manufacturing）と呼ぶ場合がある。

確認Quiz!!

① 事業システムはすべての企業に存在する。
② バリューチェーンにおける支援活動は価値を生み出す活動ではない。

(→答えは，110ページ)

4．ビジネスモデル・キャンバス

(1) ビジネスモデル・キャンバスの概要

ビジネスモデル・キャンバス（図表7－9）は，オスターワルダー（Osterwalder, Alexander [2010]）とピニュール（Pigneur, Yves [2010]）が提唱した，ビジネスモデル（事業システム）を俯瞰しながら，細部を設計するための技法である。新しい事業を構築する際の検討項目として，また既存の事業を分析する枠組みとして有益である。バリューチェーンでは，各要素を一連の流れとして表現していたが，ビジネスモデル・キャンバスでは，各要素の関係性を示している。

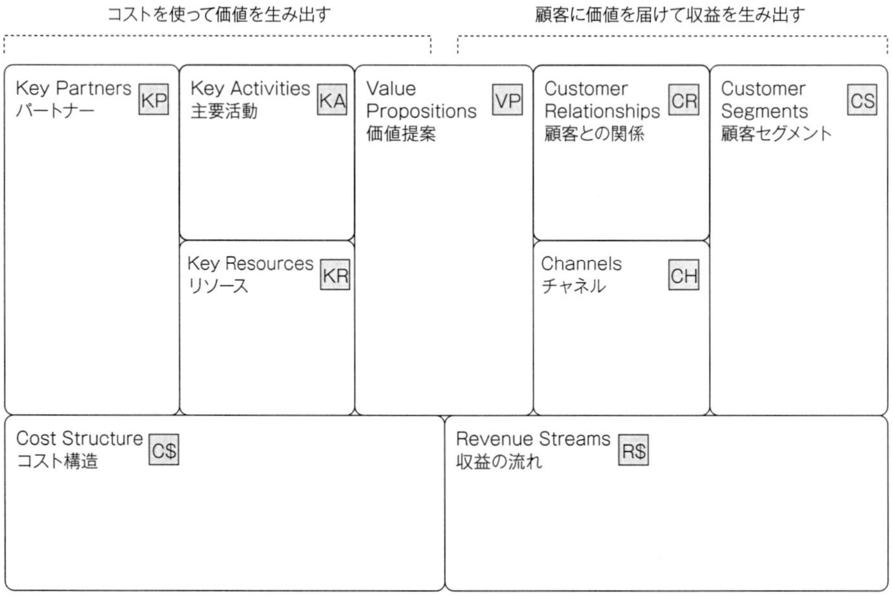

図表7－9　ビジネスモデル・キャンバス

出所：オスターワルダー＆ピニュール〔Osterwalder, Alexander and Pigneur, Yves〕（小山龍介訳）[2012]，19ページおよび44ページ（筆者追筆）http://www.businessmodelgeneration.com

図表７－９の右側にある顧客セグメント，顧客との関係，チャネル，価値提案，収益の流れは，顧客に価値を届けて収益を生み出す仕組みであり，外部から見える部分である。左側にある価値提案，主要活動，リソース，パートナー，コスト構造は，価値を生み出すための企業内部の仕組みであり，コスト投入が必要となる領域である。価値提案については，左右両方に含まれている。

（２）ビジネスモデル・キャンバスの要素

ビジネスモデル・キャンバスにおける各項目の概要は次の通りである。

① 顧客セグメント　Customer Segments

事業がターゲットとする顧客である。

② 価値提案　Value Propositions

ターゲット顧客に提案する価値である。その価値は，商品やサービスとして提供され，ターゲット顧客はそれを購入する。

③ チャネル　Channels

企業が提供する価値（商品・サービス）を顧客に届けるための経路（チャネル）である。経路は下記の５つのプロセスから構成されている。

ａ．認知：顧客に製品・サービスの存在を知ってもらう
ｂ．評価：知ってもらった製品・サービスを評価・検討してもらう
ｃ．購入：実際に購入してもらう
ｄ．提供：購入した製品・サービスを顧客へ届ける
ｅ．アフターサービス：販売した後にカスタマーサービスを提供する

④ 顧客との関係　Customer Relationships

ターゲット顧客への対応方法や関係の築き方である。人を介した対応（店頭対応，専任担当者，コールセンターなど），セルフサービス，顧客同士のコミュニケーションなどが挙げられる。

⑤ 収益の流れ　Revenue Streams

顧客から収益を得る形態と価格設定の方法である。収益を得る方法としては，「製品販売」「使用料」「購読料」「会費」「レンタル・リース料」「ライセンス料」「仲介手数料」「広告料」などが挙げられる。価格設定の方法としては，「固定価格」や「変動価格」がある。

⑥　主要活動　Key Activities

価値を生み出すために最も重要となる活動である。メーカーであれば商品の製造，コンサルティング会社であれば問題解決を提案する業務となる（バリューチェーンにおける「主活動」とは異なる）。

⑦　リソース　Key Resources

事業を実行するために必要となる経営資産（ヒト・モノ・カネ・知的資産）である。

⑧　パートナー　Key Partners

リソースが社内にない場合，外部から調達することになる。その調達先がパートナーである。

⑨　コスト構造　Cost Structure

価値を生み出すために必要となるすべての費用である。ビジネスモデル・キャンバスの右側の領域で生み出された収益から，左側の領域で発生したコストを差し引いたものが企業の利益となる。

「収益の流れ（売上）」－「コスト構造（投資費用）」＝マージン（利益）

（3）ビジネスモデル・キャンバスで考える事業システム

ビジネスモデル・キャンバスのフレームは，事業システムを俯瞰するための視点を提供してくれる。例えば，図表7－10は，アマゾン・ドット・コムの事業システム（ネット通販事業）の分析例である。

アマゾンの「価値提案」は，目的の商品を，低価格で，簡単に探し出すことができ，長い時間待たされることなく，商品を自宅に届けてくれることである。多様な商品を取り扱っている同社の「顧客セグメント」は，ネットユーザー全体である。顧客は，ネット上で，商品検討，販売注文，キャンセル，宅急便の伝票番号の確認など（チャネル）を，すべて自分自身で行うことができる（顧客との関係）。

同社のネット通販事業の収益の多くは商品販売によるものと考えられるが，近年は，当日配送などの付加価値サービスを有料化している。プライム会員の会費を支払えば，当日便や時間指定便などが無料になるサービスである（収益の流れ）。

アマゾンの事業システムを支える「主要活動」は，ネット上にあるアマゾンというプラットフォーム上で提供するサービスやシステムを開発することと，その仕組みを管理・運用することである。さらに，ネット販売に不可欠となる商品配送の物流システムを運用することである。

これらの活動を維持するために必要となる「リソース」は多様である。例えば，システムを開発するエンジニアや，そのシステムを運用するサーバー設備などが必要であろう。また，ネット上から取得した顧客データは，レコメンデーション機能（顧客に商品を自動的に推奨する機能）といった顧客との関係を自動化するためには不可欠な資産である。ここではすべてを示すことはできないが，ヒト・モノ・カネ・知的資産に関する多様なリソースが必要であろう。

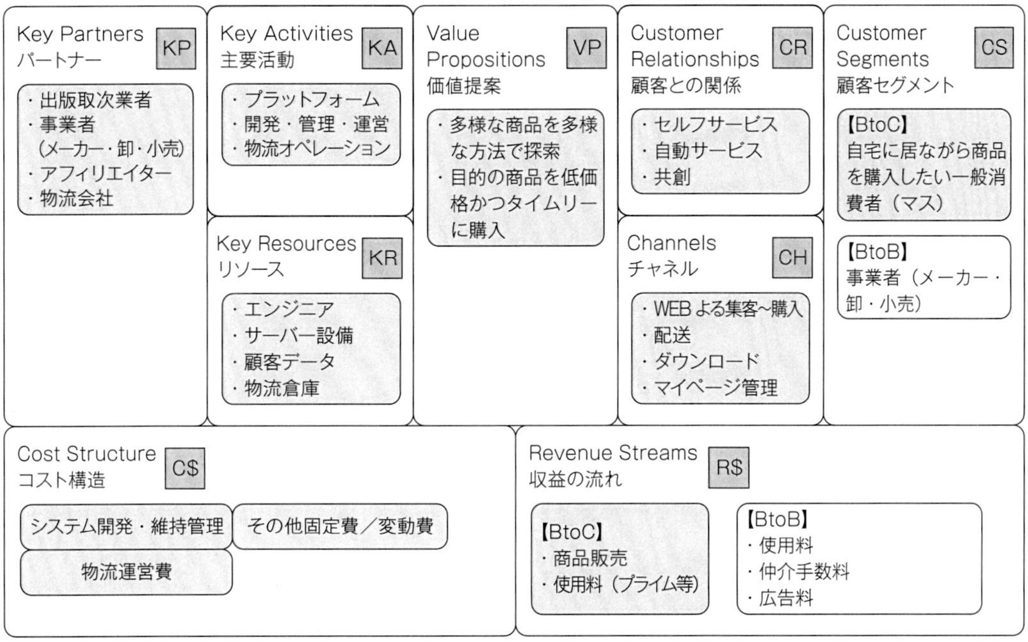
Key Partners
パートナー
KP
・出版取次業者
・事業者
（メーカー・卸・小売）
・アフィリエイター
・物流会社
Key Activities
主要活動
KA
・プラットフォーム
・開発・管理・運営
・物流オペレーション
Key Resources
リソース
KR
・エンジニア
・サーバー設備
・顧客データ
・物流倉庫
Value
Propositions
価値提案
VP
・多様な商品を多様な方法で探索
・目的の商品を低価格かつタイムリーに購入
Customer
Relationships
顧客との関係
CR
・セルフサービス
・自動サービス
・共創
Channels
チャネル
CH
・WEBよる集客~購入
・配送
・ダウンロード
・マイページ管理
Customer
Segments
顧客セグメント
CS
【BtoC】
自宅に居ながら商品を購入したい一般消費者（マス）
【BtoB】
事業者（メーカー・卸・小売）
Cost Structure
コスト構造
C$
システム開発・維持管理
その他固定費／変動費
物流運営費
Revenue Streams
収益の流れ
R$
【BtoC】
・商品販売
・使用料（プライム等）
【BtoB】
・使用料
・仲介手数料
・広告料

図表７－10　アマゾン・ドット・コムにおけるネット通販の事業システム

アマゾンはネット通販事業者であるため，商品の卸業者や物流会社が重要な「パートナー」となる。また，同社は，誰でもアマゾンに商品を出品して販売できるAmazon出品サービスを行っている。事業者や一般ユーザーがアマゾンで商品を販売することによって，ネット通販業者としてのアマゾンの価値が高まり，同サービスを使用する事業者や一般ユーザーも重要な「パートナー」となる。同時に，そのパートナーから使用料や仲介手数料のかたちで収益を得ているのである（収益の流れ）。

このように，９つの項目を埋める作業を通じて，同社がどのような事業システムによって価値を生み出しているのかが見えてくるはずである。また，フレームの中を埋めていく項目については，客観的な事実を踏まえながらも，その振り分けや解釈は分析者の主観によって決まっていく。そのため，記載すべき項目に正解はなく，分析者によって異なる。特に，左側の項目については内部の仕組みであることから，関係者でなければ見えない部分である。

例えば，読者が所属する組織（学生の場合は大学，社会人の場合は会社や団体等）であれば，情報を得やすいであろう。ビジネスモデル・キャンバスを使って，ぜひ自分が所属する組織の事業システムを描いてみてほしい。

考えてみよう

自分が所属する組織（学生の場合は大学，社会人の場合は会社や団体）の事業システムについて，ビジネスモデル・キャンバスを使って分析してみよう。

答え

確認Quiz!!

①：答え　○

企業である以上，何らかの事業システム（=仕組み）が必ず存在する。ただし，事業システムによって生み出される価値やその競争優位性のレベルは企業によって異なる。

②：答え　×

企業におけるさまざまな活動がつながり合うことで価値が生み出されている。支援活動は，主活動を支える機能として，価値を生み出すプロセスにおいて重要な役割を担っている。

主要参考文献

Holzner, Steven［2006］*How Dell Does it*, McGraw-Hill.（二見聰子訳［2008］『DELL 世界最速経営の秘密』インデックス・コミュニケーションズ）

Porter, M.E.［1985］*Competitive Advantage: creating and sustaining superior performance*, Free Press.（土岐坤・中辻萬治・小野寺武夫訳［1985］『競争優位の戦略―いかに高業績を持続させるか』ダイヤモンド社）

Osterwalder, Alexander and Pigneur, Yves［2010］*Business Model Generation: A Handbook for Visionaries, Game Changers, and Challengers*, Wiley.（小山龍介訳［2012］『ビジネスモデル・ジェネレーション ビジネスモデル設計書』翔泳社）http://www.businessmodelgeneration.com

井上達彦［2010］「競争戦略論におけるビジネスシステム概念の系譜―価値創造システム研究の推移と分類」『早稲田商学第 423 号』，539 ～ 579 ページ。

加護野忠男［1999］『<競争優位>のシステム―事業戦略の静かな革命』PHP 新書。

加護野忠男・井上達彦［2004］『事業システム戦略―事業の仕組みと競争優位』有斐閣アルマ。

参考 URL

日本経済新聞「「Let's Note」はどうやって作られる？　パナソニックが工場公開」
http://www.nikkei.com/article/DGXNASFK10032_Q2A210C1000000/（2014 年 11 月 30 日アクセス）
日経トレンディ「モバイル PC でシェア 4 割！ パナソニックのレッツノートが好調な理由」
http://trendy.nikkeibp.co.jp/article/column/20140502/1057323/（2014 年 11 月 30 日アクセス）
パナソニック（株）「Made in Japan だからデキること」
http://panasonic.jp/pc/appli/madeinjapan/（2014 年 11 月 30 日アクセス）
楽天（株）「楽天グループの事業戦略 2013 年 12 月 7 日」
https://corp.rakuten.co.jp/investors/individual/pdf/briefings_131207.pdf（2014 年 11 月 3 日アクセス）

第8章 製品ライフサイクル
〜製品の誕生から衰退までの戦略〜

◎ 製品ライフサイクルとは？

・生物一般にライフサイクル（誕生から消滅）が存在するのと同じように，製品にもライフサイクルに似たような現象がある。

→ これを製品ライフサイクル（Product Life Cycle）と呼ぶ
「製品ライフサイクル」となっているが、「製品カテゴリー（例；自動車，ビデオデッキ・・・）」「企業」「事業」等にも適用できると考えられている。

◎ 製品ライフサイクルの概要

・製品ライフサイクルは４つのステージに区分して考察することが多い。各ステージには特徴がある

→
導入期：・製品が市場投入され販売が始まる時期
　・コストがかかる割には売上・利益は小さく儲からない
成長期：・製品が市場に受け入れられて急速に広がっていく時期
　・売上が急拡大する
成熟期：・成長が鈍化し始める時期
　・３つのステージに区分できる
　　成長成熟期：成長の鈍化が始まる
　　安定成熟期：多くの顧客に製品が行き渡る。売上はピーク
　　衰退成熟期：売上減少が始まる。顧客が別のカテゴリーへ移動
衰退期：・売上がマイナス成長になる
　・競合企業も少なくなっていく
　・撤退 or 継続の判断をしなければならない

↓

企業は各ステージの状況に応じた行動を取っている

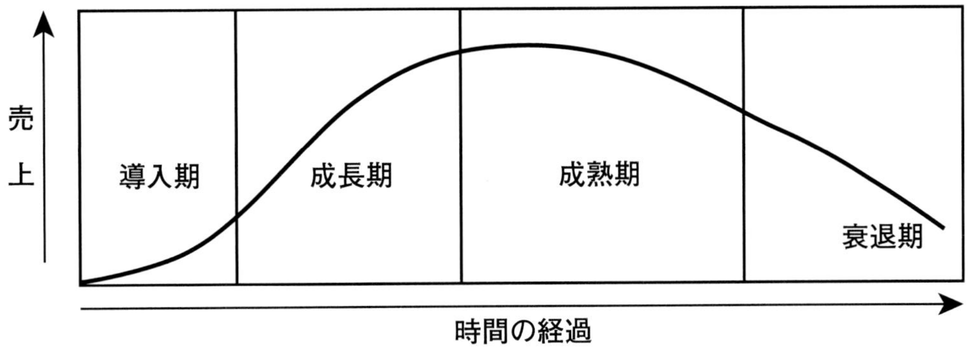

◎ 製品ライフサイクルの各ステージと特徴

	導入期	成長期	成熟期	衰退期
売　上	少ない	急増	ピーク・鈍化	減少
投　資	多い	多い	少ない（競争状況によっては，成長期と同等）	少ない
顧　客	少ない（新規顧客中心）	急増	増加しない（リピーター中心）	減少
競　合	少ない	急増・し烈な競争	増加しないが，し烈な競争継続	撤退始まり，競争は減少
目　標	新規市場の確立と拡大	市場成長率のキャッチアップと成長拡大	市場シェア維持および拡大	撤退と維持の見極め。維持の場合は市場に適合
戦略上の重要となる方法	① プロモーション ② 製品開発	① プロモーション ② 流通体制 ③ 差別化 ④ コスト削減 ⑤ 設備増強	① 差別化 ② 低価格化	① 撤退 ② 維持（残存者利益）

※学んで欲しいこと
各ステージにおいて，参入した企業は「どのような状況に置かれているのか」，その状況へ対処するために，企業は「何をしなければならないのか」という視点で理解するようにしてください。

第８章　製品ライフサイクル
～製品の誕生から衰退までの戦略～

講義日　／

1．製品とライフサイクル

人は年を重ね，その年齢に応じて身体・精神・環境が変化していく。その変化を始まりから終わりまで統一的に捉えようとする考え方がライフサイクルである。米国の発達心理学者エリクソン（Erikson, E.H.［1982］）が，著書『ライフサイクル その完結』において，その変化を８つの段階に分類し，各段階での発達のあり方を示した研究がよく知られている。

ライフサイクルは人間のみならず，生物全般に観察されるが，製品にもライフサイクルに類似する現象が存在するという考え方がある。それが製品ライフサイクル（Product Life Cycle）である。

2．製品ライフサイクルの考え方

製品やビジネスを取り巻く環境は時間の経過とともに変化する。企業の戦略は，その変化の各段階（ステージ）に応じて異なっていると考えるのが製品ライフサイクルである。「製品」とあるが，実際には「製品カテゴリー（例えば，自動車，ビデオデッキなど）」「企業」「事業」にまで適用して考察されることが多い。このフレームでは，製品（カテゴリー）の成長過程を「導入期」「成長期」「成熟期」「衰退期」の４つのステージに分類し，各ステージの特徴が提示される。まず製品が市場に初めて登場する「導入期」，そして製品が市場で急速に拡大していく「成長期」，さらに顧客の間で製品が広く浸透し，成長の鈍化が始まる「成熟期」，最後に製品の売上に陰りが見え始め需要が縮小していく「衰退期」へと変化していく。

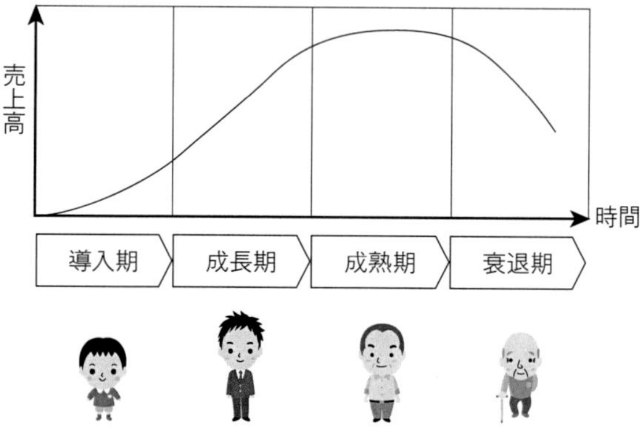

図表８－１　製品ライフサイクル

事例で考える

日本語ワードプロセッサの製品ライフサイクル

1979 年２月に日本語入力システムとプリンターが一体化した日本語ワードプロセッサー（以下，ワープロ専用機）が東芝から発売された。それまで，官公庁や企業で作成される資料は手書きだった。活字印刷した資料が必要なときは，専門の知識がなければ使いこなせない和文タイプライターに頼らなければならなかった。ところが，ワープロ専用機が登場したことによって手軽に活字印刷ができるようになり，人々は，手書きから解放された。

発売当初の本体価格は 630 万円であったが，３年後には 60 万円を切るタイプが発売された（導入期）。初期の出荷規模は小さかったが，1985 年頃から本体価格が 30 万円を切るようになり，会社はもとより一般家庭にも急速に普及した（成長期）。そして，1980 年代後半から 1990 年代前半にかけて出荷台数はピークを迎える（成熟期）。その後，減少傾向となり，2000 年には急速に縮小していく（衰退期）。衰退の要因は，パソコン用のワープロソフトが台頭したことであった。

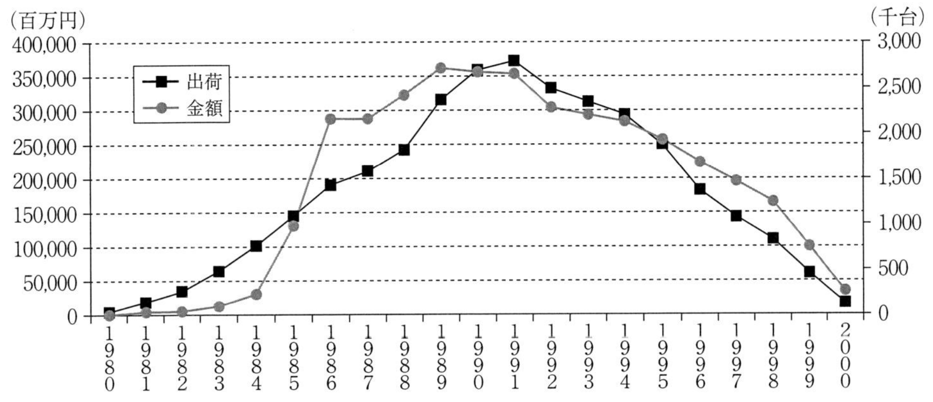

図表８－２　日本語ワードプロセッサの市場推移

出所：日本事務機工業会［2001］。

3．導入期の特徴と戦略

製品が市場に登場して間もない時期を導入期と呼ぶ。この時期に市場へ参入した企業は，まさしく開拓者である。このステージの目標は，1人でも多くの新規購入者を増やし，新しい市場を確立することである。そのために重要となる戦略は，①製品開発と②プロモーションである。

新しい製品を開発して世に送り出す時，製品開発のための投資が必要となる。完成度が低いまま市場へ製品を投入してしまうと顧客からの支持が得られず，市場の芽を摘んでしまうことになるからである。つまり，①製品開発に一定規模の投資を行わなければならないのである。

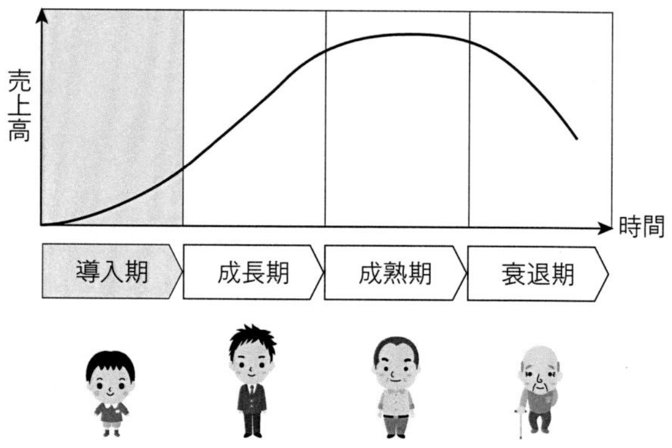

図表８－３　導入期

ただし，新しい製品が開発されたからといって売れるわけではない。その製品が世の中に登場して間もない頃は，顧客の多くがその存在を知らない。製品の存在が知られていなければ購入されないため，メーカーは製品の認知度を高めるための対策を講じなければならない。例えば，テレビ，新聞，雑誌といったマス媒体を活用し，多くの顧客に商品の存在を知らせる方法が考えられる。また，販売店等でキャンペーンを実施し，顧客に製品を直接見てもらう必要もある。つまり，導入期の製品は②プロモーションにも大きな投資が不可欠となる。

ところが，この時期は，大きな投資が必要となる割には，一部の顧客しか購入しておらず，売上規模は小さいままである。つまり導入期は，利益が出にくいステージであるといえる。

売　　上	少ない	投　　資	多い
顧　　客	少ない（新規顧客が中心）	競　　合	少ない
戦略目標	新規市場の確立と拡大		

図表８－４　導入期の特徴

4．成長期の特徴と戦略

製品の認知が広がり，売上が急速に拡大し始める時期を成長期と呼ぶ。早くから市場に参入している企業は，市場の成長とともに売上が拡大する。そして，市場の魅力が明らかになると，多くの企業が参入し，市場ではし烈な競争が始まる。

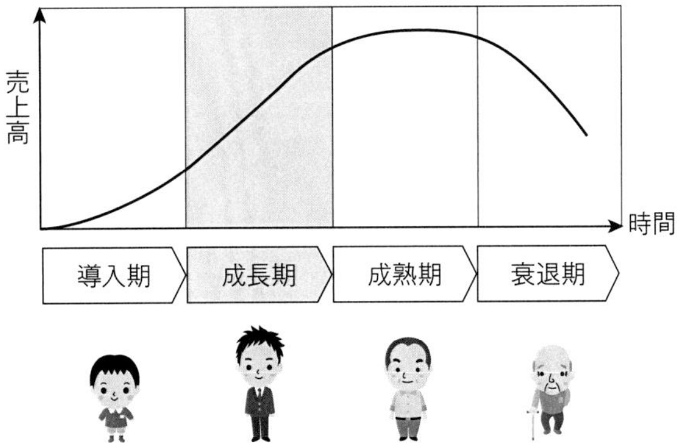

図表８－５　成長期

このステージの目標は，市場における自社の地位を確立し，市場の成長率と同レベル，またはそれを上回る規模で事業を拡大させることである。そのための戦略として重要となるのが，①プロモーション，②流通体制の整備，③差別化，④コスト削減・販売価格の値下げ，⑤生産設備の増強である。

このステージでは，顧客が増加し，さらに競合企業も増加していくため，それぞれに対応した施策を早急に打ち出していく必要がある。

成長期では急速に売上が拡大するものの，未購入者が多いため，導入期と同様に，①プロモーションへの継続的な投資を行わなければならない。またプロモーションによって増えた購入希望者に製品を行き渡らせるために，②流通の体制を整える必要がある。顧客が購入したいと考えても，製品を取り扱う店舗が少ない場合や，在庫切れが多くなると，苦労して作った販売機会を失ってしまうことになる。

成長期では，競合企業との本格的な競争が始まる。対抗策を講じないでいると，後発組の企業に新しい顧客を奪われ，市場が成長しているにもかかわらず自社の売上が鈍化しかねない。競合対策として重要となるのが製品の③差別化である。製品の差別化によって，競合他社の製品に対する優位性を高め，顧客から選ばれる製品にならなければならない。例えば，コンパクト・カメラの場合であれば，高画質化・軽量化・デザイン性向上・多機能化などによって差別化をはかる方法がある。また，アフターサービスを充実させるなどソフト面での差別化策も考えられるであろう。

この時期には，導入期のように製品価格が高いままでは顧客層が限定されてしまう。多くの顧客に購入してもらうためには，④販売価格の値下げを検討しなければならない。これによって未購入者の購買促進をはかり，顧客の裾野を広げることができる。価格を下げることは利益を圧迫する要因となるが，量産化による規模の経済によってコスト削減が実現すれば，その点を改善できる可能性がある。

また，成長期は４つのステージの中で最も成長率が高く，⑤生産設備の増強が必要になることもある。製品が売れるとなれば，その需要に見合った製品数量を生産できるだけの設備を整えなければならない。

このステージでは，急速に売上が拡大し，ようやく利益がプラスに転ずる可能性が出てくる。しかし，競合対策や設備等に追加的な投資などが発生すると，売上が大きい割に，利益率が伸び悩むケースもある。

売　上	急増（成長率は最も高い）	投　資	多い
顧　客	急増	競　合	急増（し烈な競争）
戦略目標	市場成長率のキャッチアップと成長拡大		

図表８－６　成長期の特徴

事例で考える

３Dプリンター

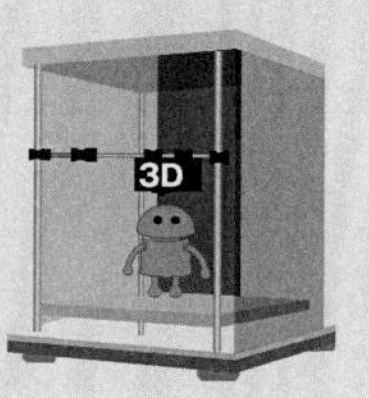

近年，3Dプリンターが注目されている。３次元のCADデータやCGデータを元に立体物を造形できる機器である。従来，樹脂で立体物を作るには，加熱した樹脂を金型に流し込むといった加工プロセスが必要であった。このような成型方法では，生産個数が少ない場合，１個あたりのコストが高くなるという問題があった。しかし，3Dプリンターがあれば，金型やその他の加工プロセスが不要となり低コスト化される。そのため，これまでコストの問題で対応できなかった立体物の製作が可能となってきたのである。また，大がかりな設備が不要となるため，データさえあれば，個人でも立体物を作ることができる。今では，家電量販店でも3Dプリンターが販売されるようになっている。事業者向けの3Dプリンターは，導入期から成長期にさしかかる局面にあり，パーソナル向けとしては，導入期に位置する製品といえるであろう。今後の動向に注目したい。

５．成熟期の特徴と戦略

急速に売上が拡大する成長期を経て，その成長がやや鈍化し始める時が来る。この時期を成熟期と呼ぶ。成熟期は，製品ライフサイクルの中で最も期間が長いといわれている。

売上が鈍化する要因は，顧客に製品が広く行き渡ったことである。未購入者は存在しているが，時間の経過とともに，その割合は少なくなってくる。この時期には，製品の新規購入よりも買い換え・追加購入需要が市場の中心となる。

成長が鈍化すると，市場の魅力が薄れ，新たに参入してくる企業は少なくなる。しかし，成熟期にさしかかった時点では，成長期に参入してきた多くの企業が市場にとどまっている。つまり，これ以上新しい顧客が増えない市場の中で，市場にとどまっている企業同士が限られたパイの奪い合いを始めることになる。国内における多くの製品市場は成熟

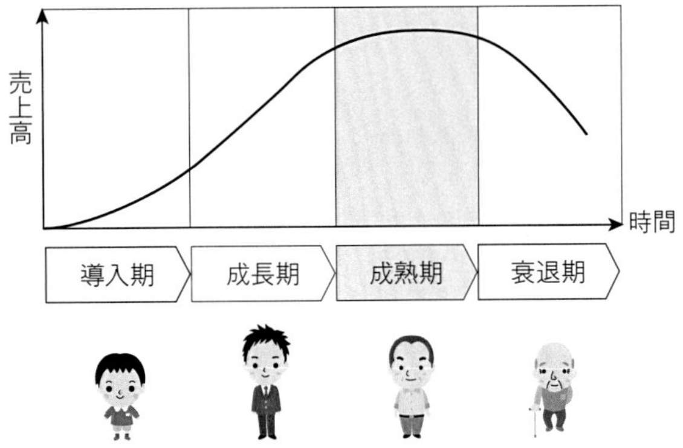

図表８－７　成熟期

期のまっただ中にあり，企業がし烈な競争を繰り広げているといえるであろう。

市場規模の伸びは鈍化しているが，製品ライフサイクルにおける４つのステージの中で市場規模は最も大きい。製品が多くの顧客に行き渡っているため，売上規模の維持はリピーターの獲得にかかっている。企業にとっては，この市場でシェアを維持し，さらに拡大することができれば，大きな売上を生み出すことになる。

成熟期の目標は，まずは市場シェアの維持であり，さらに競合他社の顧客を自社へ移行させることによる市場シェアの拡大である。

ただし，目標を達成するための戦略は一様でない。「5章 市場地位別戦略」で見たように，企業の戦略は，市場における事業規模やシェアによって違いが出てくる。ただし，成長期と同様に，①差別化，②低価格化などの戦略が基本となる。

自社の顧客が他社へ移行することを防ぎ（つまり顧客ロイヤルティを高め），競合他社の顧客を自社へ誘導するには，自社と他社との違い，すなわち①差別化を鮮明に打ち出す必要がある。成長期においても差別化は重要であったが，成熟期では，その重要性がさらに増す。①差別化には，従来の機能を踏襲しながら，大型化，小型化，軽量化，デザイン性のレベルアップ，新機能の追加など，多様な手法が考えられる。また，①差別化によって新しい価値を提示することは，競争企業に勝ち抜くだけではなく，顧客が別の製品市場へ流出してしまうことを食い止める役割も担っている。

②低価格化は，まだ製品を所有していない顧客に購入を促す方法として，また，すでに所有している顧客にもう１つ余分に購入を促す方法として有効であろう。コンパクト・デジタルカメラの例でいえば，１台を共有していた家族が，子供たちのために，もう１台購入するケースなどである。

コトラーは，成熟期が他のステージよりも長いことから，この期間の変化を「成長成熟期」「安定成熟期」「衰退成熟期」の３つに分類して考察している。

成長成熟期	成長の鈍化が始まる時期。多くの流通チャネルに製品が行き渡っており，新しく開拓する余地がなくなってくる。
安定成熟期	多くの顧客に商品が行き渡り，新規顧客の購入よりも，買い換え・追加購入需要が中心となってくる時期。売上がピークとなり成長は止まる。
衰退成熟期	顧客は他の製品カテゴリーに流出し，売上の減少が始まる時期。衰退期への移行期である。

図表８－８　成熟期における３つのステージ

出所：コトラー＆ケラー〔Kotler & Keller〕（恩藏直人監修・月谷真紀訳）［2008］，407 ～ 408 ページをもとに筆者作成。

売　　上	ピークに達して鈍化	投　　資	少ない（競争状況によっては，成長期と同等の投資が必要）
顧　　客	増加しない（リピーター中心）	競　　合	増加しないが，し烈な競争が継続
戦略目標	市場シェアの維持および拡大		

図表８－９　成熟期の特徴

確認Quiz!!

①　成熟期になると市場の成長は止まり，他社との競争も緩やかである。

（→答えは，127 ページ）

事例で考える

高級炊飯器

炊飯器は成熟期にある製品の１つである。近年，美味しいご飯が炊ける「高級炊飯器」が注目されている。従来の炊飯器の価格は２～４万円が中心の価格帯であったが，高級炊飯器は５万円以上，中には 10 万円を超える機種も出てきている。「美味しさ」によって消費者の買い換え需要を喚起し，単価アップによる売上規模・市場規模の底上げが期待される。

6．衰退期の特徴と戦略

鈍化していた市場の伸び率がマイナスに向かう時期を衰退期と呼ぶ。

成熟期では，新規購入が一巡し，買い換え・追加購入需要が中心となっていた。しかし，その需要自体が減少し始め，売上規模が縮小に向かうのがこのステージの特徴である。

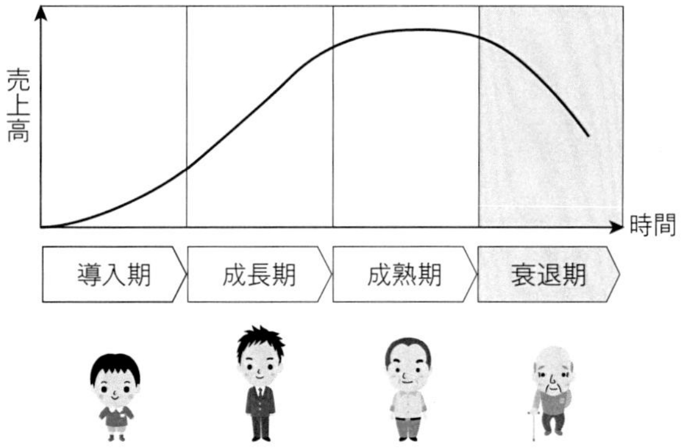

図表８－10　衰退期

市場が縮小する理由はさまざまである。代表的な例としては，「革新的な新技術や代替品が登場したこと」や「消費者の志向が変化したこと」などが挙げられる。

前者の例としては，PC 用のワープロソフトが普及したことによってワープロ専用機が衰退したケースや，DVD やハードディスクを記憶媒体としたビデオデッキが普及したことによって，VHS 式のビデオデッキが衰退したケースなどがある。後者の例としては，人々のライフスタイルが変化したことで，一戸建て，マンションを問わず，畳の部屋が減少し，畳市場が衰退したケースなどが挙げられる。

このステージにおいて採るべき戦略は，①撤退，②維持のいずれかであり，その見極めが重要となる。①撤退とは，投資に対する売上が見込めなくなったため，事業を停止する選択である。すでにワープロ専用機は生産されなくなっている。②維持とは，縮小する市場にとどまり，事業を継続する選択である。製品の売上は減少していても，該当製品を購入したいと考える顧客が存在し続ける場合，市場にとどまることで，製品の購入先を失った顧客を新たに獲得しようとする選択である。これを残存者利益という。

例えば，現在でも VHS ビデオデッキは販売されている。VHS で録画されているテープを再生したい，また操作性の点でビデオテープ方式がわかりやすいというニーズがあるからである。

市場にとどまった企業は，製品開発，生産設備の増強，プロモーションなどへの投資を抑えることができるため，売上規模は縮小していても，一定の利益を確保できる可能性がある。

売　上	減少	投　資	少ない
顧　客	減少	競　合	減少
戦略目標	撤退と維持の見極め。維持の場合は市場ニーズに適合した対応。		

図表８－11　衰退期の特徴

考えてみよう

あなたが興味を持っている製品を取り上げ，その製品がどのステージに位置するのかを考えてみよう。

確認Quiz!!

②　衰退期は成長がマイナスとなるため，企業はその市場から撤退すべきである。

(→答えは，127 ページ)

7．製品ライフサイクルの課題

これまでに見てきた製品ライフサイクルについては，次のような課題が指摘されている。

（1）実際の製品市場は多様なパターンがある

製品ライフサイクルでは，一般的に，製品市場における売上の変化が「釣り鐘型」として示されている。しかし，実際の売上推移は釣り鐘型になっていないケースが多く，多様なパターンがあるといわれている。例えば，コトラーは図表８－12のような例を挙げている。

しかし，これら以外にもパターンはいくつも存在するであろう。製品ライフサイクルのフレームから読み取れることは，多くの製品には売上の盛衰が存在し，その環境下で，各企業は少しでも自社の売上を維持・拡大するために活動を続けているということである。

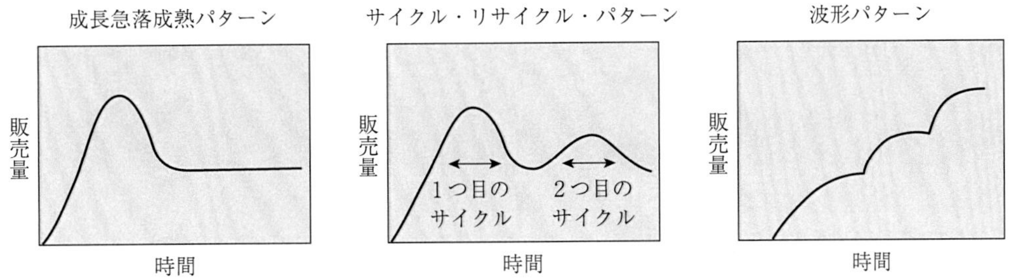

図表８－12　製品ライフサイクルのパターン例

出所：コトラー＆ケラー〔Kotler & Keller〕（恩藏直人監修・月谷真紀訳）［2008］，403ページ。

（2）製品市場が位置しているステージは事後的にしかわからない

「自社が扱っている製品，または参入している市場が，現在どのステージに位置しているのか？」という問に対して，明確な答えを提示できないという指摘がある。製品ライフサイクルに多様なパターンが存在している以上，その疑問をぬぐい去ることはできない。

ただし，市場に現れる「兆し」を捉え，現状のステージを予測することは，企業経営を実践する上で重要となる。製品ライフサイクルの基本尺度となる売上の変化は，まさしく兆しである。また，低価格化，差別化の方法，代替製品・代替技術の登場，製品普及率など，市場には多様な兆しが存在している。それらを捉え，理解するための道具として製品ライフサイクルを活用すべきであろう。

（3）すべてが成長期を迎えるわけではない

製品ライフサイクルでは，製品の導入から衰退までのプロセスを論じているが，市場に投入された新しい製品は，成長期に移行することなく，消えてしまうケースが存在しているという指摘である。

製品ライフサイクルは，生物のライフサイクルという概念を製品や市場に適用して提示したモデルである。先程見たように，製品市場は一様でない。製品が市場に投入された後，顕著な成長や成熟を迎えることなく，そのまま消滅してしまうケースがあり，むしろ，多くの新製品はそのような運命をたどっているのではないだろうか。また，導入期から成長期に移行できなかった製品は，衰退期を迎えることもなく，そのまま消滅というかたちで市場から消えていくのである。

8．製品ライフサイクルとロジャースの採用者カテゴリー

製品ライフサイクルは「売上」を軸として，製品（市場）の変化と戦略を分析するモデルである。その売上は顧客が購入することによって生み出されていることから，製品ライフサイクルについて論じる場合，ロジャースの採用者カテゴリーとの関係について指摘されることがある。本節では，製品ライフサイクルの理解を深めるために，ロジャースの採用者カテゴリーについて見ておきたい。

（1）ロジャースの採用者カテゴリー

ロジャース（Rogers, Everett M.［2003］）は，イノベーション（ここでは「革新」ではなく「新しいもの・こと」という意味）が受け入れられ，普及していくプロセスを示すために，採用者を「イノベーター」「アーリーアダプター」「アーリーマジョリティ」「レイトマジョリティ」「ラガード」の５つのグループに分類した。イノベーションは，最初にイノベーターが採用し，アーリーアダプター，アーリーマジョリティ，レイトマジョリティの順で広がっていき，最後に「ラガード」が採用する。採用者全体の中で，各グループが占めている割合は具体的な数値として示されている。

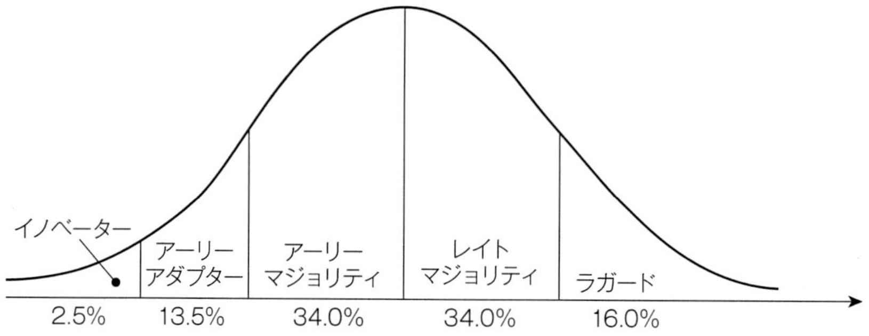

図表８－13　ロジャースの採用者カテゴリー

出所：ロジャース〔Rogers, Everett M.〕（三藤利雄訳）［2007］，229ページを筆者修正。

これらのグループの特徴は下記の通りである。

①　イノベーター　Innovators（革新的採用者）

新しい製品が登場し，多くの消費者にその存在が知られていない時期に，失敗を恐れずにいち早く採用する消費者グループである。いわゆる「マニア層」といえる。次に登場するアーリーアダプターと違う点は，他の消費者に対して影響力を持たないことである。全体の2.5％を構成している。

② アーリーアダプター　Early Adopters（初期少数採用者）

世の中の動きに敏感で，製品のベネフィットと購入のリスクを理解できるグループである。経済的なゆとりがあり，情報発信できるネットワークを持つ。他の人々に影響を与え，製品普及の鍵を握る，オピニオンリーダー的存在といえる。全体の13.5%を構成している。

③ アーリーマジョリティ Early Majority（前期多数採用者）

オピニオンリーダーから影響を受け，彼らに追随するかたちで採用するグループである。新しいものに対して慎重であり，オピニオンリーダーの態度を見てから動き始める。全体の34.0%を構成しているため，売上に大きな影響力を持つ。

④ レイトマジョリティ　Late Majority（後期多数採用者）

新しいものを採用することに保守的な態度を示すグループである。周囲の多くが採用し，社会的圧力を受けることで行動する。アーリーマジョリティと同様に，このグループも全体の34.0%を構成しているため，売上に大きな影響力を持つ。このグループが採用し始めると，多くの人に製品が行き渡ることになる。

⑤ ラガード　Laggards（遅滞者）

世の中の動きに関心が薄く，製品購入に対してきわめて保守的な態度を取るグループである。周囲の多く（全体の84%）が採用した後，ようやく行動し始める。全体の16.0%を構成している。

（2）「製品ライフサイクル」と「採用者カテゴリー」の関係

「導入期に購入するのはイノベーターである」というように，製品ライフサイクルの各ステージにおいては，どのグループが製品を採用するのかということについて，しばしば言及される。製品ライフサイクルの特徴を考える上で，各ステージではどのような顧客が

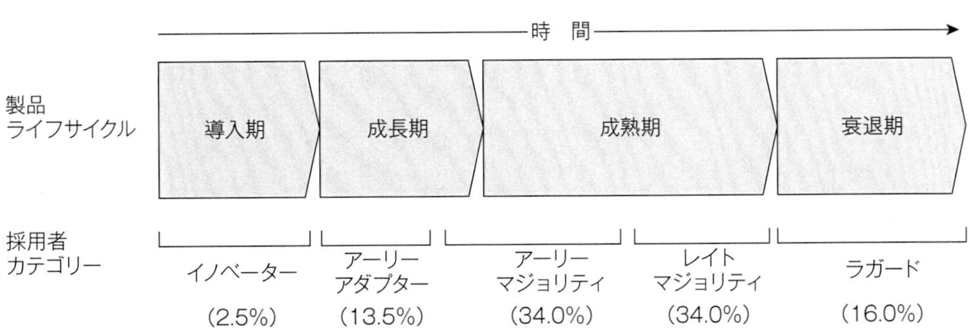

図表８－14　製品ライフサイクルと採用者カテゴリーの関係例

製品を購入しているのかを知るための手がかりになることから，次のようなかたちで，製品ライフサイクルと採用者カテゴリーの関係を提示されることがある。

導入期ではイノベーターが購入し，製品ライフサイクルのステージが進むにつれてアーリーアダプター，アーリーマジョリティ，レイトマジョリティと順に広がっていく。そして，衰退期で購入するのがラガードということになる。

ここで注意すべき点は，製品ライフサイクルの縦軸となっている売上規模は，新規購入とリピート購入（買い換え・追加購入）の合計によって構成されているということである。

売上 = 新規購入 + リピート購入

ところが，採用者カテゴリーは，あくまで新規購入の拡大であり，リピート購入という考え方は含まれていない。つまり，採用者が広がっていくことと売上拡大がイコールにならないのである。例えば，新規購入が少なくても，リピート購入が増えれば売上は拡大し，新規購入が増えたとしても，リピート購入が少なければ売上の拡大は難しくなるであろう。

このことから，図表8－14は，あくまで1つの見方であり，各ステージと採用者カテゴリーは固定化された関係にあるわけではない。

たとえば，「キャズム」の考え方を提示したマーケティング・コンサルタントのムーア（Moore, Geoffrey A.）は，IT 分野の製品市場において，製品がラガードにまで普及すると，成長期が終盤を迎えていると分析している。つまり，成熟期の前に，製品の採用はラガードまで広がっているという見方である。

いずれにしても，製品ライフサイクルの各ステージの特徴をかたちづくっている売上規模は，顧客の購入によって生み出されていることから，採用者カテゴリーの考え方も1つの指標と位置づけ，取るべき戦略を見極めていく必要があるといえるであろう。

用語解説

キャズム

ムーア［2005］によれば，各採用者グループには異なる特性があるため，採用者カテゴリーから次の採用者カテゴリーへの移行は容易でなく，各カテゴリーに適合したマーケティングを展開しなければ，製品を普及させることは難しいと述べている。図表８－15には，その難しさがクラック（割れ目）で表現されているが，その中でも，アーリーアダプターとアーリーマジョリティの間には大きな広がりがある。これをキャズム（深い溝）と呼んでいる。ロジャースの採用者カテゴリーでは，他者に影響力を持つアーリーアダプターに製品が行き渡ると，彼らの影響を受けて，それ以降のグループへと製品が普及していくと考えられている。しかし，ムーアは，イノベーターやアーリーアダプターは，リスクを取って新しいモノを購入するが，アーリーマジョリティ以降は，購入したことによって得られる利益の中身が明確でなければ行動を起こさない特性があるとしている。

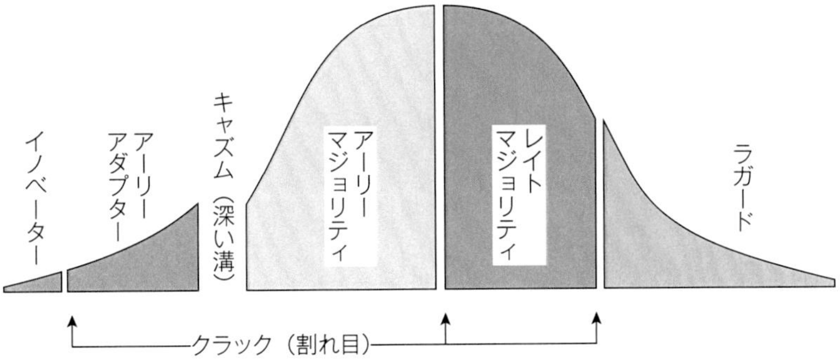

図表８－15　採用者カテゴリーにおけるクラックとキャズム

出所：ムーア〔Moore, Geoffrey A.〕（川又政治訳）［2002］，24 ページに筆者加筆。

確認Quiz!!

答え

①：答え　×

成熟期では市場の成長が鈍化する。しかし，成熟期にさしかかった頃は，その市場に多数の競合が残っており，残されたパイ（顧客）の奪い合いが始まり，競争が緩やかとはいえない。

②：答え　×

衰退期では成長がマイナスとなるため，撤退は選択肢の１つとなる。その一方で，顧客は存在していることから，市場にとどまることで残存者利益を得るという選択肢も残されている。

主要参考文献

Aaker, David A.［1984］*STRATEGIC MARKET MANEGEMENT,* John Wiley & Sons, Inc.（野中郁次郎・石井淳蔵・北洞忠宏・嶋口充輝訳［1986］『戦略市場経営』ダイヤモンド社）

Erikson, E.H.［1982］*The life cycle completed : a review,* Wiley.（村瀬孝雄・近藤邦夫訳［1989］『ライフサイクル，その完結』みすず書房）

Kotlcr, Philip & Keller, Kevin Lane［2006］*Marketing Management, Twelfth Edition,* Prentice-Hall.（恩藏直人監修・月谷真紀訳［2008］『マーケティング・マネジメント 第 12 版』ピアソン・エデュケーション）

Moore, Geoffrey A.［1991］*Crossing the Chasm: Marketing and Selling Technology Products to Mainstream Customers,* Harpercollins；Owner Sticker Inside edition.（川又政治訳［2002］『キャズム』翔泳社）

Moore, Geoffrey A.［2005］*Dealing with Darwin,* Portfolio.（栗原　潔訳［2006］『ライフサイクル イノベーション－成熟市場＋コモディティ化に効く 14 のイノベーション』翔泳社）

Rogers, Everett M.［2003］*Diffusion of Innovations, 5th Edition,* Free Press.（三藤利雄訳［2007］『イノベーションの普及』翔泳社）

網倉久永・新宅純二郎［2011］『経営戦略入門』日本経済新聞出版社。

日本事務機工業会［2001］『日本語ワードプロセッサ 20 年の歩み』（CD-ROM 版）。

波頭　亮［1995］『戦略策定概論―企業戦略立案の理論と実際』産業能率大学出版。

清宮政宏［2009］「製品ライフサイクル別戦略」嶋口充輝・黒岩健一郎・内田和成編『１からの戦略論』碩学舎，76 ～ 92 ページ。

第9章　経営資源と能力
～己を知れば百戦危うからず～

◎ 経営資源と経営能力

・経営資源とは経営を行うための資源。
・経営能力とはその企業が組織的に保有する能力。
・経営資源と経営能力はその企業の持続的な競争優位をもたらす源泉。

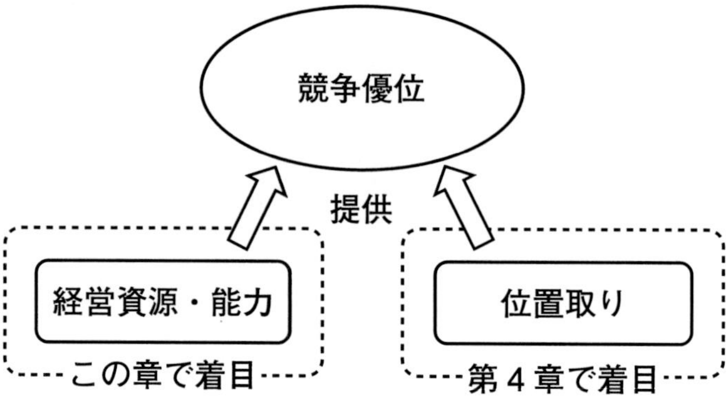

◎ 経営資源と経営能力の具体的内容

・経営資源 ⇒ ヒト（人材），モノ（設備・建物・機械器具），カネ（資金），情報。
・経営能力 ⇒ 資源を組み合わせる組織の能力。組織の能力の中で最も重要な中核的な能力。中核的能力を環境に合わせて変えていく能力。

資　源	能　力
ヒ　ト	資源を組み合わせる
モ　ノ	中核的な能力
カ　ネ	環境に合わせて能力を進化させる
情　報	

◎ 経営能力のイメージ図

・資源を色々と組み合わせて，能力を創造。

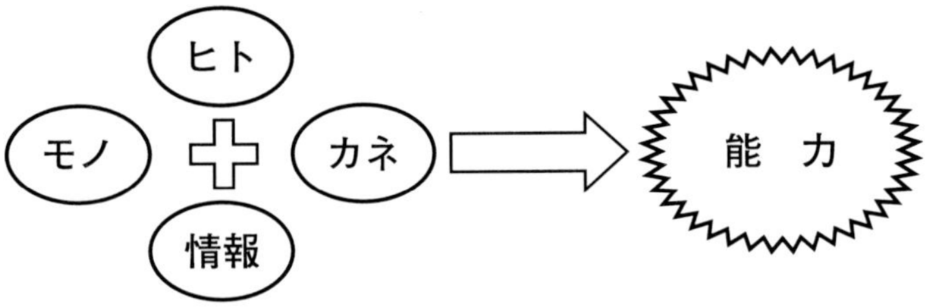

・組織の中のさまざまな能力から中核となる能力を構築。

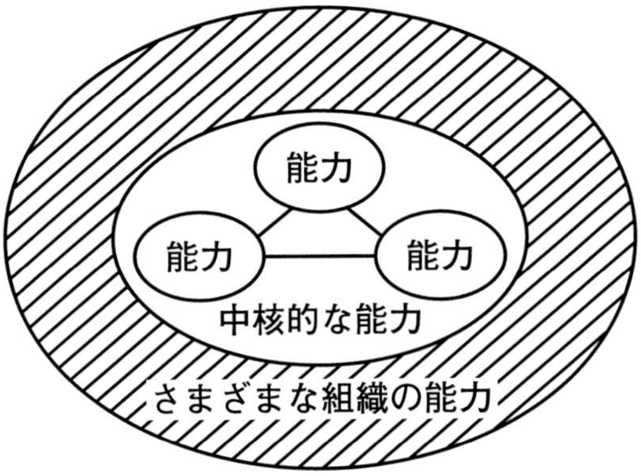

・環境に合わせて中核的能力を変化。

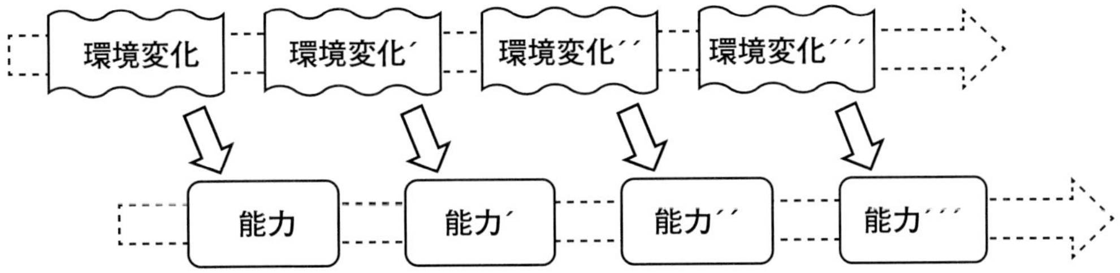

※学んで欲しいこと

企業が競争に勝つために，資源や能力を持つことがいかに決定的なことか，そしてその資源や能力を構築したり，変えたりすることがいかに困難で重要なことかを学んでください。

第９章　経営資源と能力
～己を知れば百戦危うからず～

講義日 ／

1．競争相手に勝つためのキーポイント ～位置取りと資源・能力蓄積～

経営戦略がなぜ必要かというと，簡単にいえば競争相手に勝つためである。競争相手に勝つためにはどのようなキーポイントがあるのだろうか。身近な例にたとえて考えてみよう。

サッカーでは，まず試合において対戦相手より有利なポジションをとることが重要である。フォーメーションを組み，うまくパスを回し，ゴールを狙えるポジションをいかに奪い合うかが勝負を左右するといえるだろう。このポジション取り（ポジショニング）は，別にサッカーだけに限らない。バスケットやテニス，そして個人技のボクシングや剣道なども含めて，およそ対戦型のスポーツであれば，多かれ少なかれ勝つために重要なファクターとなってくる。このような相手より有利なポジションをとる戦略のことを経営戦略論では位置取り戦略（ポジショニング戦略）という。

むろん，経営戦略論でいうところの位置取りとはスポーツのような物理的な位置や立場の奪い合いではなく，業界における有利な立場や市場における競争地位の奪い合いである。これはポーター（Porter, M.E.）の競争戦略論や市場地位別戦略（第４章参照）を基礎にしており，詳しくは同章を参照してほしい。

では，競争に勝つためのキーポイントはこの位置取り戦略だけなのだろうか。もう１つ重要な要素がある。それが資源・能力の蓄積である。引き続きサッカーにたとえてみよう。

例えば，位置取り戦略を極めた小学生のサッカーチームがあったとする。有利なポジショニングを取ることにかけては大人顔負けのチームである。このチームが，ポジショニングの作戦をまったく立てていないＪリーグのチームやワールド・カップのチームと戦ったらどうだろうか？　実際にやってみないとわからないが，おそらく小学生チームは負けるだろう。

ポジショニングを極め，相手はまったく作戦ゼロなのになぜか？　そこにはポジション取りとは別の勝敗を定める要素が存在する。それは，絶対的な技量の差である。サッカーの個人的技能において，小学生に比べプロの選手ははるかに高いレベルにあるだろう。この個人技における優位差，そしてそれら個人技を総合したチームとしての高レベルの組織力が，位置取り戦略の欠如を補うのである。長い時間をかけ，多くの練習量をこなすことで蓄積された能力もまた，サッカーのみならず各種スポーツにおいて勝敗を左右する重要な要素である。そしてこの能力の蓄積を支える，練習施設，トレーニングマシーン，豊富な備品や設備，潤沢な資金などの資源的側面においても小学生チームはかなわないだろう。

これらの要素・要因が経営戦略論でいうところの経営資源と経営能力である。資源や能力の蓄積はスポーツのみならず企業経営にとっても大変重要である。それは会社に一時的な勝利をもたらすだけでなく，競争相手に勝ち続ける基盤を提供する。競争において最も難しいのが，勝ち続けるということだろう。これを経営戦略論では持続的競争優位というが，資源や能力はこの持続的競争優位の源泉になるのである。

経営戦略論において，資源・能力の蓄積の重要性を説いたのがリソース・ベースド・ビュー（Resource Based View：以下 RBV と略称）という学派である。上述したように，競争戦略論は持続的優位の源泉を，市場において自社がいかに競争相手より優位・有利な立場や地位を保持し続けるか，という企業外の要因に求めていたが，1980 年代の中ごろから，その源泉を企業内の資源や能力に求める考え方が登場してくるようになる（沼上[2007]）。それが RBV である。以下，この学派を参考に，経営資源とはなにか，経営能力とはなにかについて見ていこう。

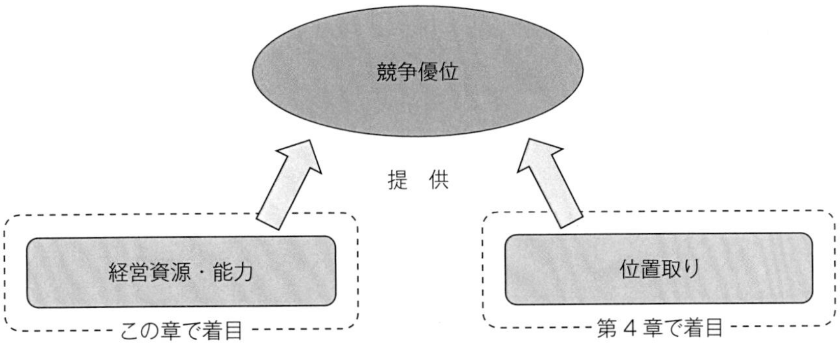

図表９－１　競争優位への影響要因

2．経営資源の内容と必要性

（1）経営資源とはなにか

まず，そもそも経営資源とは何だろうか。経営資源とは一般的に，ヒト，モノ，カネ，情報だといわれている。ヒトとは企業の中にいる人々すなわち人材のことで，人的資源とも呼ばれる。モノとは，工場や装置，設備，土地，原材料といった物的資源のことである。カネとは文字通り資金であり，資金的資源ともいう。

これらヒト，モノ，カネは目に見えて触れることのできる資源であり，具体的にイメージがしやすい。一方，経営に生かされる情報，すなわち情報的資源は目に見えず手で触れることもできないが，他の資源に比べてより重要であるといわれている。なぜなら，他の資源は市場で取引や調達ができるのに対して，情報的資源は主に経営戦略を展開していく中で生み出され獲得していくものだからである。具体的には，顧客のニーズや技術ノウハウ，競争相手の動向，経済・社会の動きなど外部環境に関する文字通りの情報の蓄積から，その企業が持つブランド・イメージや組織の風土や文化までを含んでおり（伊丹［1980］；野中［1996］），別名「見えざる資産」と呼ばれている（沼上［2007］）。

ヒト（人材）

モノ（設備・物品）

カネ（資金）

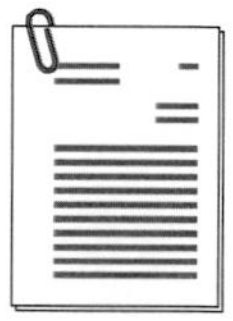

情報（データ・技術）

事例で考える

観光産業の経営資源

まちおこしや地域振興などにおける重要なキーパーソンとして，しばしば「ワカモノ，バカモノ，ヨソモノ」が挙げられる。つまり，地域を盛り上げていくには，まず活力ある「ワカモノ」が必要で，次にその地域おこしの事業に熱中できる「バカモノ」が必要であり，最後に地域の人々の知らない経験や知識を持つ「ヨソモノ」が必要であるという意味である。これが観光産業における経営資源のヒトといえる。また，モノとしては名所旧跡・風景などの観光地，有名な食べ物，集客施設，ゆるキャラなどのマスコット・キャラクターなどが挙げられる。さらに，カネは国や地方行政の観光振興のための予算などだろう。そして，情報的資源は地域特有の歴史や伝承，マスコット・キャラクターの著作権，口コミなどのブランド・イメージが挙げられる。

事例で考える

情報的資源の活用－POS システム－

コンビニやスーパーで支払いをするとき，現在では，商品のバーコードを読み取るのが一般的となった。バーコードリーダーで読み取られた販売情報は瞬時に中央に集められ分析され，在庫管理や発注に活用される。このようなシステムを販売時点管理システム（POS：Point of Sales System）といい，情報的資源の活用例としてしばしば引き合いに出される。

確認Quiz!!

①　経営資源は重要なので，とにかく企業は資源をたくさん抱える方が良い？

（→答えは，142 ページ）

STEP UP ✍

経営資源の重要性を早くから指摘していた経済学者のペンローズ（Penrose, E.T. [1959]）は，企業を経営資源が集まった存在とみなし，「経営資源の束」としての企業観を提示した。詳しくは，*The theory of the growth of the firm*（末松玄人訳［1980］『会社成長の理論（第二版）』）を読んでみよう。

（2）経営資源の獲得と必要性

では，こうした経営資源をどうすれば獲得できるのだろうか。基本的に経営資源は，企業が日常的に経営活動を行っていく中で未利用資源として内部にしだいに蓄積されていく。企業はこの蓄積された未利用資源を有効活用することによって，新たな事業に進出したりして成長を図っていくといわれている。

必ずしも同じものではないが，未利用資源は固定的資源としての性格を持っている。固定的資源とは外部から簡単には調達できず，企業が時間とコストをかけて蓄積していく資源である。それに対して，必要な時に外部から簡単に調達できる資源が可変的資源である。可変的資源は，固定的資源に比べ，質量を比較的簡単に増減させることができる。

しかし，外部調達よりも，企業が独自に育て上げた固有の資源ほど，実のところ企業経営においては重要であることが多い。したがって，以下では当該企業が日々の経営活動を通じて獲得する固定性の強い資源を念頭に話を進める。

日常の経営活動を通じて獲得された経営資源は，まず日常の経営活動や業務活動に投じられることになる。ヒト・モノ・カネ・情報がなければ企業は製品やサービスを生み出すことができない。ただし，経営資源は単に日々の業務や活動を行うためだけに重要なのではない。それ以上により重要な意味がある。それは，より良い経営を行いより良い業績を上げるためである。

つまり，この章のはじめに述べたように持続的競争優位を確立するという戦略的な意味においても重要なのである。持続的競争優位とは簡単にいうと，競争相手よりも優位な状況を長期間維持すること，すなわちずっと勝ち続けることである。一時的な競争優位では，経営は安定しないのである。

経営資源は単に日々の製品・サービスの生産活動に費やされる単なる資材というだけでなく，他社がマネできない優れたものへと開発し保有することで，厳しい競争環境の中で生存していくための武器となるのである。

確認Quiz!!

② ある医薬品会社がバイオ・ベンチャーを買収し，優秀な研究者と医薬品の特許を手に入れた。これらは可変的資源である。 (→答えは，142ページ)

3．競争に勝ち続けるための資源

(1) VRINモデル

経営資源は持続的競争優位を確立するために重要であると述べた。では，競争優位を確立するために重要な資源とは具体的にどのようなものであるのだろうか。バーニー(Barney, J.B. [1991])は，持続的競争優位をもたらす経営資源の特徴について「VRIN」というモデルを提示している。

① V ⇒ 価値 (Value)

競争優位を確立するためには，まずもってその資源が価値あるものでなくてはならない。その資源に価値がなければ競争に用いる意味もないだろう。

② R ⇒ 希少性 (Rare)

続いて，その価値ある資源が多くの企業が持っていない希少なものでなければ競争優位は確立できない。

③ I ⇒ 模倣不完全性 (Imperfect Imitability)

せっかく希少で価値のある資源を持っていても，競争相手にすぐに模倣されては意味がない。競争優位の源泉になる資源の第三の条件は完全に模倣することが困難な模倣不完全性となる。

④ N ⇒ 代替不可能性 (Non Substitutability)

模倣が難しくても，その資源が他の資源で代替可能であれば，ライバルは代替的な資源で同じ効果を得てしまう。競争優位をもたらす資源の最後の要件は代替不可能性である。

（２）VRIO モデル

バーニー［2002］は上記のモデルにさらに改良を加えて，「VRIO」というモデルを提示する。「V」と「R」は同じだが，模倣不完全性「I」と代替可能性「N」は新たに模倣困難性「I」（Inimitability）に統合されており，さらに「組織（Organization）」を表す「O」が追加されている。

V「価値（Value）」・R「希少性（Rare）」⇒ VRIN モデルの①②の内容とほぼ同じ。
I「模倣困難性（Inimitability）」⇒ VRIN モデルの③の内容とほぼ同じ。
O「組織（Organization）」
⇒ 価値があり，希少で，かつ模倣困難な諸資源を具体的に活用するための場である組織が整備されていなければ，これらの資源は競争優位にはつながらない。

このように競争に勝ち続ける（持続的競争優位な）資源には，価値があること，希少なこと，まねされにくいこと，他のもので代用されないこと，組織がしっかりしていることなどの条件が必要なのである。

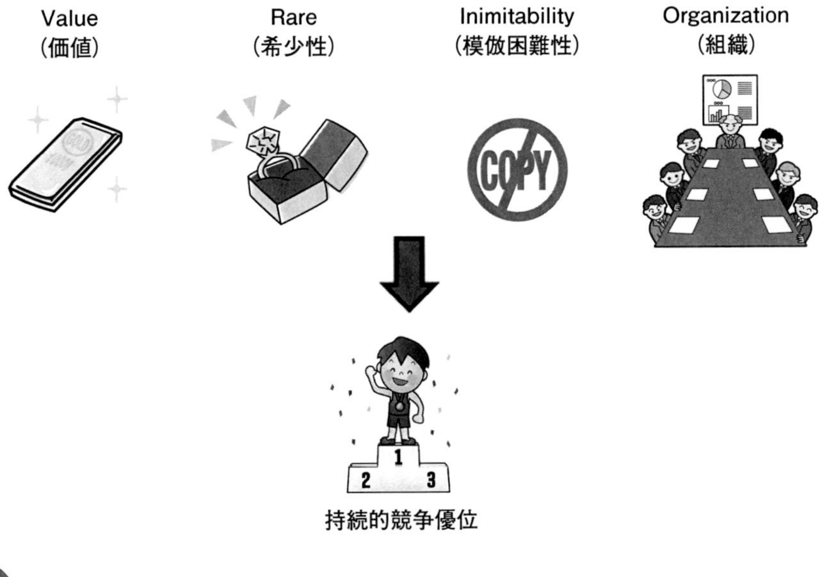

確認Quiz!!

③　競争相手との差をつける経営資源の特徴として「価値がある」，「希少である」，「まねをするのが難しい」の３件があった。では，企業がこれらの条件を備えた資源を持てば，自動的に企業は競争相手と差をつけられるだろうか。

（→答えは，142 ページ）

4. 経営資源から経営能力へ

しかしやがて，単なるリソース（＝資源）から次第にケイパビリティ（＝能力）という概念が登場し始め，両者を区別して用いるようになる。料理でたとえると，値打ちがあるとか，あまり手に入らないとか，なかなか同じものはないとか，他の業者では取り扱っていないとか，料理の素材の中身や特徴の議論から，それらの素材を活かしいかに優れた料理を生み出すのかが問題になってきたといえる。

要するに，料理人の知識や腕といった能力に関する議論である。そして，結果として，その優れた料理が継続的にお客を呼ぶことにつながり，他のお店に対して勝ち続けることができるようになるのである。すなわち，持続的競争優位の確立である。

もちろん，経営能力の議論において，能力の持ち主は料理人といった個人ではなく企業組織である。したがって，経営能力とは，企業がその保有する未利用の経営資源をいかにうまく組み合わせたり配置したりするかという，その企業特有の能力やスキルのことを指す。簡単にいえば，組織的な資源活用の方法であるといえる。資源自体ではなく資源を生かす組織的能力やスキルが最終的に競争優位をもたらすという議論である。先ほどのバーニー［2002］のVRIOモデルの組織もそのような考えの表れといえるだろう。

経営能力には，資源を組み合わせて能力を作り出す議論以外にも，それら数ある能力から中核的な能力を構築する議論や，能力を環境に合わせて進化させる議論があり，これは後に触れる（図表９－２参照）。

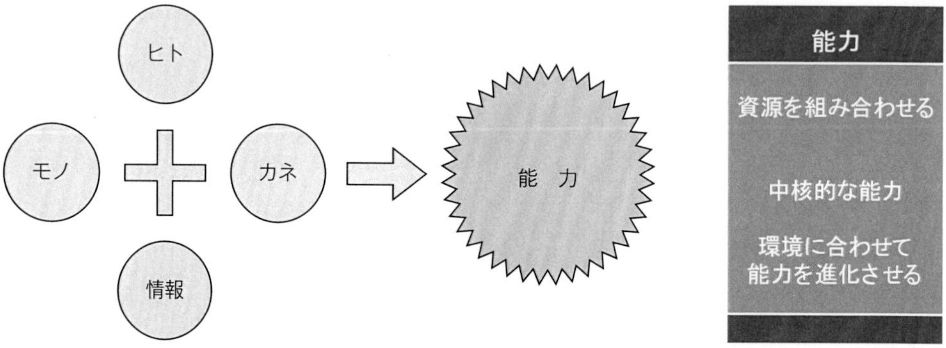

図表９－２　能力創造のイメージ図と能力の内容

また，経営能力は経営資源に比べてダイナミックなものであるといわれている。つまり，素材すなわち資源は利用されなければ，ずっとそのままである。自ら効果を発揮することはない。むしろ，カネを除いて時が経つにつれて劣化することが多いだろう。いろいろと組み合わせて使うからこそ効果を発揮する。したがって，使う主体（＝組織）が効果的な使用方法を学ぶ必要がある。実際に試みたり経験したりして能力を組織として身に付けるのである。

このプロセスのことを組織学習📖という。組織がいろいろと学び，能力を次第に獲得・蓄積していくプロセスはダイナミックなものである。資源も姿かたちを変え，組織の能力もより洗練・精緻化されていくのである。

用語解説　組織学習

組織とは人々の集まりであり，組織の学習は誰か特定の人が学習をするのとはわけがちがう。したがって，経営組織論などではいかに組織が集団として学習していくかが検討されてきた。その代表的な理論の１つに知識創造理論（野中・竹内［1996］）がある。

この理論では，SECI モデルというものが提示されている。S は Socialization（共同化）を示し，E は Externalization（表出化），C は Combination（連結化），I は Internalization（内面化）を表す。共同化とは，組織のメンバーが経験を共有して各々言葉で表現しにくい感覚的な知識，いわゆる暗黙知を作ることである。表出化とは，その暗黙知を相互作用によって言語化・明示化し，形式知へと変換することである。連結化とは，その変換された形式知を他の形式知と組み合わせ，１つの知識体系へまとめることである。そして内面化とは，その知識を実践し自分の知識へとものにすること，すなわち暗黙知化することである。

知識創造理論によるとこの「共同化 ⇒ 表出化 ⇒ 連結化 ⇒ 内面化」というプロセスを通じて，組織は学習し知識を生み出すという。

？ 考えてみよう①

就職活動中の自分自身の資源とは何か，能力とは何かを考えてみよう。

5．コア・コンピタンス

さらに RBV において，ケイパビリティと同じように能力を意味するもう１つの言葉としてコンピタンスが着目されるようになる。特に有名なのがプラハラード＝ハメル（Prahalad, C. K. and Hamel, G.［1994］）のコア・コンピタンスである。コア・コンピタンスとは，簡単にいうと，他社がまねすることの難しい，自社独自の価値を顧客に提供する，企業の中核的な（競争）能力のことである。

例えば，森下仁丹という会社は，仁丹という携行食品で培った継ぎ目のないカプセル技術を用いて，バイオカプセルを開発している。バイオカプセルの中には微生物が生きたまま閉じ込められており，この技術を利用して，胃酸で溶けずに腸まで届く乳酸菌のカプセルや，レアメタルを吸着する微生物のカプセルなどが製造されている。

乳酸菌カプセルは食品メーカーが生産するヨーグルトなどに入れられたりしており，また，レアメタル吸着カプセルは，微生物は閉じ込めレアメタルだけを透過するように作られており，廃液の中から効率的かつ低コストでレアメタルを回収することができる。他社のカプセルでは継ぎ目が存在し，液体などの充填に不向きといわれている。

これらの優れた技術は，同社に単なる相対的な競争優位ではなく，絶対的ともいえる競争優位な立場を提供する，まさにコア・コンピタンスといえるだろう。また，一般に「液晶のシャープ」といわれるように，シャープにおいては液晶技術がコア・コンピタンスとなっている。

ただし，コア・コンピタンスというと，ある単一の明確な能力が企業内に存在しているイメージがあるが，実際には，しばしば多くの資源や能力から成り立ち，それらが相互連結や相互作用して１つの大きな能力を形成している場合がある（図表９－３参照）。すなわち，コア・コンピタンスとは，多くの要素から構成された一種のシステムとして把握する方が適切かもしれない。

したがって，企業が自社の中核的な能力を見極める際には，個々の資源や能力を選別し，特定のものだけをピック・アップするのではなく，自社に存在するいくつかの能力を有機的にまとめあげるような，統合的な視点が重要だといえるかもしれない。

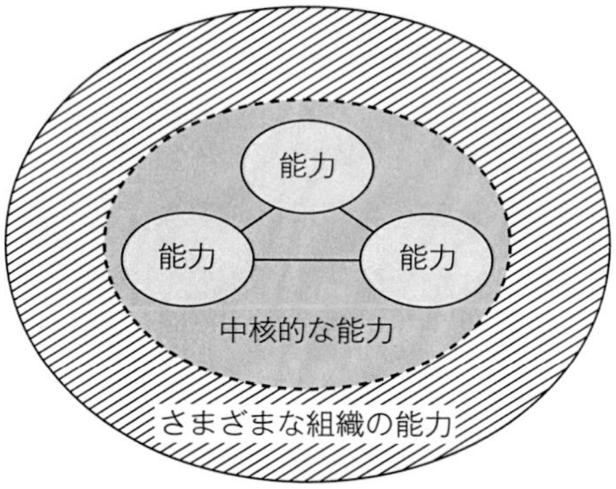

図表９－３　コア・コンピタンスのイメージ図

考えてみよう②

バイト先，通勤電車・バス，買い物，レジャーなど，身近な企業のコア・コンピタンスを挙げてみよう。

事例で考える

コア・コンピタンスとしてのトヨタ生産システム

本文で述べたように，コア・コンピタンスは，しばしば，複数の能力が連結しあって，全体として中核的な競争能力を形成している場合が多い。

例えば，トヨタに成功をもたらしたといわれるトヨタ生産システムは，まさしく同社のコア・コンピタンスといえるが，しかしながら，その内容を具体的に見ていくと，ジャストインタイム，カンバン方式，マーケット・イン，自働化，アンドン，カイゼンなどといったさまざまな工夫やサブシステム（１つの大きなシステムを構成する下位のシステム）から構成されていることがわかる。トヨタ生産システムを直接的に表す「なにか特定の能力」があるわけではないのである。

このように，トヨタ生産システムとはそれらのさまざまな工夫や要素の総合あるいは複合体といえる。

事例で考える

ディズニーランドのコア・コンピタンス

ディズニーランドのコア・コンピタンスとはなんだろうか。それは「夢の国をつくりだす」というものかもしれない。しかし，読者は他のテーマパークに比べて飛びぬけた，同社の「夢の国をつくる」という能力を具体的にイメージすることができるだろうか。

夢のあるキャラクター，さまざまな魅力的なアトラクション，細部までこだわった意匠，外部の景観が入らない建築設計，周辺ホテルや交通機関まで統一化されたコンセプト，華麗なパレード，ゴミのない清潔な園内，キャストの応対，さまざまなグッズなど，おそらく人それぞれによってさまざまな要因がイメージされるだろう。あるいは，それら表面的な魅力のみならず，キャストの徹底した教育とやる気を引き出す人事システムなど裏方的な組織管理能力を挙げる人もいるかもしれない。そして，およそそれらはすべて正しいといえる。つまり，他のテーマパークを圧倒するディズニーランドの中核的な能力は，それら個々の創意や努力を総合したものであると考えられる。

このように，一部の企業においては，組織内のさまざまな能力が集まり，結果として個々の能力の総和以上の全体的な能力が組織に宿り，それがコア・コンピタンスになっている場合がある。

6．ダイナミック・ケイパビリティ

一度構築されたケイパビリティやコア・コンピタンスは，そのまま維持ないし保持していけば，企業は将来にわたって競争相手に対して優位であり続けることができるのだろうか。答えはノーである。経営資源・能力の戦略やマネジメントにおいては，資源を蓄積したり能力を構築したりすることだけでなく，獲得・構築したそれらの資源や能力を変えていったり進化させたりすることが必要となる。

なぜ，獲得した資源や能力を変化させる必要があるのだろうか。それは，企業を取り巻く外部環境が変わるからである。国内外の経済や政治の状態，ITのような技術革新，環境汚染などの自然環境問題，少子化などの人口動態，衣食住に関する文化の移り変わりといったいずれの企業も直面する大きな環境変化から，顧客ニーズの変化，競合企業の新製品・サービスの投入や新技術開発，新規参入企業の登場などの個々の業界で発生する市場レベルの環境変化まで，さまざまな環境変化が不断に発生する。

いつまでも既存の資源や能力が通用するとはかぎらない。いつかは陳腐化する時がくるだろう。企業が持続的に優位を保ち続け生き残っていくためには，変化する環境に合わせて自らの能力や資源を適合させなければならないのである。そのような，経営能力の変化を表す考え方がティース，ピサノ＆シュエン（Teece, D.J., Pisano, G. and Shuen, A.［1997］）のダイナミック・ケイパビリティである。すなわち，意図的・意識的に能力や資源を動態的に変化させていくことである（図表９－４参照）。

RBVの議論は，優れた資源や能力とはなにかという，経営資源の内容について関心が向きがちであり，内向き志向といわれているが，ダイナミック・ケイパビリティは外部の視点が大切であることを指摘している。

例えば，先に挙げた森下仁丹は，ガムやサプリメント，口中清涼剤，のど飴といったその他の類似の携行食品の登場により，主力製品である仁丹の売上低迷という製品ニーズの変化に直面して，主力製品を当初の仁丹からバイオカプセルへと転換し，能力を進化させている。

能力を構築していくうえで組織学習が重要であったが，能力の革新や変革においてもキーポイントとなる。特に，この組織学習は，単に既存の資源を組み合わせたり試行を重ねたりして能力を生み出す学習ではなく，外部環境と自社の能力の不適合を発見し解消する外部志向的な学習であるといえるだろう。

さらに，この既存の経営能力を革新し，継続的に変えていくことも組織が持つ一種の能力といえるだろう。つまり，環境変化に合わせ経営能力をダイナミックに進化させる経営能力である（藤本［1997］）。それは，個々の経営能力の背後にひそむ能力といえる。このような能力は簡単に構築することはできないが，より表面的な能力と異なり，外部から観

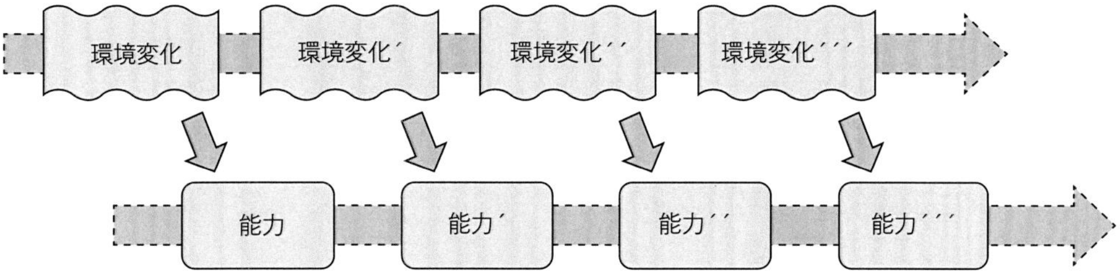

図表９－４　環境に応じた能力進化のイメージ図

察し模倣することが困難なので，一度構築できれば企業に恒常的な優位性や競争力を与えるだろう。

事例で考える

シャープ―ダイナミック・ケイパビリティ構築の失敗―

シャープのコア・コンピタンスは液晶技術だといえる。シャープはこの能力を武器に，いわゆる亀山モデルと呼ばれる液晶テレビ「AQUOS」を開発し，他の家電メーカーが不況で苦しむ中，大躍進を果たした。しかし，海外の後発メーカーの追い上げなどによって，液晶関連製品の市況が厳しくなる中，シャープの経営も次第に苦しくなっていった。その後，「IGZO」と呼ばれる新たな液晶ディスプレイを開発し，スマートフォン向けに販売したり，太陽光パネルに力をいれたりしているが，未だ予断を許さない状況である。

このシャープの例は，たとえ優位な競争地位をもたらすコア・コンピタンスを一時的に構築できたとしても，その有効性は時代環境とともに劣化し，やがて競争優位の源泉ではなくなることを示している。コア・コンピタンスのみならず，それを継続的に革新していく経営能力がシャープには必要だったといえるだろう。このような意味で，持続的な競争優位性を獲得するには，経営能力を進化させる経営能力が求められるといえるかもしれない。

7．「己を知れば百戦危うからず」

兵法書『孫子』（第１章，p.7，8）において，「敵を知り己を知れば百戦危うからず」という主旨が記されているという。すなわち，競争相手の状態を知り，自分の長所や短所を知れば，百回戦ったとしても，危うくなることはないということだろう。敵を知ることは，競争戦略論における競争相手に対するポジショニングの発想に似ている。己を知ることは，リソース・ベースド・ビューによる自社の経営資源・能力の分析に似ている。『孫子』では，はるか昔において現代戦略論の発想がすでに提示されていたといえ，まさに慧眼といえるだろう。この『孫子』の兵法にちなみ，経営資源・能力の章のエッセンスを副題にもあるように「己を知れば百戦危うからず」と記しておきたい。

確認Quiz!! 答え

①の答え：×

例えば，ファブレス・メーカーは，製造業なのに自前の工場を持たない。生産を外部企業に委託し，製品の企画・設計やマーケティング・販売に特化するのである。生産設備や工員といったヒト・モノの経営資源を抱えないことで成功している。

また逆に，台湾の鴻海精密工業に代表されるEMS（電子機器受託製造）企業は，他のメーカーの依頼で，パソコンやスマホ，ゲーム機，液晶テレビなどの生産だけに特化して手がけている。企画・設計やマーケティング・販売に関するヒト・モノの資源を抱え込まないことで成功しているのである。

なんでも抱え込むのではなく，必要な資源を取捨選択し，保有する経営資源にメリハリをつけることも経営資源の戦略の重要なポイントである。

②の答え：○

外部から調達し，質量を比較的簡単に増減させているので，可変的資源である。

③の答え：×

３つの条件を満たした資源を具体的に活用する組織が整備されなくてはならない。

主要参考文献

Barney, J. B.［1991］“Firm resources and Sustained Competitive Advantage,” *Journal of Management,* Vol.17, No.1, pp.99-120.

Barney, J. B.［2000］*Gaining and Sustaining Competitive Advantage,* Pearson Education.（岡田正大訳［2003］『企業戦略論』ダイヤモンド社）

藤本隆宏［1997］『生産システムの進化論』有斐閣。

伊丹敬之［1980］『経営戦略の論理』日本経済新聞社。

経営学検定試験協議会監修・経営能力開発センター編［2013］『経営学検定試験公式テキスト①』中央経済社。

野中郁次郎［1996］「経営資源展開の戦略」石井淳蔵・奥村昭博・加護野忠男・野中郁次郎『新版　経営戦略論』有斐閣，95 ～ 124 ページ。

野中郁次郎・竹内弘高著，梅本勝弘訳［1996］『知識創造企業』東洋経済新報社。

沼上　幹［2007］「アメリカの経営戦略論と日本企業の実証研究」経営学史学会編『第 14 輯　経営学の現在』文眞堂，93 ～ 108 ページ。

Penrose, E.T.［1959］*The Theory of the Growth of the Firm with new Preface,* Oxford University Press.（末松玄六訳［1980］『会社成長の理論　第二版』ダイヤモンド社）

Prahalad, C.K. and G. Hamel［1994］*Competing for the Future,* Harvard Business Press.（一條和生訳［1995］『コア・コンピタンス経営』日本経済新聞社）

高井　透［2009］「資源ベース論の理論的変遷」小松陽一・高井　透編著『経営戦略の理論と実践』芙蓉書房出版，97 ～ 118 ページ。

Teece, D.J., G. Pisano and A. Shuen［1997］“Dynamic Capability and Strategic Management,” *Strategic Management Journal,* Vol.18, No.7, pp.509-533.

坪井順一［2008］「戦略論の原点　孫子」坪井順一・間嶋　崇編著『経営戦略理論史』学文社，3 ～ 7 ページ。

第10章 PPM（プロダクト・ポートフォリオ・マネジメント）
～事業のポジションを見極める～

◎ 既存事業の評価方法

・自社事業のポジショニングの見極め
→ボストン・コンサルティング・グループ（BCG）が開発した
プロダクト・ポートフォリオ・マネジメント（PPM）を使って評価

◎ PPMとは

・自社の限られた経営資源の有効活用
・ポートフォリオ＝株式投資の際の効率的投資を考えるフォルダ
→経営資源のうち「カネ」（内部資金）に焦点（カネの最適資源展開方法）

◎ PPMの戦略枠組み

・SBU（Strategic Business Unit）＝戦略的事業単位
→PPMではSBUの売上の大きさ＝円の面積
・縦軸と横軸の2次元マトリックス上にSBUをポジショニング
縦軸＝市場成長率（業界の魅力度）
横軸＝相対的マーケット・シェア（当該事業が現在獲得できる
資金の大きさ）
・各SBUのポジショニングの際の評価尺度
製品ライフサイクル・・・市場成長率との関係
導入期・・・開発費用の回収，マーケティング費用の増加
成長期・・・製品差別化戦略，ブランディング費用
成熟期・・・ブランド維持費
衰退期・・・投資資金の回収
経験曲線効果・・・相対的マーケット・シェアとの関係
累積生産量が増えると製品単位当たりのコストが低減
→累積生産量が2倍になるとコスト削減率（習熟率）は
一般的に20％～30％低下（学習効果）

◎ PPMマトリックスによるSBUのポジショニング

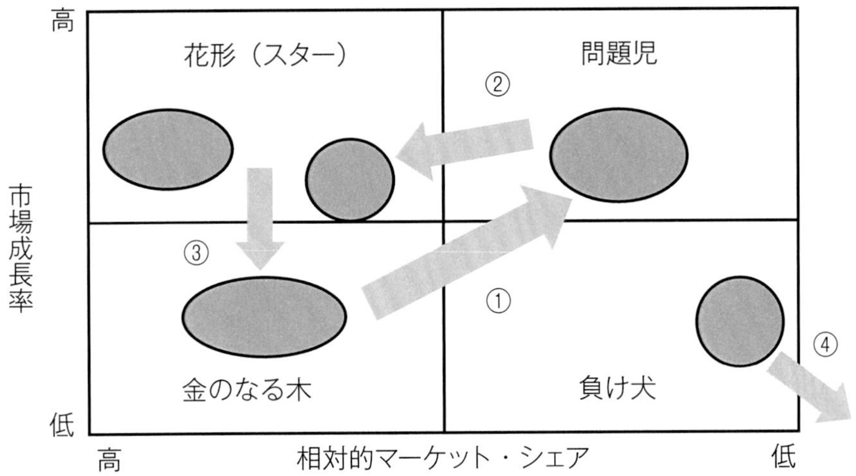

- 金のなる木・・・企業を引っ張る「稼ぎ頭」
- 花　形・・・資金の流出入が多い。将来の「金のなる木」
- 問題児・・・「花形」へと投資か「負け犬」へと撤退かの選択
- 負け犬・・・不採算事業，撤退へ

◎ PPMの戦略的活用—内部資金の有効活用—

① 内部資金の戦略的活用（資金の循環）
　「金のなる木」→「問題児」→「花形」→「金のなる木」
② 内部資金の確保あるいはさらなる増加策
③ どのSBUをどのように撤退させるのか

◎ PPM分析の限界

- 「カネ」のみの分析手法のため，他の経営資源の影響が不明確
- 製品ライフサイクルや経験曲線効果が前提
- 単年度の指標による分析のため，複数年度で分析を行いたい場合，分析が困難

※学んで欲しいこと
事業のポジションを見極めるPPMとは何か，また，PPMの各ポジションにおける戦略枠組みを理解するとともに，企業の内部資金をどのように活用すれば良いのかを学びましょう。

第10章 PPM（プロダクト・ポートフォリオ・マネジメント）～事業のポジションを見極める～

講義日
／

1．既存事業の評価手法

2014年2月，ソニーがパソコン事業からの撤退を発表した。「VAIO」を日本産業パートナーズ株式会社（JIP）が設立する新会社へ事業譲渡することが決まった。ソニーの主力事業でもあったパソコン事業からの撤退は，ソニー全体の事業戦略の中でパソコン事業が，非成長分野で収益が上がっていない不採算事業として位置づけられたのであろう。

つまり，そこには，企業が限られた経営資源（ヒト・モノ・カネ・情報など）を有効に利用し，成長分野や収益の上がっている事業に集中的に投資し，さらに収益を上げようとした企業戦略があったものと考えられる。

ソニーのような複数の事業を持ち，多角化を進める企業にとって，企業戦略を決定するには，成長事業や収益の上がっている事業はどの事業なのかを正確に評価する必要がある。その際，自社の既存事業のポジションを見極める手法の1つにボストン・コンサルティング・グループ（以下BCG）が開発したプロダクト・ポートフォリオ・マネジメント（以下PPM）という手法を用いて既存事業を評価する方法がある。PPMは，1960年代の米国で進展した「コングロマリット経営」（複数の事業を同時に行う経営手法）の評価手法として，BCGが1970年代初頭にクライアントであるゼネラル・エレクトリック社に導入し，その後，日本を含む世界の企業に広まった。

2．PPMとは

PPMは，自社の限られた経営資源を有効に活用し，最大の利益を上げるべく開発された事業分析手法である。もともと，「ポートフォリオ」とは，株式投資をする際に，複数の株式を入れるためのフォルダを意味したものである。そのフォルダは，リスクと収益性を考えて，どのような組み合わせで株式投資をしていけば良いかを考えるために利用されたのである。

その手法を応用することで，単一の事業を行うことよりも複数の事業を行うことの方が投資リスクを分散させることができるとともに，投資におけるリスクと収益性のバランスを考えることができる。

つまり，PPMは，限られた経営資源のうちカネつまり内部資金に焦点をあて，内部資金の流れを全社的に管理し，複数の事業に対して資金を最適に配分するための手法である。このように，PPMは，経営資源のうちカネにあたる内部資金の最適資源展開の方法を考えるための分析手法であるといえる。

3．PPMの戦略枠組み

（1）SBUとPPMの基本分析手法

多角化している企業は，複数の事業を1つ1つ分解し，関連する事業をひとくくりにして分析し，戦略立案する必要がある。それが，SBU（Strategic Business Unit：戦略事業単位）という考え方である。

SBUは，「①責任ある経営管理者のもとで，②明確なミッションをもち，③独自の競争相手を想定して，④一定の経営資源をコントロールし，⑤単独で戦略策定することができる事業単位である。」と定義されている（井上・佐久間［2008］，32ページ）。このSBUもPPMを行う際，BCGが提唱した概念であり，前述のとおり，最初にゼネラル・エレクトリック社に導入され，その後，世界の企業に広まっていったのである。

PPMでは，SBUの売上の大きさは，円の面積の大きさで表される。また，SBUの構成は，1つのSBUが1事業部全体を示す場合もあれば，1事業部の1つの製品ラインあるいは製品またはブランドを表す場合などさまざまである。

PPMの基本分析手法は，縦軸と横軸の2次元マトリックス上に各SBUを位置付け，全体のポートフォリオを描いたうえで，各事業の戦略や課題および，最適な事業の組合せを検討していく。

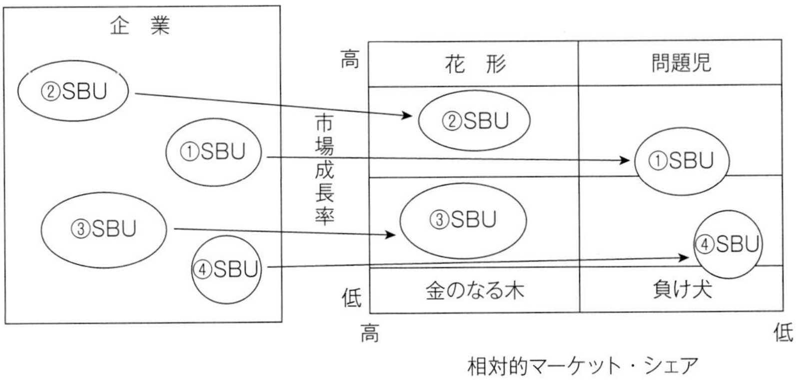

図表10－1　PPMの概念図

縦軸には，業界の魅力度（投資機会の有無や大きさ）として市場成長率がとられ，横軸には，現在の企業の競争ポジショニングとして相対的マーケット・シェアがとられるのが一般的である。縦軸の市場成長率とは，業界全体の“のびしろ”を示したものであり，これが高いと必然的に投資機会も大きくなり，これまで低シェアに甘んじていた事業も，イノベーションやマーケティング次第でマーケット・シェアを逆転できる可能性がある。また，トップ企業も対抗的な投資をあまりしないため，市場全体が縮小してしまうこともある。そのため，業界の魅力度がない事業への投資よりもより魅力度が高いところで投資をしたほうが効率よく収益を上げられるのである。つまり，業界の魅力度を市場成長率で見て行くことは，当該事業に今後どれだけ資金が必要となるかを予測するのに使用できる。

一方，横軸の相対的マーケット・シェアとは，当該事業に関係する業界のトップ企業の売上に対する，自社の事業の売上比率を示したものである。つまり，当該事業が現在獲得できる資金の大きさを示したものともいえる。相対的マーケット・シェアが高いと，獲得できる資金が大きく，その資金は，当該事業のシェア拡大の資金源になるだけでなく，業界の魅力度が高いところへ振り向けることができるのである。

このように，市場成長率と相対的マーケット・シェアから各SBUをポジショニングすることによって，各SBUの現在獲得できている資金の大きさを把握し，今後，資金を投入すべきSBUを見極めることができる。つまり，企業の資金のバランスをPPMを通じて見て行くことが可能となる。

（2）SBUの評価尺度

では，市場成長率と相対的マーケット・シェアから各SBUをポジショニングする際，各SBUの評価尺度はどのようにすればよいだろうか？　その根拠を，製品ライフサイクル（Product Lifecycle：以下PLC）と経験曲線効果（Experience Curve Effect）の２つの視点からみていく。

まず，製品ライフサイクルであるが，各SBUを分析するのに用いられる「市場成長率」は，その根拠としてPLCの論理が関係している。PLCについては，すでに第８章において詳細に述べられているため，ここでは，「市場成長率」との関係において，PLCの各段階における資金投入の質的・量的違いについて述べる。

まず，導入期における資金投入は，新製品導入までにかかった開発費用の回収や新製品を消費者に知ってもらい市場拡大を図るためのマーケティング費用が多額に必要となる。成長期では，参入する競合が多数になるため，製品差別化戦略が重要となり，ブランディング費用などに多額の費用がかかる。つまり，導入期や成長期といった市場成長率が高い時期には，多額の資金が必要となる。

成熟期には，資金投入を上回る利潤を獲得できるようになるため，ブランド維持のための追加的な資金投資のみとなる。また，衰退期には，投資した資金を速やかに回収し，追

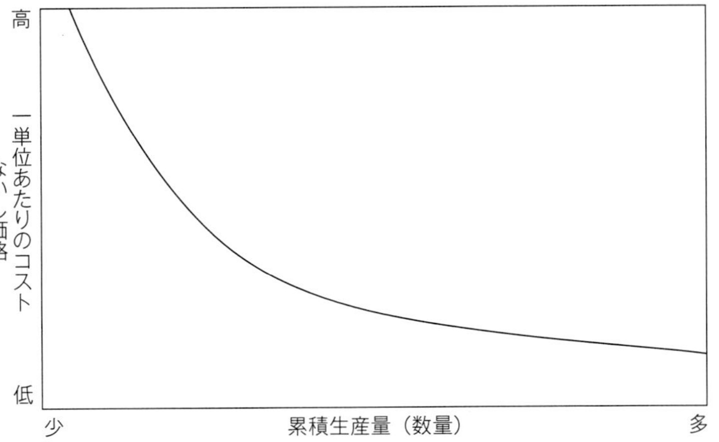

図表 10 − 2　経験曲線効果

出所：アーカー〔Aaker, D.A.〕（野中郁次郎・北洞忠宏・嶋口充輝・石井淳蔵訳）〔1986〕，251 ページを参考に筆者一部加筆修正。

加の資金投入を行わずに，撤退するため，ほとんど資金を必要としない。つまり，成熟期や衰退期といった段階では，市場成長率が低いため，ほとんど資金を必要としなくなる。

しかし，すべての製品が必ずしもこのようなPLCをたどるわけではなく，導入期からいきなり衰退期に入らざるを得ない製品もあるため，市場成長率が高いからといって安易に大量の資金を投入すべきではなく，慎重に考慮すべきである。

次に，経験曲線効果であるが，SBUの分析尺度の２つ目に用いられる「相対的マーケット・シェア」は，その根拠として経験曲線効果が関係している。経験曲線効果とは，BCGが発見した生産量とコストの関係を示した経験則であり，累積生産量が増えることによって製品単位当たりのコストが低下するというものである。累積生産量が２倍になるときのコスト削減率を習熟率といい，一般に20～30％程度低下するといわれている。ただし，業界によってその数値は異なっている。このような経験曲線効果は，学習効果ともいわれ，習熟や改善によって生じる。他の競合企業より「相対的マーケット・シェア」が高いと累積生産量は，必然的に他社よりも多くなるため，製品あたりのコストを低下させることが可能となり，収益も増加する。そのため，「相対的マーケット・シェア」が高いと，当該SBUへの資金投資は少なくて済み，当該SBUで稼いだ利益を「相対的マーケット・シェア」が低いSBUに振り向けることができる。つまり，PPMにおいては，「相対的マーケット・シェア」と各SBUへの資金投入には関係性があるといえる（図表10 − 2）。

（3）PPMマトリックスによるSBUのポジショニング

PPMのマトリックスから具体的にSBUの各ポジションの特徴と戦略対応についてみていくことにする。

① 金のなる木

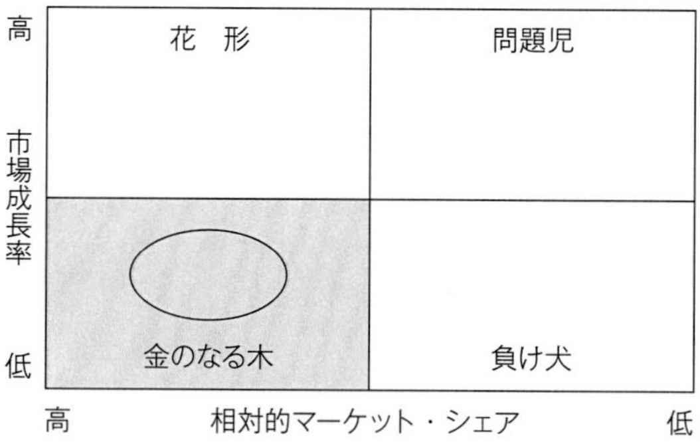

テレビやパソコンなどを主力製品に持つSBUでは，消費者に一通り製品が行き渡ると，買い替え需要などを除いて売れ行きが悪くなるため，市場が成熟し，市場成長率は低くなってしまう。しかし，良いブランド・イメージを持たれている製品は，消費者のブランド・ロイヤルティ（ブランド忠誠心）が高く，指名買いをし，継続的に買い続けてくれるため，これまで相対的マーケット・シェアが大きかった製品については，依然として高いマーケット・シェアを維持できる。このように市場成長率は低いが，相対的マーケット・シェアが高いという組み合わせで位置づけられるSBUを「金のなる木」という。そのようなSBUは，市場成長率が低いため，それほど資金流出がない。また，相対的マーケット・シェアが高いため，高収益が得られやすいSBUが該当する。つまり，企業を引っ張る「稼ぎ頭」に位置づけられるSBUである。また，このSBUで稼いだ資金は，後述する「問題児」への資金源となるのである。

② 花　形

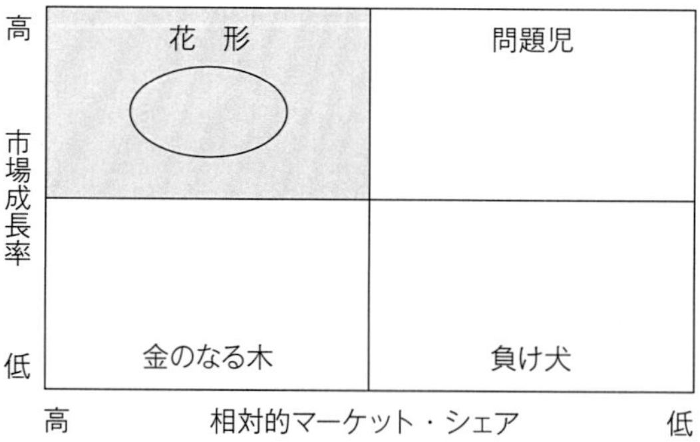

新素材やバイオテクノロジーなど新技術を使った製品を持つSBUでは，これから市場が拡大していくことが予想されるため，市場成長率が高い。また，競合が多い中で，自社の中心事業であり，他社との差別化がうまくいっている場合，相対的マーケット・シェアが高くなる。このように，市場成長率が高く，相対的マーケット・シェアも高いという組み合わせで位置づけられるSBUを「花形」という。相対的マーケット・シェアが高いことにより，売上や利益の増加が見込め，資金の流入が多くなる。しかし，市場成長率も高いため，それに応じた設備投資などの費用が必要になり，資金の流出が多

くなる。また，将来において，各SBUが現在のマーケット・シェアを維持しながら，「金のなる木」になることが期待されている。

③　問題児

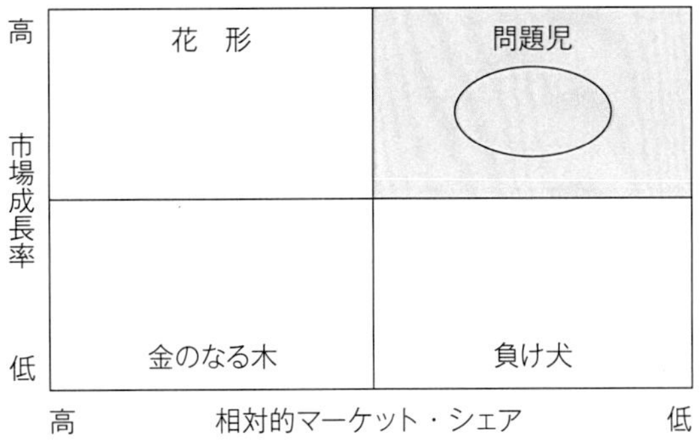

花形と同様に，市場の拡大が予想される分野の製品を持つSBUは，市場成長率が高くなる。しかし，花形との違いは，当該SBUに属する事業や製品が，自社の中心事業や製品でなかったり，競合他社との差別化があまりうまくいかず，当該SBUの相対的マーケット・シェアが低い場合がある。このように，市場成長率は高いが，相対的マーケット・シェアは低いという組み合わせで位置づけられるSBUを「問題児」という。

市場成長率が高いため，設備投資などに多額の資金流出があるとともに，相対的マーケット・シェアが低いため，事業の収益性も悪く，資金の流入よりも流出が多いのが特徴である。また，「問題児」に位置づけられるSBUは，今後，十分なマーケット・シェアが得られて「花形」になるか，あるいは，市場成長率の伸び悩みにより「負け犬」になるか慎重に考慮すべきである。特に，「負け犬」になる可能性が高い場合は，撤退までのプロセスを提示し，できるだけ早期に撤退することが望ましい。また，「問題児」のSBUを「花形」にするためには，「金のなる木」から資金を流入させてシェアの拡大を図る必要がある。

④　負け犬

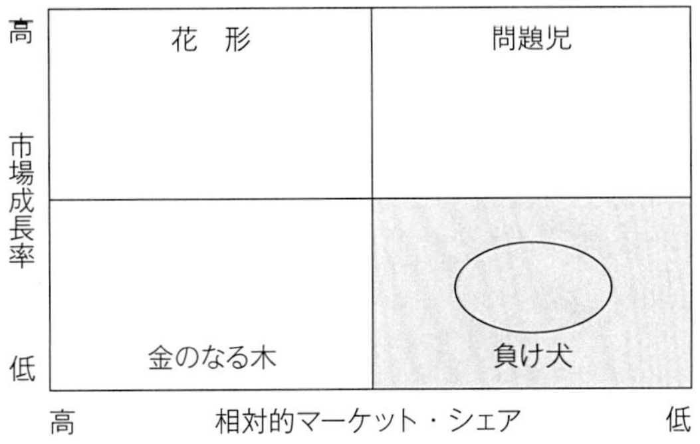

経営環境の変化により，市場規模が縮小したり，代替品に取って代わられている市場は，当然成長率が低くなる。そればかりか，停滞あるいは縮小し，最後には消えてなくなる市場も多数存在する。また，競合との競争に敗れ，相対的マーケット・シェアが縮小しているようなSBUがある。このように，市場成長率が低いだけでなく，相対的マーケット・シェアも低いという組み合わせで位置づけられるSBUを「負け犬」

という。

つまり，今後成長が見込めない不採算事業に位置づけられるSBUである。現在では，電子ファイル保存媒体におけるフロッピーディスク事業や録音媒体におけるカセットテープ・MD事業，テレビのブラウン管事業などが該当する。

特に，限られた経営資源の有効活用の観点からは，SBUの「選択と集中」は不可欠であるといえる。そのため，不採算SBUである「負け犬」の早期発見・早期撤退が何よりも重要となる。

以上の４つの形態に各SBUを当てはめることで，企業全体の経営戦略のかじ取りが決定するとともに，「金のなる木」にSBUが存在するか否かで，新規事業や新製品開発を行う際の資金調達が容易か否かが決まるといっても良い。そのため，PPMによる分析は，企業経営において必要不可欠であるといえる。

４．PPMの戦略的活用～内部資金の有効活用～

PPMによる分析を行っても絵にかいた餅では意味がない。そのため，企業経営において，どのように戦略的に活用できるのかをさらに詳しくみていく。

PPMでの分析では，内部資金をいかに戦略的に活用できるかが重要となる。つまり，内部資金の効率化が戦略テーマとなる。内部資金の効率化については次の３つの視点から考えてみる。

１つめは，内部資金の効率的循環についてである。内部資金の効率化を考える場合，一般的には利益を生み出すSBUから十分な資金を獲得し，その資金をこれから収益を生み出してもらいたいSBUに振り分けるといった方法が採られる。つまり，「金のなる木」の資金を有望な「問題児」に利用するのである。そして，有望な「問題児」を「花形」に育てあげ，「花形」のSBUの相対的マーケット・シェアを高め，将来の「金のなる木」にしていくという循環を描くことで，企業の内部資金を戦略的に活用できる。また，最後は，「負け犬」に位置づけられたSBUについて，市場から撤退させるタイミングを見極めるとともに，「負け犬」を早期に撤退させるプロセスを描くことで，全社的視点で資金面での経営の効率化を図ることができるのである（図表10－3）。

２つめは，内部資金の確保あるいはさらなる増加策についてである。特に，「花形」や「金のなる木」に属するSBUについては，相対的なマーケット・シェアを維持したり，あるいは拡大させるための積極策が必要となる。具体的には，SBUの「選択と集中」によって「花形」や「金のなる木」に内部資金を集まりやすくするなどの対策が必要となる。

３つめは，SBUの「選択と集中」との関連で，SBUの選択の際，どのSBUをどのように撤退させるのかについてである。特に，すでに製品ライフサイクルの成熟期後期から衰

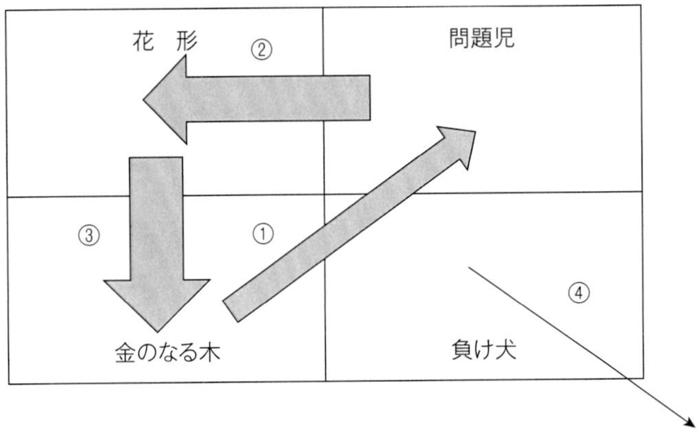

図表10－3　PPMにおける内部資金の戦略的活用イメージ

※矢印の方向・番号は資金の流れ・順番を示し，矢印の大きさは，資金額の大きさを表す。

退期に差しかかるような製品や事業を持つSBUである「金のなる木」や将来「負け犬」になってしまう可能性の高いSBUを持つ「問題児」やすでに「負け犬」の領域にあるSBUについては，比較的相対的マーケット・シェアが高い場合，極力投資を抑え，現有の設備を活用し，短期的に資金の流入を増やすことで，できるだけ資金を回収する，つまり搾り取ることができる。

また，相対的マーケット・シェアの伸びが期待できず，将来の資金投入をしないと判断された「問題児」に属するSBUおよび，収益が期待できない「負け犬」に属するSBUについては，できるだけ早期に売却や清算を見込んだ撤退の判断を下すことである。つまり，SBUの「撤退」をいかに早期に実現し，資金の流出を止め，事業の売却や清算による資金の額を大きくできるかといった策を検討する必要がある。

考えてみよう

① 金のなる木，花形，問題児，負け犬について，それぞれ，どんな製品や事業が当てはめられるか考えてみよう。

② 現在，携帯電話市場において，いわゆる「ガラパゴス携帯」から「スマートフォン」へと急速に利用者が変化している中，各メーカーは，「ガラパゴス携帯」から撤退すべきかどうか，また，撤退までの間に，どのような資金の回収（搾り取り）戦略が考えられるのか考えてみよう。

5．Z社のPPM分析

Z社は，総合家電メーカーである。また，テレビ事業，スマートフォン事業，冷蔵庫事業，美容家電事業，アイロン事業の5つの事業を持つ。今回分析するSBUは，5つの事業をそれぞれ1つのSBUとし，5つのSBUからポートフォリオ類型を考え，それぞれの事業の戦略対応を考えてみる。

図表10－4は，Z社のPPM分析指標であり，2013年度の各SBUの市場規模，市場成長率，事業売上高，自社のマーケット・シェア，第1位（自社が第1位の場合は第2位）のマーケット・シェア，相対的マーケット・シェア（自社のマーケット・シェア／第1位（自社が第1位の場合は第2位）のマーケット・シェア）を示したものである。なお，相対的マーケット・シェアは，小数点第3位以下を切り捨てとしている。

事業名	市場規模（億円）	市場成長率（%）	事業売上高（億円）	自社のマーケット・シェア（%）	第1位（自社が第1位の場合は第2位）のマーケット・シェア（%）	相対的マーケット・シェア
テレビ	800	5	180	22.5	40	0.56
スマートフォン	400	7	160	40	30	1.33
冷蔵庫	200	3	120	52	28	1.85
美容家電	50	9	23	46	26	1.76
アイロン	100	2	10	10	45	0.22

図表10－4　Z社のPPM分析指標（2013年度）

上記の表からPPM分析を行うと，次ページの図表10－5のようにまとめられる。テレビ事業は，市場成長率が5％，相対的マーケット・シェアが0.56となるため，「問題児」に位置づけられる。スマートフォン事業は，市場成長率が7％で相対的マーケット・シェアが1.33となるため，「花形」に位置づけられる。冷蔵庫事業は，市場成長率が3%で相対的マーケット・シェアが1.85となるため，「金のなる木」に位置づけられる。美容家電事業は，市場成長率が9％で相対的マーケット・シェアが1.76のため「花形」に位置づけられる。アイロン事業は，市場成長率が2％で，相対的マーケット・シェアが0.22のため「負け犬」に位置づけられる。また，各事業のポジションを当てはめ，各事業の売上高を円の大きさで表すと，図表10－6のようになり，また，PPM分析からZ社が採るべき内部資金の流れを描くと，図表10－7のようになる。

事業名	ポジション	内部資金の流れ
テレビ	問題児	冷蔵庫事業の資金を使い，「花形」へ育成
スマートフォン	花形	当該事業を含む「花形」の資金を使い，「金のなる木」へ
冷蔵庫	金のなる木	主にテレビ事業へ
美容家電	花形	当該事業を含む「花形」の資金を使い，「金のなる木」へ
アイロン	負け犬	投資資金の回収，早期撤退

図表 10 － 5　Z 社の PPM 分析表と内部資金の流れ

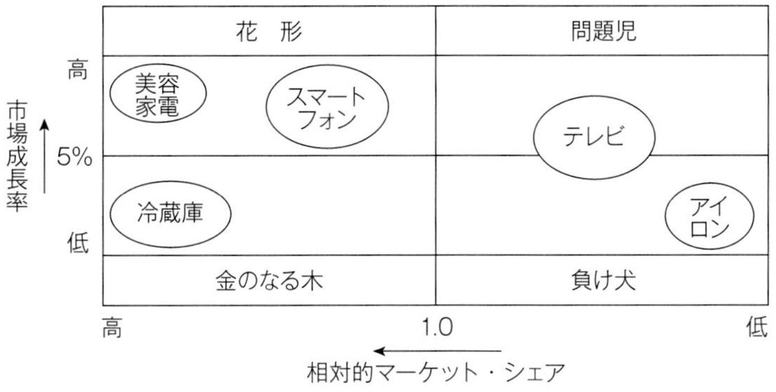

図表 10 － 6　Z 社の PPM 分析図

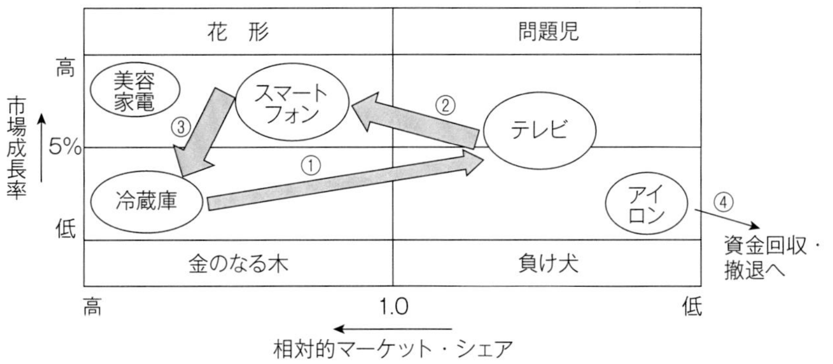

図表 10 － 7　Z 社が採るべき内部資金の流れ

※矢印の方向・番号は資金の流れ・順番を示し，矢印の大きさは，資金額の大きさを表す。

つまり，「金のなる木」である冷蔵庫事業で獲得した資金を，「問題児」であるものの市場成長率が比較的高く，事業売上高も高いテレビ事業に振り分け（図表 10 － 7 の矢印①の流れ），「花形」に育てる（図表 10 － 7 の矢印②の流れ）とともに，「花形」であるスマートフォン事業や美容家電事業の相対的マーケット・シェアを維持し，将来の「金のなる木」

に育成するための資金として活用する（図表 10 − 7 の矢印③の流れ）ことで,「金のなる木」→「問題児」→「花形」→「金のなる木」といった資金の循環が生み出せるのである。

また，アイロン事業は，投資資金をできるだけ回収し（搾り取りを行い），早期に撤退させる（図表 10 − 7 の矢印④の流れ）ことが賢明である。

6．PPM 分析の限界

PPM は，その分析手法が出現して以来，特に複数の事業を持つ多角化企業や大企業において，自社内の経営資源の有効活用の観点から，多くの企業が採用してきた。しかし，同時にその分析手法にも限界がある。

1つめは，PPM は，「ヒト・モノ・カネ・情報」といった経営資源の中での「カネ」，特に内部資金にのみに焦点を当てた分析手法であるため，その他の経営資源については分析上加味されていない。つまり，人材の観点からみた場合，「問題児」にある SBU を「花形」に押し上げるには，「カネ」だけでなく「ヒト」の能力も必要であろうし，「金のなる木」の SBU 担当者に必ずしも「カネ」をさらに生み出せるような人材が揃っているとも限らないためである。

2つ目は，PPM を利用する際の各 SBU の評価基準が，製品ライフサイクル（PLC）や経験曲線効果を前提にしていることがある。つまり，PLC の場合，すべての製品や事業が，導入期・成長期・成熟期・衰退期といったライフサイクルをたどるものではなく，導入期から突然衰退期に突入する製品や事業があり，SBU が，市場成長率の高い「問題児」に位置づけられるからといって「花形」にするために，当該 SBU に大量の資金を導入することは，慎重に考慮すべきである。また，経験曲線効果を前提にした分析手法であるため，それが発揮される状況のみに適用されるといった限定的な分析手法であることを理解しておく必要がある。

3つ目は，PPM の分析指標が，単年度（1年間）の指標であるため，もう少し長期的な視点（複数年度）で分析を行いたい場合，分析が困難であるという点が挙げられる。SBU によっては，単年度と複数年度で分析した場合，当然，位置づけされるポジションも違うであろうし，各 SBU の成長スピードも当然違っている。そのため，特に，「問題児」に位置づけられる SBU の投資戦略と「負け犬」に位置づけられる SBU の撤退戦略に関する選別とタイミングが重要となろう。

7．既存事業のポジションを見極める

現在，多数の企業が多角化経営をしており，複数の製品や事業を展開している。そのため，SBU に基づいた PPM による分析は，既存事業のポジションを見極める上で，多くの企業が利用できる分析手法である。PPM の分析で用いられる，「金のなる木」，「花形」，「問題児」，「負け犬」といったカテゴリーは，ネーミングも覚えやすいため，既存事業の現状を把握するのに都合の良い，また，経営戦略上，説得しやすい分析手法であるといえる。

しかし，前述したとおり，分析上の限界もあり，SBU の構築手法も含めて，明確に分析することが難しい場合もある。特に，PPM は，内部資金の効率的活用の観点での既存事業の評価手法であり，当然，経営戦略を考える上では，他の経営資源の要素（ヒトやモノや情報など）も同じように重要な役割を果たすことはいうまでもないことである。

とはいえ，PPM 分析は，複数の製品や事業を SBU に分類し，既存事業のポジションを見極め，製品・事業の「選択と集中」を実行することで，複数の製品や事業を持つ企業の全社的な経営戦略の方向性を決定づけるのに「好都合」な分析枠組みであるといえよう。

確認Quiz!!

① PPM（プロダクト・ポートフォリオ・マネジメント）を開発したコンサルタント会社は，ニューヨーク・コンサルティング・グループである。

② PPM は，市場成長率と事業規模を基準に分析する手法である。

③ 問題児とは，市場成長率は高いが，相対的マーケット・シェアは小さいという組合せである。

④ PPM における内部資金の流れは，「金のなる木」→「花形」→「問題児」→「金のなる木」という循環を考えたものである。

⑤ PPM は，既存事業における内部資金の効率的活用のみならず，ヒトの効率的活用も分析対象となる。

（→答えは，158 ページ）

確認Quiz!!

答え

①：答え　×

ボストン・コンサルティング・グループ（BCG）である。

②：答え　×

市場成長率（市場の魅力度）と相対的マーケット・シェア（現在の企業の競争ポジショニング）を基準に２次元で分析する。

③：答え　○

④：答え　×

「金のなる木」→「問題児」→「花形」→「金のなる木」という循環を考えたものである。

⑤：答え　×

PPM は，既存事業の内部資金の効率的活用のみ分析対象となる。

主要参考文献

Aaker, D.A. [1984] *Strategic Market Management,* New York: John Wiley & Sons Inc.（野中郁次郎・北洞忠宏・嶋口充輝・石井淳蔵訳［1986］『戦略市場経営―戦略をどう開発し評価し実行するか』ダイヤモンド社）

浅羽　茂・牛島辰夫［2010］『経営戦略をつかむ』有斐閣。

井上善海・佐久間信夫編著［2008］『よくわかる経営戦略論』ミネルヴァ書房。

伊部泰弘「経営戦略」伊部泰弘・今光俊介編著［2012］『事例で学ぶ経営学』五絃舎，11 ～ 20 ページ。

大滝精一・金井一頼・山田英夫・岩田　智［2006］『経営戦略―論理性・創造性・社会性の追求』（新版）有斐閣アルマ。

加護野忠男・吉村典久編著［2006］『１からの経営学』碩学舎。

嶋口充輝・内田和成・黒岩健一郎編著［2009］『１からの戦略論』碩学舎。

MEMO

第11章 経営戦略と組織
～組織で戦略する～

◎ 戦略は誰が立案し，実行するのか

① トップ・ダウン型⇒基本形⇒米国企業型
・経営者（トップ）が戦略を策定し，現場（ロワー）が実行。
② ボトム・アップ型⇒日本企業型
・現場発の戦略案を積み上げ，組織的に練った後に実施。
③ ミドル・アップ・ダウン型
・管理者（ミドル）が経営者と現場の橋渡しをするスタイル。

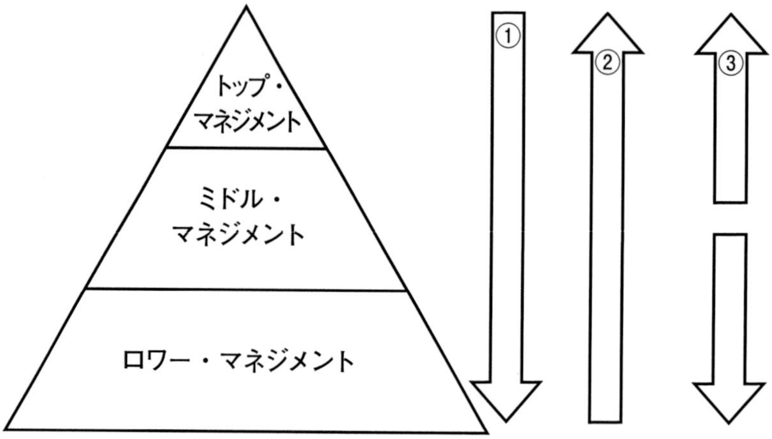

◎ 戦略の階層性

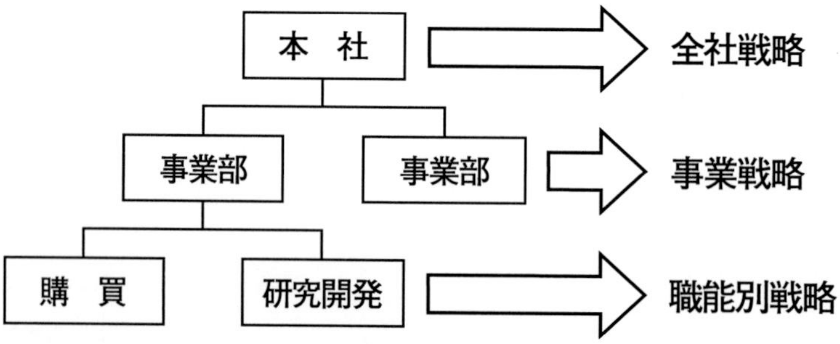

◎ 組織は戦略に従う

・新しい戦略の実施が新しい組織構造を要求。
垂直統合戦略 ⇒ 職能別組織　　多角化戦略 ⇒ 事業部制組織

⇒ 戦略遂行にふさわしい組織体制が成果を向上。
⇒ 戦略と組織の適応が成果を決定。

◎ 戦略もまた組織に従う

・事前の組織のあり方が採りうる戦略内容を規定。

⇒ 戦略と組織の相互作用関係

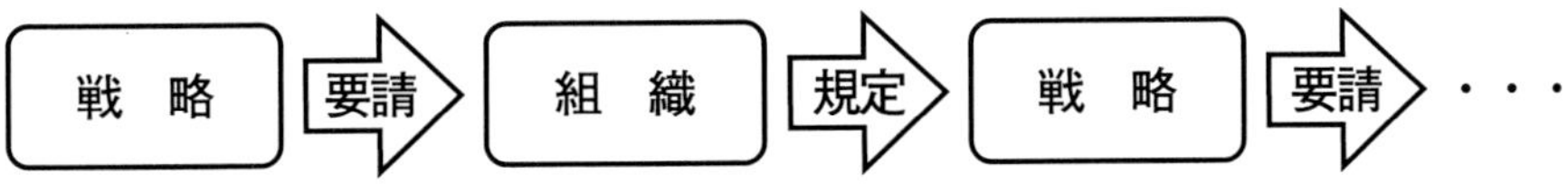

⇒ 組織的プロセスあるいは組織的流れにおける戦略
⇒ 戦略行動のパターン化
① 探索型 ⇒ 革新・変化志向的な戦略行動をとるタイプ
② 防衛型 ⇒ 保守・安定志向的な戦略行動をとるタイプ
③ 受身型 ⇒ 積極的に戦略行動をとらないタイプ
④ 分析型 ⇒ 探索型と防衛型を兼ねるタイプ

※学んで欲しいこと
戦略はいったい誰が策定し実行しているのか。それは経営者だけの仕事なのか。
戦略が組織の人々が参加する組織的行為であることを学んでください。

第11章 経営戦略と組織
～組織で戦略する～

講義日
／

1. 経営戦略における組織の問題

(1) 誰が戦略を策定し実行するのか

戦略における組織📖の問題の１つ目は，企業組織の中の一体誰が戦略を立案し，誰が実行するかということである。社長などの経営者が策定し，現場の人間がその通りに実行するのに決まっていると思うかもしれないが，必ずしも，そのようなスタイルに限らない。経営者が命令し現場が実行するスタイルをトップ・ダウンというが，あくまでそれは基本形であり，ボトム・アップとミドル・アップ・ダウンというスタイルもある。ボトムとは現場の人々を指し，ミドルとは部課長などの中間管理職を指す言葉である。

ちょっと亭主関白な家庭（父・母・息子２人）の家族旅行にたとえてみよう。この家庭では，いわば父親がトップ，母親がミドル，そして２人の息子がボトムである。ある夏，父親が突然海に行くことを決め，母親と２人の子供が慌ててホテルの予約や荷造りなどの準備をするのがトップ・ダウンである。対して，せっかくの夏休みにゴロゴロしている父親に，息子２人が海水浴をねだり，楽しそうに企画するのがボトム・アップである。そして，夏休みに父親がゴロゴロし息子たちが退屈するのを見るにみかねて，母親が家族サービスを父親に要求し，父と子の間をとりもつのがミドル・アップ・ダウンである。

これらはそれぞれにメリットとデメリットがあり，いずれが優れているという問題ではない。それぞれの特徴を紹介する。あわせて，この戦略の分業体制を具体的な組織構造（組織図）に展開した戦略の階層性について解説する。

(2) 戦略と組織の関連

２つ目の問題はより複雑である。「卵が先か鶏が先か」の問題に似ているが，戦略と組織のどちらが先に作られどちらに影響を及ぼしているか，という問題である。

再び家族の例にたとえよう。海水浴というイベントでは，重い荷物を運んだり車を運転したりといった体力仕事が多いことから，父親を頂点とした亭主関白的な家族構造が適しているかもしれない。対して，年末の大掃除や家族で料理を作る時は，母親主導で指示しなければ父親や子供たちは効果的に動けないだろう。さらに，クリスマス・パーティでは，親たちだけが騒いでも意味はない。息子２人が率先して参加しなければ楽しい会にはならないだろう。

イベントの計画を戦略立案とみなし，家族関係のあり方（父親主導・母親主導・子供主導）を組織の構造として読み替えると，戦略（イベント）内容にしたがって，実施に適した組織構造（家族の関係）が異なり，新しい戦略の採用が新しい組織体制を要求するという関係が見えてくる。この関係を経営学では，「組織（構造）は戦略に従う」という有名な命題で表す。

また，戦略の内容にしたがって実施に適した組織の構造が異なることは，同時に戦略と組織の適合が組織（企業）の成果を定めることを示す。つまり家族の例でいうと，企画されたイベント内容に対して家族関係のあり方が適切であれば，イベントがスムーズに進行したり家族の満足度が高かったりするなど，イベントの成果が高まるのである。

しかしながら，組織は単に戦略に付き従うだけの存在ではない。組織もまた戦略に影響をもたらす。その影響とは，事前の組織構造のあり方がその後の採りうる戦略的な選択肢や行動を規定する，というものである。

家庭の例を引き合いにすると，事前の家族関係のあり方によって企画されるイベント内容が違うということである。父主導の亭主関白的な関係であれば，結果として海水浴や山登りといった，父親が中心的役割を果たさざるを得ないイベントが計画されるだろう。母親主導であれば，料理やホーム・パーティといった母親中心のイベントが，子供たち主導であれば，クリスマスや誕生日といった子供たちメインのイベントが企画されるだろう。「戦略もまた組織に従う」のである。

このように戦略（づくり）と組織（づくり）の相互影響過程を解説し，経営戦略を組織という場で展開されるプロセスやパターン，あるいは流れとしてみなす見方を示す。

用語解説

組織とは

バーナード（Barnard, C.I. [1938]）によると，組織とは「2 人以上の人々の意識的に調整された活動や諸力の体系」である。すなわち，組織とは単なる人の集まりではない。人々とその活動の有機的な結びつき（関係性）である。

本章では，組織構造と呼ばれる組織の人々の命令―権限上の結びつきを特に取り上げている。組織構造は一般に組織図というものに書き表され，人間にたとえると，いわば脳からの指令を体に伝達する神経系統のようなものといえる。

考えてみよう①

あなたが所属している組織（家族や学校，あるいはバイト先や会社）の組織図を書いて，どの戦略策定・実行スタイル（トップ・ダウン，ボトム・アップ，ミドル・アップ・ダウン）かを考えてみよう。

2．戦略策定・実行のスタイル

（1）組織の意思決定階層

図表11－1は，組織における基本的な戦略の策定・実行の流れを示したものである。組織は通常，トップ，ミドル，そしてロワーの三層に分けられる。簡単にいってトップとはトップ・マネジメント，すなわち経営者のことを指し，ミドルとはミドル・マネジメント，すなわち管理者のことを指し，ロワーとはロワー・マネジメント，すなわち現場の管理者や一般従業員を指す。

アンゾフ（Ansoff, H.I.［1965］）は，これらの各マネジメント層は，各々異なる職務ないし意思決定を担っているという。トップが担うのが戦略的意思決定である。戦略的意思決定とは，社内ではなく社外の課題，つまり自社と環境との間のマッチングにかかわる意思決定である。具体的には，現在の事業や市場を規定すると共に，将来の事業の方向性や目的を定めることである。

ミドルが担う管理的意思決定とは，パフォーマンスを最大限に発揮するための自社資源の構造づくり，すなわち経営資源の組織化と内部効率化にかかわる意思決定である。具体的には権限・責任を明確にしたり，仕事や情報の流れを整備したり，設備・施設の立地を定めたり，原材料や資本の調達源を開発したり，従業員を訓練したりすることである。

ロワーが担う業務的意思決定とは，文字通り日常業務活動，いわゆる現場作業にかかわる意思決定である。具体的には，価格設定，マーケティング，生産，研究開発などの諸活動に関する決定である。業務的意思決定が繰り返し的で，定型的な意思決定であるのに対し，より上位の意思決定になるほど，非定型的・非反復的な意思決定となり高度な判断が求められるという。

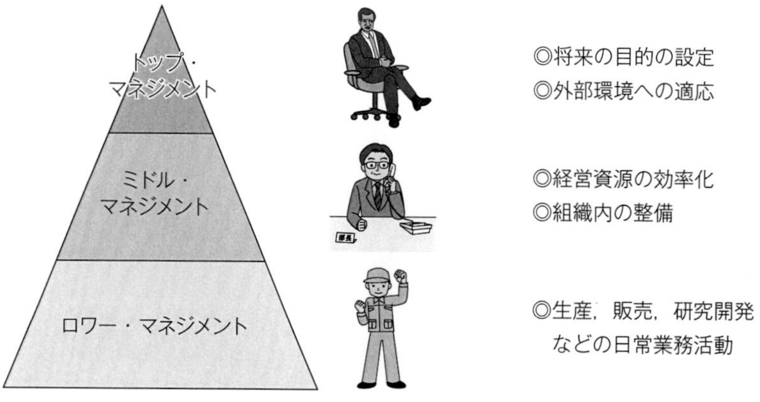

図表11－1　組織の意思決定階層

（2）3つの戦略策定・実行のスタイル

① トップ・ダウン型

「トップの戦略的意思決定に基づきミドルの管理的意思決定がなされ，ミドルの管理的意思決定に基づいてロワーの業務的意思決定がなされる」というように，組織の上方から下方へと意思決定がブレーク・ダウンされ，戦略が策定・実施されるスタイルを通常，トップ・ダウンと呼ぶ（図表11－2の矢印参照）。トップが戦略を描き，ミドル以下が実行するというスタイルで，戦略策定・実行に関する基本形である。トップの強いリーダーシップが強調される米国企業に特徴的なスタイルだといわれている。

トップ・ダウンのメリットは意思決定の迅速さである。トップが戦略案を定め，下位層はその通りに実行するだけなので，市場（顧客）のニーズや競争相手の動向，環境変化に素早く対応できる。その反面，トップに高い戦略構想能力が求められたり，現場に疎遠なトップが現実とかけ離れた戦略案を策定したりといったデメリットも存在する。

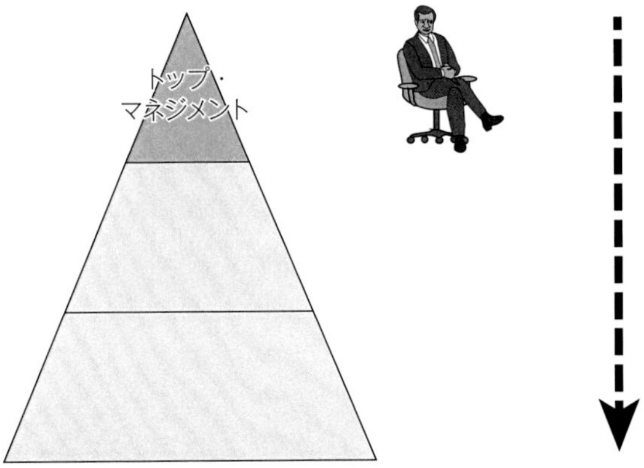

図表11－2　トップ・ダウン型戦略策定スタイル

② ボトム・アップ型

トップ・ダウン以外の戦略の策定・実行スタイルにボトム・アップというものがある。ボトム・アップ型の戦略立案・実行は，トップ・ダウン型の矢印と真逆である。ボトム・アップでは，戦略の主導役はロワーとなる。ただし，ボトムが戦略立案しトップが実行するというような，字義通りの真逆ではなく，ボトムが戦略原案を起案して，トップが承認しボトムが実行するという流れで，正確には逆U字型ともいえる（図表11－3参照）。

こうしたスタイルは日本企業に多いといわれている。従来，日本企業では現場近くの担当者が簡易な案を稟議書と呼ばれる起案書にまとめ，より上層の関係者が回覧して承認を与えつつ，最終的にトップ層の判断を仰ぎ採用に至るという組織的意思決定手続きが取られていた。そのために担当者には根回しと呼ばれる，関係部署のインフォーマルな説得・支援要請活動が求められた。

まさに「衆知を集める」という語が表すように，さまざまな意見を集約し積み上げ式にアイディアを練り上げる経営スタイルであり，そのメリットとして現場の意見を吸い上げ，全社的に合意された戦略が策定できることが挙げられる。しかし，逆に起案から実行までに時間がかかること，起案・根回し・実行のすべてをロワーが手がけなければならないため現場が疲弊するなどのデメリットもある。特に，トップが実質的に働かないことから，「おみこし経営」などとも揶揄されることがある。

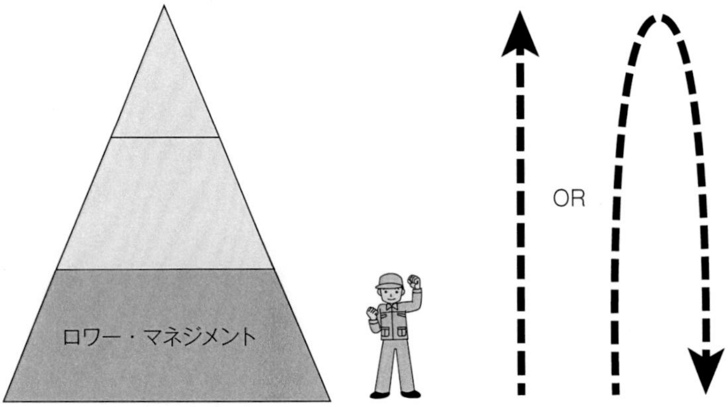

図表 11 － 3　ボトム・アップ型戦略策定スタイル

③　ミドル・アップ・ダウン型

両スタイルのデメリットを無くしメリットを高めるハイブリッド・タイプがミドル・アップ・ダウン型である（野中［1990］）。しばしば，組織ではトップとロワーは対立する。トップは自己の意図通りに動かないロワーを批判し，ロワーは現場を知らないトップを批判する。これら両者の間を行き来し，結節点としての役割をミドルが果たすのである。有能なミドルは，トップのあいまいなビジョンや抽象的な戦略意図を具体的に翻訳して現場に伝える一方で，現場の知識や情報・危機感をすくい上げ，社内政治力やネットワークを活用してトップの戦略立案に反映させる。縁の下の力持ちとして，実質的ミドルが戦略を仕切り主導していくのである（図表 11 － 4 参照）。

いくぶん比喩的であるが，企業を「車」，そして戦略行動を「走行」にたとえると，方向性を定める前輪がトップであり，推進力を発揮する後輪がロワー，そしてその後輪に駆動力を伝え「車」を動かすエンジンがミドルといえるだろう。

トップ・ダウンとボトム・アップの良い所取りに見えるミドル・アップ・ダウンだが，問題点もある。俗に上（上司）と下（部下）に挟まれストレスがたまる管理職の悲哀が語られるように，このスタイルではトップとロワーの橋渡し役としてのミドルに深刻な管理負担が生じる可能性がある。

以上の３つのスタイルはあくまでも理論上の話であり，実際には１つの企業の中に複数

図表 11 － 4　ミドル・アップ・ダウン型戦略策定スタイル

のスタイルが混在している可能性がある。むしろ，完全なトップ・ダウン型企業，完全なボトム・アップ型企業，完全なミドル・アップ・ダウン型企業を見つける方が難しいだろう。特に案件ごとに戦略策定スタイルが変わることが考えられる。例えば，事業の進出・撤退などのトップの決断が求められる案件はトップ・ダウンで，新製品開発などの現場の知識が必要な案件はボトム・アップやミドル・アップ・ダウンで，戦略が進められるだろう。

（2）日本企業の戦略策定上の問題点

最後に日本企業の戦略策定スタイルの問題点について触れておきたい。日本企業の戦略立案スタイルの特徴は，ボトム・アップ型またはミドル・アップ・ダウン型といわれている。ここから共通して導き出される日本企業の戦略上の大きな問題が，トップの戦略構想力ないし戦略リテラシーの欠如である。

近年，日本企業の経営者，とりわけ専門経営者📖に戦略を描く力や戦略を使いこなす能力が備わっていないこと，あるいはそうした能力を修得する機会に乏しいこと，そして，それが日本企業の競争力の低下につながっていることが明らかになってきている（三品［2004］；藤本［2004］；沼上他［2006］）。

つまり，これまで日本企業はロワーやミドルの現場力で乗り切ってきたが，グローバルな競争時代や不景気な時代が到来し改めてトップの明確な戦略が必要になり，そのことがかえって，日本企業の経営者に戦略力がないことを浮き彫りにしてしまったといえる。本来，専門経営者は経営を専門職種とする人々を指す言葉だが，そのプロフェッショナル経営者に戦略立案力が不足しているのである。

用語解説

専門経営者

経営者には所有経営者と専門経営者の２つのタイプがある。前者は会社に出資し所有して経営もする人々のこと。創業経営者などがこれに当たることが多い。後者は，他者が所有している会社で，経営という職務を給与をもらって務める経営者のことである。俸給経営者とも呼ばれる。所有者でもある創業経営者や創業世代の経営者の時代が終わると現れてくる経営者で，通常，その企業で長期に勤め上げた内部昇進者がなることが多い。

事例で考える

製品開発における３つの戦略策定スタイル

新製品開発を事例にして３つの戦略スタイルを考えてみよう。「iPhone」や「iPad」や「iPod」などの一連のアップル社の製品開発戦略はトップ・ダウン型といえるだろう。これらの製品は，同社トップのスティーブ・ジョブズ CEO の明確なビジョンやアイディアを抜きにして語れない。同氏の強力なリーダーシップのもと主導された開発だといえる。

他方，シャープの「ヘルシオ」はボトム・アップ型の製品戦略といえる。ヘルシオは電子レンジなどと違い，水で焼く（過熱水蒸気を使った）家庭用ウォーターオーブン器で，塩分と脂分を落とせることからヘルシー調理器として画期的な商品であった。この商品の開発は現場に近い電化商品開発センターや調理事業部によって主導され，トップの関与は同製品が具体化した後であったという（山本［2007］）。現場（ロワーないしミドル）主導型に近いといえるだろう。

ミドル・アップ・ダウン型としては，ソニーの完全平面ブラウン管テレビ「スーパー・フラット・トリニトロン」が挙げられる。その当時のトップであった出井社長は，当時のオーディオ・ビジュアル・カンパニー（一般企業の事業部に相当）のカンパニー長に「横綱商品を作ってくれ」と指示を出した。カンパニー長はそのあいまいな指示を３つのより具体的コンセプトに落とし込み，現場に伝えた。さらに現場はその要望に合う具体的製品として３つを挙げ，その内の１つである「完全平面ブラウン管テレビ」がカンパニー長によって最終的に選ばれたという（勝見［1998］）。カンパニー長というミドルが，トップの多義的なコンセプトを現場に具体化して伝え，現場が出してきた具体的な製品知識を実際に開発につなげるという戦略スタイルは，ミドル・アップ・ダウン型だといえるだろう。

確認Quiz!!

① ボトム・アップよりトップ・ダウンの方が優れた戦略策定・実行スタイルである。

（→答えは，177ページ）

3．戦略の階層性

（1）複数事業企業における階層性

組織の意思決定階層は，戦略の垂直的な分業体制を示していたが，この分業体制を具体的な組織構造として展開したのが，全社戦略・事業戦略・職能別戦略からなる戦略の階層である。

図表11－5は事業部制組織と呼ばれ，複数の事業（製品）を抱える企業が一般的に採用する組織構造である。事業（製品）ごとに担当する部門を分け，各事業部の上にはそれらを統括する本社が存在する。

各事業部の中には担当する製品に関して，原材料を調達したり，生産したり，研究開発したり，営業したり，マーケティングしたりする部署が設けられる。特に，この組織部分を一般に職能別組織と呼ぶ。組織が各職能（機能）別に分かれているからである。

複数の事業を営む企業は，概して大規模であることが多いので，したがって，事業部制は大規模企業に特有な組織構造だといえる。

しかし，なぜ複数の製品（事業）を持っていると，事業部を設ける必要があるのだろうか。単純にいうと特性の違う複数の製品を1つの部署で取り扱うと効率が悪いからである。例えば，同じ家電製品でもテレビと冷蔵庫では製品特性はまったく異なる。冷蔵庫の顧客とテレビの顧客を同列に扱うことはできない。冷蔵庫とテレビを同じ生産ラインで製造することはできない。冷蔵庫の開発に要する技術とテレビの開発に要求される技術は異なる。これを1つの部署が担当するとなれば，当然混乱が起き，効率的に経営で

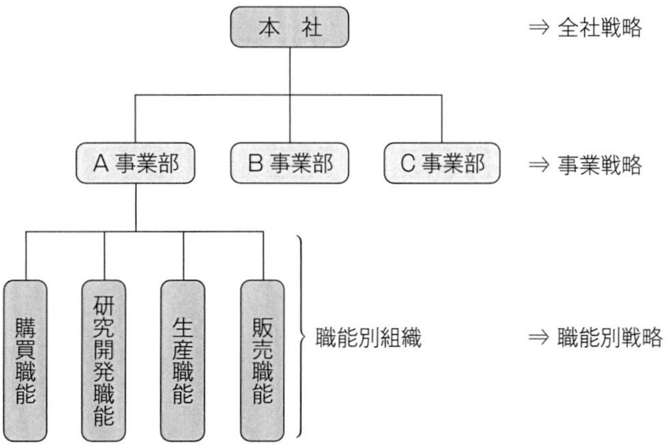

図表11－5　事業部制組織における戦略階層

きなくなる。したがって，冷蔵庫を扱う部門とテレビを扱う部門を分けるのである。このように，一般に事業部は製品別に設けられることが多いが，しばしば地域別に分けられることもあり，両者が混在する場合もある。

こうした事業部制の企業には，3つの戦略階層があるといわれている。本社が実施する全社戦略，事業部門が実施する事業戦略，職能部署が実施する職能別戦略である。組織の意思決定階層に従い，全社戦略がより上位な戦略であり，職能戦略へと階層を下るほど下位な戦略となる。

① 全社戦略

全社戦略とは，社長などのトップが会社全体の方向性，すなわち事業領域の設定，多角化による事業進出や統廃合，事業間の資源配分などといった下位の組織単位である事業部のあり方を考える戦略である。

② 事業戦略

事業戦略とは，事業部長などのミドルが自らの事業内部，すなわち部内の下位組織である各種職能部門の運営を考える戦略である。事業戦略は競争戦略でもある。

例えば，パナソニックとシャープを例にとると，テレビ市場で互いに競争しているのは，正確にいえば両社（の本社）ではない。テレビ市場において実際に競争を繰り広げているのは，それぞれにテレビを開発し製造し市場に送りだしている両社のテレビ担当の事業部である。したがって，事業戦略は競争戦略のカラーが出る。

競争相手に勝つために事業部では，研究開発投資を高めたり，営業担当の人員を増やしたり，さらに購買調達コストや生産コストを引き下げたりといった，下位ユニットである職能部門の管理・運営に腐心するのである。

③ 職能別戦略

最後の職能別戦略とは，課長などのロワーの監督者が，各々の所属する職能部門内の運営について考える戦略である。営業部門の長であれば販売数や販売額の増大などを考えるだろう。生産部門の長であれば生産のコスト・ダウンやスピード・アップなどを考えるだろう。研究開発部であれば，新技術や新機能の開発を考えるだろう。そして，その職能部門長の指示にしたがって，各職能部門員が具体的に実働していくのである。

（2）専業企業の戦略階層

また，組織構造のタイプの違いによって戦略の階層は異なってくる。図表11－6のように，職能別組織の企業はいわば単一事業の専業企業である。このような専業企業では，本来的には事業部自体が必要ではない。事業部が果たしている機能を本社が果たすからである。

つまり，1つしか事業（製品）がないので，事業部の部門長が行う調達，生産，研究開発，販売といった各職能の運営・管理を本社のトップが行うことになるのである。言い換えると事業戦略の案件が全社戦略の案件になり，事業戦略が全社戦略に相当するのである。したがって，戦略階層は「全社戦略（＝事業戦略）」と「職能別戦略」の二層になる。

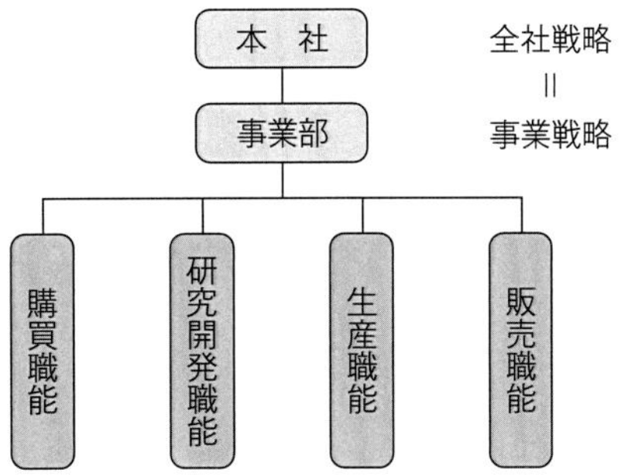

図表 11 ― 6　職能別組織の戦略階層

事例で考える

職能別組織と企業の大きさ

複数の事業を持つ大企業が事業部制を採用するのに対し，職能別組織は単一事業の中小企業が主として採用していることが多い。しかし，単一事業で職能別組織を採用しているからといって，必ずしも中小企業だとは限らない。

例えば，トヨタ自動車はグループとしては住宅事業や金融事業なども行っているが，トヨタ本社は基本的に自動車の製造を主としており，専業に近い。無論，いろいろな車種があるが，自動車製造業であることは変わりない。同社は日本を代表する大企業であるが，組織構造は基本的に職能別となっており，いかなる車・技術を開発し，どのように調達・生産コストを減らして製造するかが全社戦略の案件なのである。

また，アサヒビールも大企業であるが，事業内容的にはほぼ単一商品の専業企業である。したがって，同社の組織図もまた基本的に職能別となっており，本社の全社戦略の案件は，競合企業に勝つためにいかに各職能を運営するかにあるといえる。

（参考）トヨタ自動車 HP とアサヒビール HP より

4．戦略と組織の関連

（1）経営組織は経営戦略に従う

経営戦略と経営組織の関連について，もっとも初期に言及した学者がアメリカの経営史家チャンドラー（Chandler, A.D.）である。チャンドラー［1962］は，アメリカ巨大企業の組織構造の歴史的展開から，経営学の領域で有名な「組織構造は経営戦略に従う」という命題を導き出した。

簡単にいうと，この命題は企業が垂直統合戦略をとると，その構造が職能別組織に変わり，多角化戦略をとると事業部制組織に変わるということを示している。やや単純で極端な例を用いるが，説明してみよう。

① 垂直統合戦略と職能別組織

現在，我々の身近に存在する有名な大企業はいきなり大企業として誕生したわけではない。一部の例外を除いて，どのような大企業も小さな事業所のような組織から始まる。製造業であれば，工場に併設された事務所などをイメージするとよいだろう。

仮に今，タオルを製造している「事務所＋工場」の小規模企業があるとしよう。この小企業がタオルの製造だけでなく，自社で直接販売することを決めたとする。このような戦略を垂直統合戦略という。つまり，ある製品が顧客までに届く垂直の流れ「原材料供給 ⇒ 製造加工 ⇒ 流通小売」において，他の業種に進出し自社内に統合することである。この場合，タオル製造業がタオルの小売業に進出し，自社内に製造と小売を統合したことになる。

しかし，タオルを製造する知識・経験や設備とタオルを販売する知識・経験や設備はまったく異なる。製造スタッフや工場を転用することはできない。タオルを顧客に売り込むスキルに長けたスタッフを雇わなければならないし，彼らが活動する拠点も設けなければならない。こうして，小さな事業所は新たに営業所や販売所を開設することになる。その結果，採用されるのが「生産職能」と「販売職能」から成る職能別組織なのである。このように，垂直統合戦略にしたがって職能別組織が構築される（図表 11 − 7 の①⇒②）。

② 多角化戦略と事業部制組織

さらに，やがてこの会社は，タオルの製造・販売だけではなく，壁掛け時計の製造・販売を行うことにした。これまで扱ってきた製品とはまったく異質の業界に進出するのである。このような新規事業展開を多角化戦略と呼ぶ。

タオルの生産ラインに時計の部品を流すわけにはいかない。なぜならタオルを作るスタッフは時計の製造に熟練していないからである。顧客層が違うため，タオルの販売ルートを使って時計を売るわけにもいかない。もしタオルの販売に特化したスタッフを時計の販売に使えば戸惑うだろう。このように既存のタオルの生産スタッフと生産工場，販売スタッフと販売ルートを使うことはできない。壁掛け時計専用の工場と営業・販売所を設け，専用のスタッフを雇わなければならないのである。

このようにして，製品（事業）ごとに「生産」と「販売」から構成される職能別組織を設けることになる。ただし，この段階ではまだ事業部は創設されていない。したがって，二系統の職能別組織を設けた結果，事務所の経営者と管理職員はタオルの生産・販売と壁掛け時計の生産・販売を同時に考えなければならないようになる。

二種の異なった製品（事業）を一括運営することは，経営者に多大な管理負担を日常的にもたらす。結果，会社全体のことを考える時間が無くなり，業績が低迷することになる。やむをえず，経営者は日常的な管理負担から逃れるために，自分に代わりそれぞれの製品を管理・運営する担当部門を追加する必要性に迫られ，その結果として，製品別に事業部が設置されることになる。「タオル事業部」と「壁掛け時計事業部」の完成である。

同時に，日常的な製品管理業務から解放された経営者は，会社の将来の事業進出の方向性や現在の事業部の運営といった戦略的業務に専念できるようになり，本社機構が発達するようになる。この過程で，事務所はやがて本社になり，社長他数名の役員は本社のトップ・マネジメント層を形成するようになり，事務職員は本社の管理者層を形成するようになるのである。

このようにして，多角化戦略の結果として事業部制組織が採用され（図表11－7の③⇒④），新たな戦略は新たな組織を要請し「組織は戦略に従う」のである。

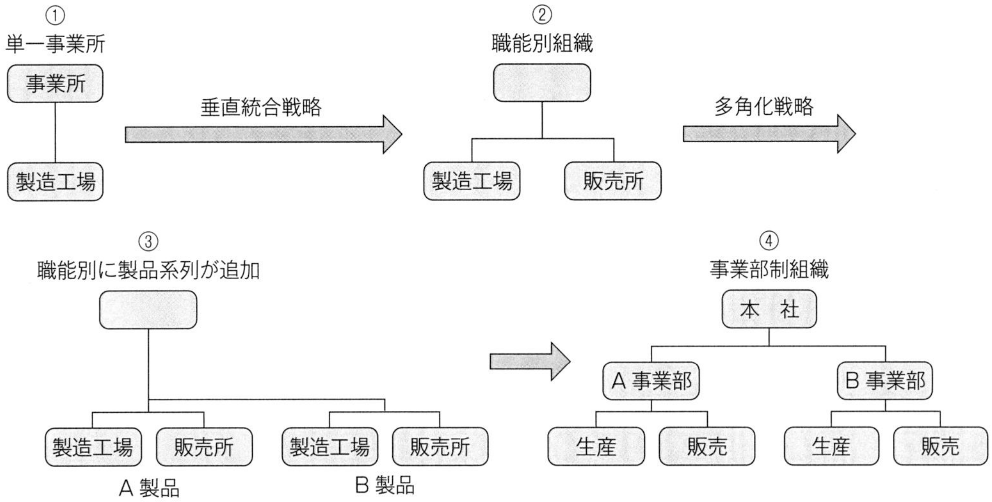

図表11－7　企業成長の歴史

（2）戦略と組織の適合が成果を定める

戦略実施後に適切な組織構造を構築しなければ，業務効率が低下し業績が低下するということは，戦略に適合した組織を構築すると成果が上がるということである。せっかく新しい事業に進出しても，成果が上がらなければもったいない話である。「経営組織は経営戦略に従う」という命題は，戦略と組織の適合が成果を定めるという考え方（図表11－8参照）を示唆する。

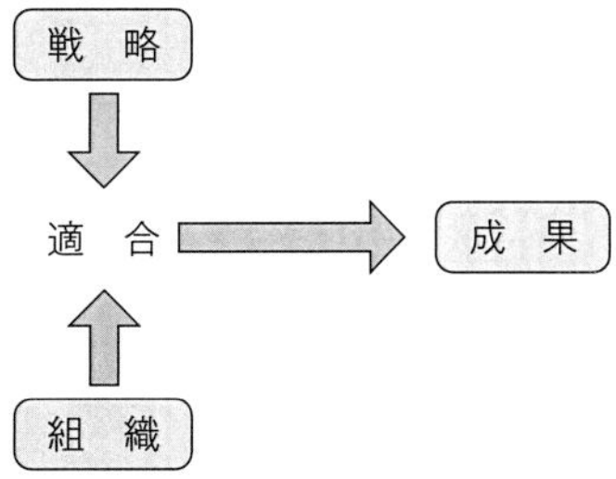

図表11－8　戦略と組織の適合関係

出所：石井他［1996］，126ページ。

考えてみよう②

「考えてみよう①」で，あなたが所属している組織（学校や会社，あるいはバイト先や家族）の組織図を書いたと思うが，その組織図が所属する組織の方針（戦略）に合致しているか考えてみよう。

事例で考える

格安航空会社における戦略と組織の不適合

戦略と組織の不適合が問題や成果の低迷をもたらした例として格安航空会社（LCC：Low Cost Carrier）の例を挙げることができる。

格安航空会社は，低価格運賃を武器に利用者数を伸ばしてきた。当初は静観していた大手航空会社も参入するなど競争の激化とともに市場は拡大している。各社は増大する需要と競合他社への対応から便数を増やしているが，この結果，パイロットの数が不足し，かえって大量欠航や大幅遅延などの事態を招き，利用者の失望を招いてしまっている。

低価格戦略と拡大戦略に組織づくりが追いついていないのである。優れた戦略もそれを支える組織がしっかりしていなければ，かえって業務効率を低下させ，業績に悪影響を及ぼすという好例だろう。今後LCC各社にとっては，どのような組織体制を構築するかが重要な経営上の問題となるだろう。

5．戦略もまた組織に従う

（1）戦略と組織の相互関係

以上までの説明で，戦略と組織の関係は，戦略に対する組織の従属的関係であるかのような印象を受けるかもしれない。しかし，実際には組織もまた戦略に影響を与え，組織のあり方によって戦略のあり方が定まるのである。

この点を指摘したのがマイルズ＆スノウ（Miles, R.E. and Snow, C.C.［1978］）である。彼らによると，経営者を含めた企業の運営者たちは，まず環境変化に対応してどのような製品・サービスや市場を選択するのかという，革新を生み出すための「企業者的問題」に直面するという。続いて，事業領域が確定すると，具体的な製品・サービスの生産・流通に必要な組織体制をいかに構築するか，という「技術的問題」がさらに生じる。しかし，たとえ適切な生産・流通体制が築かれても，それが日々の繰り返し作業に耐えられる信頼性を持った制度として定着しなければならない。よって最後に，構築された組織体制を運営・維持する「管理的問題」が生じるのである。

ただし，このプロセスはここで終わりではない。構築された組織体制や管理方法は，将来の環境適応行動のあり方，すなわち企業者的問題への対応のあり方を規定するのである。つまり，既存の組織体制を安定化させる一方で，次の革新的な企業者的行動を生み出す仕組みも制度的に確立しなければならない。

企業者的行動ないし問題を戦略的行動・問題とすると，技術的問題や管理的問題は組織の問題といえる。すなわち，戦略の実施は組織の問題を引き起こし，その結果構築された組織体制が次の戦略の実施に影響を与えるのである。「戦略もまた組織に従う」のである。戦略と組織の両者は時間的に相互に規定し影響し合っている。

（2）戦略行動のパターン化

このように戦略は組織的な活動プロセスの中で展開され，位置づけられる。あるいは，組織活動または組織的プロセスそのものであるといえる。戦略は単に机上の理論や計画ではなく，組織の人々が織り成す行為の連鎖なのである。それは極めて人間臭いものであり，実際にはマイルズ&スノウ［1978］は，企業ごとに戦略行動にある種の傾向，人間でいえばクセのようなものが生まれると述べている。彼らはそのようなパターンとして「探索型」「防衛型」「分析型」「受身型」を挙げている。

探索型とは，いかに新しい製品・市場の機会を見つけ，開拓するかということに関心を持つタイプの企業である。いわば環境変化に対して能動的に対応する戦略行動である。製品・サービスの陳腐化や革新が速い業界の企業に特有といえるかもしれない。

防衛型は，不確実で変化する市場に対して安定した部分を占有し，自らに有利な環境を作り上げようとするタイプの企業である。環境変化に合わせ自社を能動的に変えていくことは，時に組織の変革疲れや制度疲労を起こす。むしろ，環境変化が自社に伝わらないように安全な生存圏を作り上げる保守的な戦略行動だといえる。寡占や独占業界にみられる戦略パターンといえるだろう。

分析型は安定した製品・市場領域を維持する一方で，いかに新しい製品・市場機会を見いだし開発するかという，探索型と防衛型を合わせた戦略パターンをとる企業である。

そして最後に，受身型は環境変化や不確実性を認識することはあっても，効果的に対応できない組織である。環境変化にもかかわらず，既存の戦略・構造関係に固執し，危機的状況になるまで対応をほとんど行わないという行動パターンを持つ。

受身型は明らかに優れた戦略行動とはいえないが，これらの戦略パターンには基本的に優劣はない。問題は同じ戦略行動をとり続けることであり，マイルズ&スノウ［1978］は既存の戦略パターンから脱するために，新しい物事の見方を学ぶダブル・ループ学習📖を推奨している。

用語解説

ダブル・ループ学習

既存の価値観や規範の中で次第に物事に習熟していく学習をシングル・ループ学習という。対して，ダブル・ループとは，既存の価値観や規範を棄却し，新しい価値観そのものを学ぶ高次学習といわれている。

確認Quiz!!

② 探索型が最も優れた戦略パターンである。

6．組織で戦略する

この章では，戦略と組織の関係について検討してきた。そのメッセージをあえて挙げるならば，「戦略とはトップの占有物ではなく，組織の皆がかかわるものである」ということである。

戦略の策定・実行スタイルや戦略の階層性では，戦略が経営者から現場までを巻き込んで組織的に策定・実行されることを見てきた。戦略と組織の関係では，戦略づくりと組織づくりが相互に影響し作用しつつ時間的に展開していくこと，そして，戦略とは組織という場で展開されるプロセスやパターン，あるいは流れとして位置づけられることを見てきた。まさしく「組織で戦略する」のである。

このように組織的な文脈で戦略を捉え，理解しようとしたのが「戦略経営」と呼ばれる理論である。上述のマイルズ＆スノウ［1978］もそうした論者の1人に数えられている。そして，この「戦略経営」的観点の延長線上にあり，戦略の組織的側面に着目するさまざまな理論の1つの結実として提示されているのが，第1章でも触れたプロセス型戦略論である（石井他［1996］；大滝他［2006］）。

戦略が組織的行為であるならば，それは一旦策定されたなら後は単にその通りに実施されるというような，静態的・一時的なものではない。実行段階において生じるさまざまな偶発的出来事を取り込みつつ，組織的に実現していくものである。プロセス型戦略論は，そのようなダイナミックな過程としての戦略に着目する理論なのである。

確認Quiz!!

答え

①の答え：×

戦略策定のスタイルはそれぞれにメリットとデメリットを持っている。いずれが一番優れているというものではない。

②の答え：×

マイルズ＆スノウ［1978］は受身型以外のパターンは，各々が選択した環境に有効適応し，一定の成果を収めるような戦略と組織を開発しているという。すなわち，必ずしも探索型だけが優れているわけではない。さらに，彼らによるとより成果を上げる組織は，変化が望まれる時にパターンを調整できる組織であり，特定のパターンを続けることをより問題視している。

主要参考文献

Ansoff, H.I.［1965］*Corporate strategy,* McGraw-Hill.（広田寿亮訳［1969］『企業戦略論』産能大学出版部）

Barnard, C.I.［1938］*The functions of the executive,* Harvard University Press.（山本安次郎・田杉　競・飯野春樹訳［1968］『新訳　経営者の役割』ダイヤモンド社）

Chandler, A.D.［1962］*Strategy and structure,* MIT Press.（三菱経済研究所訳［1967］『経営戦略と組織』実業之日本社）

藤本隆宏［2004］『日本のもの造り哲学』日本経済新聞社。

日夏嘉寿雄［2009］「戦略の階層性」小松陽一・高井　透編著『経営戦略の理論と実践』芙蓉書房出版，59～80ページ。

石井淳蔵・奥村昭博・加護野忠男・野中郁次郎［1996］『新版　経営戦略論』有斐閣。

勝見　明［1998］『ソニーの遺伝子』ダイヤモンド社。

経営学検定試験協議会監修・経営能力開発センター編［2013］『経営学検定試験公式テキスト①』中央経済社。

三品和弘［2004］『戦略不全の論理』東洋経済新報社。

野中郁次郎［1990］『知識創造の経営』日本経済新聞社。

沼上　幹・軽部　大・田中一弘・島本　実・加藤俊彦・生稲史彦［2006］「日本企業における組織劣化現象と組織デザイン」『組織科学』Vol. 39，No.4，12～26ページ。

Miles, R.E. and C.C. Snow［1978］*Organizational strategy, structure and process,* McGraw-Hill.（土屋守章・内野崇・中野　工訳［1983］『戦略型経営』ダイヤモンド社）

大滝精一・金井一賴・山田英夫・岩田　智［2006］『新版　経営戦略』有斐閣アルマ。

山本昭二［2007］「シャープ「ヘルシオ」の開発ケース」『関学 IBA ジャーナル』2007 巻，16～18ページ。

参考 URL

トヨタ自動車「トヨタ自動車株式会社組織図」www.toyota.co.jp/jpn/company/history/75years/data/company_information/management_and_finances/management/organizational/organizational_changes15.html - 2k（2014 年 9 月 24 日アクセス）

アサヒビール「アサヒビール株式会社組織図」http://www.asahibeer.co.jp/news/2011/0208_2.html（2014 年 9 月 24 日アクセス）

第12章　経営戦略と経営者のリーダーシップ
～戦略の前にあるべきもの～

◎ 経営戦略論の特徴

・企業の所与の戦略目的に対し機会主義的に最も経済的成果を上げる手段としての戦略に着目

⇒価値前提を捨象し事実前提に焦点

・価値前提⇒何がより良く，正しい目的か。規範的問題⇒科学研究の対象にならない。

・事実前提⇒目的を達成する手段として何が適切か。成果的問題⇒科学の対象になる。

◎ 企業の根本目的と経営者の役割

・さまざまな戦略目的の背後にある，企業の根本的な目的は利潤拡大。

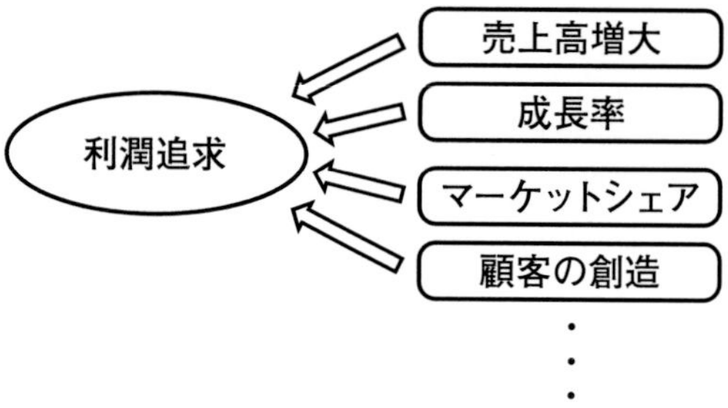

・経営者とはその利潤追求の担い手であり，戦略はその担い手の利潤追求の達成手段。

⇒企業の根本目的・経営者の本来の役割・戦略の本質の三者が重層するとき，過度の利潤追求的な戦略行動が行われ，さまざまな社会的問題が生じる。

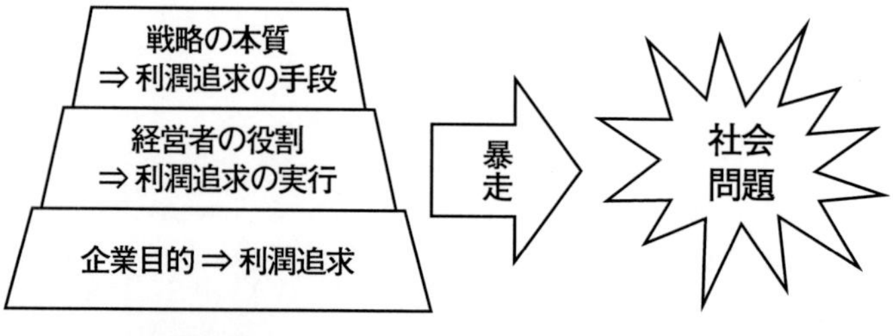

◎ 企業の利潤追求の規制

・一般的な制度的規制 ⇒ コーポレート・ガバナンス（企業統治）
　⇒ 経営者より上位の権威を持つ取締役会の監視機能を強化

・倫理的・人的な規制方法 ⇒ 経営者自身のオーセンティック・リーダーシップの発揮

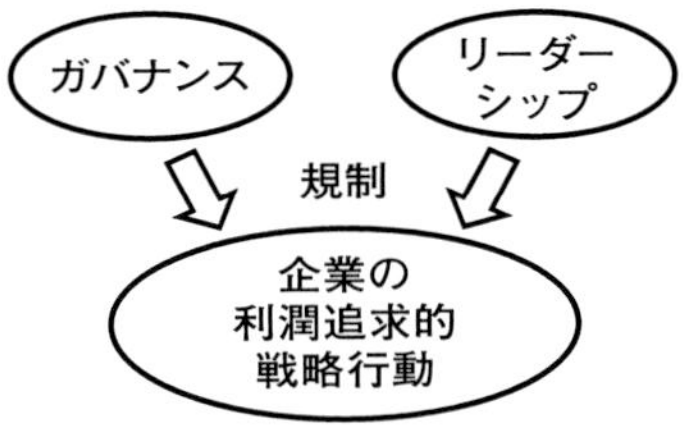

◎ オーセンティック・リーダーシップとは…

真実の自己と真正な目的に覚醒し（自己認識），その真正な目的や道徳観にしたがって，自己を律するとともに（内面化された道徳・自己規律），物事や他者の意見を中道の精神で判断し（バランスある処理），自分の弱みを含めて他者と正直なコミュニケーション（関係的透明性）を図るリーダー。

・オーセンティックな行動に駆り立てるもの
　⇒「勇気」：心理的資産。勇気は学べない。勇気は次の勇気ある行動を保証しない。

・オーセンティックに目覚めるきっかけ
　⇒「死に近い経験」：死や無情に接することにより，俗世のしがらみを離れ，真の人生を悟る。

◎ 利益性と公共性の統合

・経営者の真正な社会的・公共的使命感は企業の究極目的である利益性と対立。
　⇒ 二者択一ではなく，利益性と公共性を統合・包括した高次目的へ。

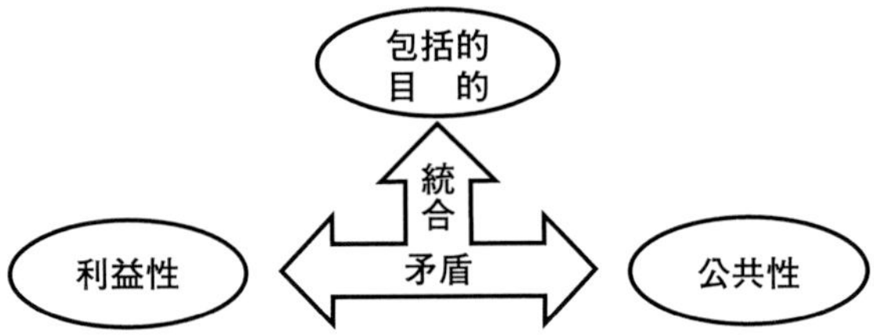

※学んで欲しいこと

戦略の本質は何か，経営者の真の役割とは，企業の究極目的とは何かを学んでください。

第 12 章　経営戦略と経営者のリーダーシップ
～戦略の前にあるべきもの～

講義日
／

1．ツールとしての戦略が持つ問題

経営学を含めさまざまな学問領域で活躍したサイモン（Simon, H.A.［1955］）は，人間が意思決定を行う際の前提（意思決定前提）を価値前提と事実前提に分けた。価値前提とは決定をする際に目的は何かということであり，事実前提とはその目的達成にとってどの手段が適切かということである。

就職活動にたとえてみよう。就活において学生は今後の人生を左右するさまざまな決断を下していかなければならない。そのような意思決定において，価値前提とは，そもそもどのような仕事（業種・企業・職種）がしたいのか，あるいはその仕事を通じてどのように成長したいのか，などの就活の目的や職業人生における将来像だろう。対して，事実前提とは，そのような目的を達成するために（希望の仕事に就くために），履歴書をどのように書けばいいのか，面接でいかにアピールするのか，合同説明会に参加するのか，インターンシップをしてみるのか，キャリア・センターを活用するのか，就職サイトを利用するのか，という採りうる就活上の手段のことを指す。

価値（観）は主観的で善悪や正否の問題がからみ，普遍性や検証可能性または客観性を重視する近代科学が扱うには難しい問題である。すなわち，どのような目的が正しいか否か，または善いか悪いかということは，人それぞれによって異なり唯一正しい答えというものはない。一方で，たとえ目的が正否・善悪のいずれであろうとも，その目的達成にとってどの手段が最も成果を上げ合理的かは純粋な事実としての答えがあり，善悪とは関係なく中立である。よって手段の（目的達成の）効果は客観的に検証でき，その結果は万人に適用できる。

再び就活の例に戻ろう。どの業界を目指したいのか，あるいはどのような職業人生を歩むべきなのかは個々の学生の価値観に依存する。教員やキャリア・センターが押し付けることはできない。ただし，ある業界や企業に就職するにはインターンシップが効果的であるとか，どういった資格が必要かとか，いかにアピールすべきかなどの目的に対して何が最適な手段かという事実は広く学生の間で共有でき，教員やキャリア・センターがより良い手段としていずれの学生にも勧めることができる。

したがって，サイモン［1955］は科学としての経営学は事実前提の問題を対象に研究を進めるべきだと推奨した。このサイモン［1955］の忠告に従い，今日まで戦略論は経営者の戦略的意思決定の事実前提に焦点を当ててきたといえる。すなわち，本書でこれまで学んできたような各種の理論は，戦略目的（事業定義，競争優位，成長，資源活用など）に応じて経営者が効果的な意思決定を行えるよう，支援する手法ないしツールを提供しているといえ，最適な手段を探る事実前提的な研究であるといえる。

戦略論の各理論は，確かに企業の最適な実践的手法を事実としてまとめてきたものであり，それ自体としては価値を問うてはいない。しかし，本当に戦略（論）は価値の問題と切り離されているのだろうか。あるいは，より正確にいうと，戦略の価値的側面を関係なしとして脇に置いてよいのだろうか。

何のために組織や人（時には自然界の生物まで）はさまざまな戦略を編み出すのか。戦略の究極目的を考えると，それは競争相手に勝利し自己が生存するためである。戦略（論）には，本来的に他者（社）の否定という価値観が含まれている。たとえ他社と互恵的関係を築こうとも，それは共通の脅威に対する利害的妥協であり，真の共生・共存とはいえない。第１章でみた経営戦略の源流たる軍事戦略では，他者の否定が最も直接的かつ明確に表れている。

学者（学問）の都合で切り離したものの，価値的側面も事実的側面も戦略を構成する要素であり，本質的に不可分である。そして，資本主義という市場競争の現場において，ときに戦略の価値的側面が暴走することがある。

企業は利益を追求する。無論，企業自体が人間のように意思を持つわけではないので，実際には経営者がその役割を担う。そして，経営者が利益を追求する際，強力な武器となるのが戦略である。しかし，利益をあげ厳しい生存競争を勝ち抜くことにまい進するうちに，いつしか武器が凶器に変わり必要以上に利潤を求めて他社（者）を制圧し，結果としてさまざまな社会問題を引き起こすことがある。

本章では，経営者が行き過ぎた利益主義を抑え戦略の手綱を握るために何が必要か，戦略の前にあるものとしての経営者のリーダーシップについて考えてみたい。

2．企業の目的

（1）市場競争の果て

わたしたちが生きる現代社会では，資本主義というシステムが支配的である。資本主義社会とは，貨幣と商品やサービスを交換（取引）する社会である。すなわち，貨幣を中心に企業と消費者が（ときに企業と企業が）商品・サービスを売ったり買ったりすることで成り立つ社会である。

資本主義社会のもう１つの特徴が市場競争原理である。すなわち，消費者が望む質量の商品・サービスを提供する企業がより多くの貨幣，いわゆる利益を獲得できる一方で，消

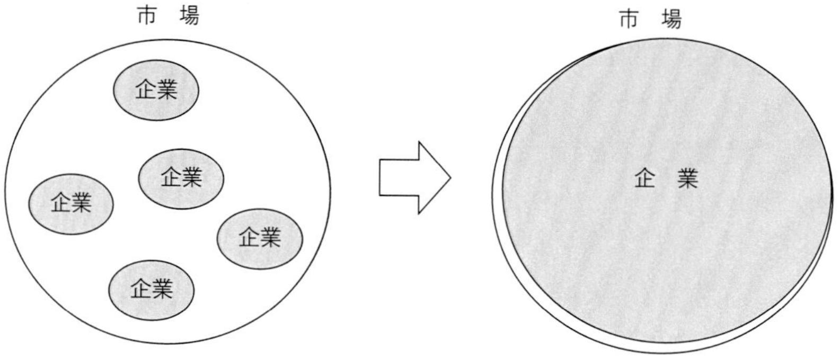

図表 12 − 1　企業による市場制覇のイメージ図

費者に望むものを提供できない企業は利益を得ることができず，やがて市場から淘汰されていくという仕組みである。

消費者は自らでも気づかないニーズを企業が発掘してくれて，かゆいところに手が届くようにより便利なモノ・サービスを継続的に手にすることができる。企業は，消費者の支持を得るほどに資金が潤沢になり，事業を大きくし生き残ることができる。まことに双方にとって幸せなシステムであるといえる。

しかし，この市場競争原理を突きつめて考えるとどうなるだろうか。それは必ずしも消費者にとって幸せな社会ではない。つまり，ある市場において消費者との取引を一社の巨大企業がすべて引き受ける世界である。競争の結果，多種多様な競合他社が淘汰され，企業一社が市場を覆い尽くす世界に行きつく（図表 12 − 1）。

競争業者だけではない。本来協力関係にある供給業者や卸業者や流通業者も存在しない。それら企業間の取引はすべて巨大企業の中に内部化され，部門間の取引に成り果てる。あるいは，せいぜいよくて子会社間の取引だろう。卸値や小売値も市場原理が決めるのではなく，すべてその巨大企業（の経営者）が定める。なにより，そこには商品やサービスの利便性向上やイノベーションはない。企業はもはや消費者のご機嫌（ニーズ）をうかがう必要はない。なぜなら，自社に代わって代替的な商品・サービスを提供する競合他社はいないからである。消費者には，企業サイドの品質・分量の商品を示された価格で買うほか選択肢はない。どうせ売れるのだから，企業にはコストがかかり面倒な新製品や新サービスを開発する意味などないのである。

それは，もはや自由な商取引ではない。巨大支配企業の消費者に対する単なる一方的な商品・サービスの配給ないし分配である。それは，どことなく資本主義が打倒したはずの，中央政府が計画的に商品・サービスを生産・配分する共産主義に似ている。

その企業の提供している商品やサービスが奢侈品や余暇的サービスであれば，わたしたちの生活への影響は限定的だろう。しかし，食料品や電気・ガスなどの生活必需品や日用的サービスであれば，わたしたちの生活に及ぼす影響力や支配力は決定的なものになる。

以上はSFの中に出てくる企業のような極端な話かもしれない。しかし，そこまで極端でないものの，身近な例は存在する。例えば，パソコンのOSで巨大な市場シェアを誇るマイクロソフトのようなグローバルスタンダード（世界標準規格）を握った企業など挙げられるだろう。フリーのOSソフトがインターネットを通じて提供されたり，パソコンに代わってスマートフォンやタブレットなどが登場しそれに伴って他のOSが登場したりするなど，かつての牙城は次第に切り崩されてきているが，依然，デスクトップ型パソコンやノート型パソコンのOSとしては高いシェアを持っている。上記の空想企業の話は，マイクロソフトのような企業の延長線上にある。

極端な例を用いて示したかったのは，空想企業の現実可能性ではない。自由市場競争の持つ真の意味が「勝者による市場制覇」であり，その市場競争の中で，各社が生き残りをかけて編み出す戦略が，組織の人々の知識や知恵を武器化したもの，いわゆる知的武装であり，本質的に他社（者）の否定という意味を含んでいるということである。

事例で考える

大企業による市場の制覇―流通業界―

従来，地方の商店街や地場スーパーは，1973年に制定された大規模小売店舗法（通称，大店法）によって守られていた。つまり，この法律は総合スーパーなど大型商業施設を手掛ける大手流通業者が進出してきた際に，地域の中小小売業者が不利にならないように，商業調整や出店調整をして合意を得なければならないことを規定していた。

しかし，この法律が公正な市場競争を阻害しているとしたアメリカの圧力によって2000年には完全に撤廃される。背景にはアメリカの大手流通業者による日本進出の戦略意図があったという。大店法撤廃後，郊外には今日に至るまで，スーパーセンター，ショッピング・センターやアウトレット・モールといった巨大な商業集積体が乱立し，そのあおりを受け地域の商店街や地場スーパーは閉店を迫られ，シャッター街が日本各地に生まれた。

現在も大手流通業者は，地域の中堅スーパーを傘下に収め巨大化し，互いに覇権を競っている。大手流通業者は生産者に対して強い価格交渉権を持っている。生産者にとってみると，巨大な流通業者は大量かつ安定的な卸しを見込める相手だからである。この結果，わたしたちは遠い地域の珍しい食品やブランド衣服を比較的安価で手に入れることができ，生活は確実に豊かになっただろう。

しかし，大手流通業者がグローバルに作り上げた巨大流通網は負の側面もはらんでいる。それは遠い地域で起きたリスクが各地に分散するということである。すなわち，どこかの地域や国で食材に危険物が混ざった時，それが巨大流通網にのって日本全国に広がるということである。無論，そのような事態にならないように，大手流通各社や生産者は品質に万全を期しているだろうが，それでもすべてのリスクが消えるわけではない。
地域の生産者が作ったものを地域の商店街やスーパーが売り，地域の人々が消費する。以前のような地域ごとの限定的流通網による地産地消であれば，こうしたリスクが広がることはないだろう。地域の恵みもリスクも地域で引き受ける意義もまた存在する。わたしたちは巨大流通網によって，恩恵を受けると同時に不要なリスクもシェアしているのである。

考えてみよう①

市場だけでなく，受験，学業，就職，転職，給与，昇進，結婚，スポーツなど，競争は身近に存在する。競争システムはわたしたちに何をもたらすだろうか。そのメリットとデメリットを考えてみよう。

（2）企業の根本目的と経営者の役割

上記で企業は生存のために規模を拡大し，利益を追求すると述べたが，一般に企業は巨大化するほど，その経営目的は多様化するといわれている。より具体的にいうと，株式会社形態の下で，所有と経営が分離し，専門経営者が登場することによって，企業の目的は多目的化するという。

株式会社とは，株式を株券として発行し，出資者に購入してもらうことで，運転資金を集める会社形態のことである。日本ではほとんどの企業がこの会社形態を採用している。出資者はその会社の株式を買うことで，株主すなわち会社の所有者となり，株主総会において会社の最高決議を担う。50パーセント以上の株式を占有すると議決権が握れ，大株主ほどその意思を経営に反映させることができる。これを一般に「会社を支配する」と表現する。また，株券を株式市場などに流通させることによって，広く出資を募ることができ，企業が巨大化するにはうってつけの会社形態である。

この株式会社には大きくいって3つのタイプが存在する。第一は創業間もない小規模企業で一般的にみられるタイプである。すなわち，出資者である創業者が株式の大半を保持し所有者（＝大株主）として企業を支配すると同時に，経営者として日々の経営業務も行う企業である。

第二は，創業者や創業第一世代が去り，中規模程度に大きくなった企業に見られるタイプである。このような企業では，創業者一族や一部の関係者が株式を大量保有し大株主として君臨・支配しつつも，大規模化に伴って経営業務が複雑になり専門の知識が求められるようになる。結果，現場を経験しトップにまで昇進してきた生え抜きの社員，つまり社長に経営実務を任すようになる。専門経営者の誕生である。第一のタイプの企業と異なり，企業の所有者と経営者が人格的に分離することから，所有と経営が分離しているといわれる。

第三は，所有と経営の分離が進んだ一般の大規模企業に見られるタイプである。事業が順調に拡大していくと，しだいにより多くの資金が必要になる。そこで，自社の株式を市場に上場し多くの人々に購入してもらうことで，広範に資金を調達することになる。しかし，この過程で発行される株式数は，かつて創業者一族や関係者によって占有されていたころに比べ，飛躍的に増大し分散する。発行される株式が少数であれば一族関係者で買い占めることができるが，大量に分散すると難しい。結果，企業の所有者は創業家などの特定の個人や一部の関係者から，不特定多数の企業（経営）に無関係・無関心な人々（小株主）へと変わることになる。

いずれの小株主も大量に分散した株式を過半数を超えて保持することはかなわず，経営者を意のままに動かす大株主はほとんどが姿を消す。大株主の支配から解き放たれた経営者は，己の意思で経営を行うようになる。個々の株主は依然として企業を所有しているものの，議決権を獲得できず企業をコントロール（支配）できない。これまで大株主（所有者）が手にしていた実質的な支配権が経営者に移るのである。これを所有と支配の分離という。

第一と第二のタイプの株式会社は，所有と経営が一致しているか分離しているかの違いがあるものの，所有者である株主が支配している点では同様である。このような企業を所有者支配型企業といい，対して，第三のタイプは経営者が実質的支配者になっていることから経営者支配型企業という。以上の議論を要約したものが図表12－2である。

所有者支配型企業では，その経営目的は端的に言って株主利益の最大化である。利潤を極大化し配当や株価を高めるなど，株主の利益を最優先にした経営が行われる。特に，第二の所有と経営が分離した企業では，経営者は株主の利益追求を株主に代わって行う代理

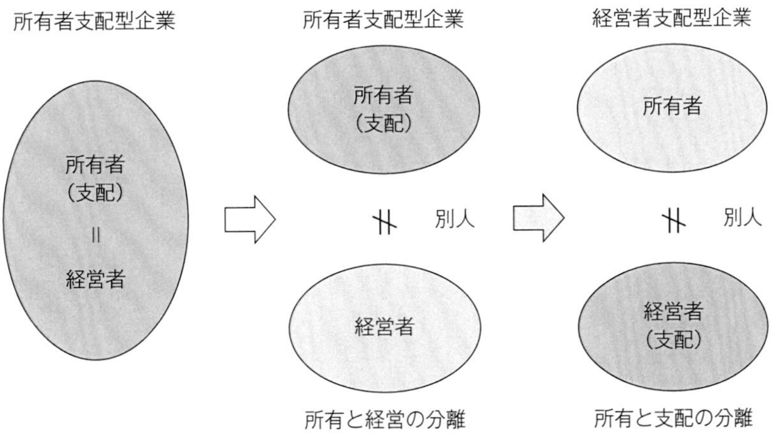

図表12－2　株式会社の三形態と支配の移行

人（エージェント）のような存在である。

他方，経営者支配型企業では経営目的は利潤の極大化（＝株主利益の最大化）ではなくなるという。つまり，これらの企業では，経営者は株主の支配を離れているので，彼らの利益を最優先にして利潤極大化の経営を行うという動機も制約もない。むしろ，売上高の増大や成長率，マーケットシェア拡大，顧客の創造などが主な目的になるか，あるいはそれらの目的が並列的に追求され，企業の目的が複合化・多目的化すると考えられる。利潤追求はあくまでそれらの目的の１つ，または企業がゴーイングコンサーンとして存続していくための必要最低限度の目的になるという。

しかし，果たして経営者支配型企業だからといって，利潤追求以外の目的で経営が行われるのだろうか。大株主がいなくなったからといって，経営者（企業）は利潤拡大の手を緩めるのだろうか。

必要最低限の目的とは，視点を変えれば，最も本質的な目的と考えることができる。すなわち，上記のさまざまな目的は元をたどれば，結局のところ利潤追求に行き着く。利潤の極大化を目指すのがあくまでも企業の根っこの目的であり，さまざまな目的はその利潤追求が具体化し派生したものと考えられる（片岡［1992］)。すなわち，ある人物が経営者の地位に就き，マーケットシェアの拡大や売上高増大など，自らが重要だと考える具体的な戦略的目的を設定したとしても，それは結局のところ企業の利潤追求に寄与し，その目的にそった行動なのである。売上高増大，シェア拡大，顧客創造などの数々の戦略目的や意図の背後には，やはり利潤追求があるといえる（図表12－３参照)。

そもそも経営者とは特定の個人や人物を指す言葉ではない。それは職位や地位を示し，さらにいうとその職位や地位が規定する役割ないし機能のことを意味している。そして，企業における（あるいは企業が求める）経営者の機能・役割とは，市場から他社を駆逐し規模を拡大し，その根本目的（利益獲得）に貢献することなのである。いわば，会社の機関としての経営者なのである（山城［1975］)。経営者の要件は人物の善し悪しではない。企業活動の原理・原則に従い業績を上げられるか否かなのである。経営者という職務・役割自体が価値判断を含んでいないのである。

利潤追求を自己目的とする企業において，その忠実な実行機関である経営者がその具体的な実行手段として戦略を用いるとき，しばしば利潤追求の是非が顧みられることなく，その行き過ぎによってさまざまな社会問題や環境問題が引き起こされることがある。後に触れる世界金融危機，水俣病などに代表される公害問題，また最近では福島第一原発の事故やブラック企業問題など，そのような例は古今東西，枚挙に暇はないだろう。

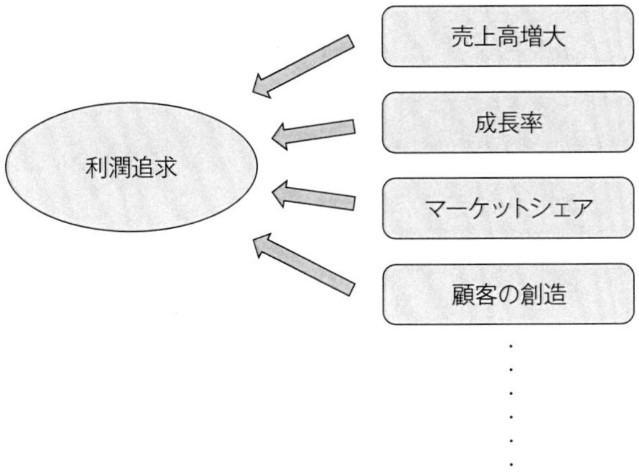

図表12－3　企業の根本目的のイメージ図

考えてみよう②

企業の根本目的は利潤追求であり，経営者の本質的役割は利潤拡大だろうか。考えてみよう。

（3）企業統治の高まり

競争状況では何よりもビジネスチャンスを失うことが恐れられるので，企業の戦略行動の行き過ぎを止めることは難しい。企業の過剰な利益追求の戦略行動をいかに抑えるのか。それには，実行機関である経営者よりさらに上位の権威を持つ会社機関で規制するのが最も合理的である。そこで，近年展開されている議論が企業統治（コーポレート・ガバナンス）📖である。

経営者とは具体的には日本であれば代表取締役社長を指し，米国であればCEO（Chief Executive Officer）を指す。これらの人々は取締役会で選ばれる（取締役を選ぶのは株主総会）。したがって，企業統治論では，取締役会の権限と監視機能の強化がしばしば議論されている。

企業統治は本来，経営者支配型企業においていかに株主の代理人たる経営者に株主利益のために経営を行わせるか，という経営のモニターやチェックの話から端を発している。つまり上述したように，経営者支配型企業では経営者は株主の支配を離れ，自らの経営目的を優先すると考えられるからである。1990年代のアメリカにおいて，年金基金などの機関投資家（大口の株主）が経営者に株主利益を優先するよう統制したことから，企業統治について関心が集まった。

さらに，2000年初めのエンロン（エネルギー会社）とワールドコム（電気通信会社）の不正経理・粉飾決算による倒産，さらに2000年終わりのリーマン・ブラザーズ（大手投資銀行グループ）の倒産（リーマン・ショック）に端を発した世界金融危機（債権の連鎖的信用崩壊による世界的な不良債権化）などによって，再び関心が高まる。

これらの事件はいずれも過度の利益至上主義がもたらした悲劇であり，特にリーマン事件ではウォール街に代表される金融投資会社が強欲資本主義と揶揄されて，その利益優先の姿勢が批判された。この結果，近年では経営者をして，いかに株主以外の従業員や消費者さらには地域社会などの企業を取り巻く利害関係者に配慮した経営をさせるか，という社会的貢献に関連して企業統治の必要性が強調されている。

こうしたアメリカの動きを受け，日本ではコーポレート・ガバナンス改革の一環として，委員会設置会社が導入されている。委員会設置会社では，特に社外取締役の存在が重視され，選任が義務化されている。社外の中立的・客観的視点から，経営が適正に行われているかを監視する役割が期待されている。

ただし，企業（経営者）の利潤追求の規制方法としてガバナンスは十全ではないことを最後に指摘しておきたい。現在のところ，委員会設置会社は選択制になっており，義務化されていない。結果，社外取締役による極度の経営介入を嫌う経営者によって，積極的な導入は進んでいない。また反面，社外取締役が経営に直接介入する問題点もある。すなわち，当該企業の経営事情に疎い社外取締役が口をだすことによって，過度の利潤追求行動を抑止するメリットよりも，むしろ逆に，経営危機に陥るデメリットが上回る可能性がある。そうなれば本末転倒だろう。

また，ガバナンスはその議論の発端が，専門経営者の経営をいかに株主利益に寄与させるかにあった。さらに，企業の統治構造の頂点あるいは法制度上の最高機関は株主総会であるので，企業統治論の議論ではどうしても最終的に株主利益（企業の利潤追求）が優先ないし正当化される。本当に公共的・社会的観点から企業の利潤追求を規制できるのかは定かではない。

用語解説

企業統治（コーポレート・ガバナンス）

企業経営者が，株主の利益だけでなく，従業員をはじめその他の利害関係者（ステークホルダー）の利害や法令遵守（コンプライアンス）に配慮した経営を行うよう，モニターしたり統制したりする仕組みのこと。

3．リーダーシップによる規制

(1) オーセンティック・リーダーシップ論の高まり

本章では，ガバナンスと同じように，経営者の過剰な利潤獲得の戦略行動を規制する機能を持つものとして，リーダーシップに着目する。

企業統治（論）以外にも，相次ぐ企業不祥事を受けて脚光を浴びるようになった経営学の概念・理論が存在する。それがオーセンティック・リーダーシップ（論）である。オーセンティック（authentic）とは「真の」あるいは「本当の」という意味を持ち，「真のリーダーシップ」または「真正のリーダーシップ」と訳される。オーセンティック・リーダーとは，真正な目的と高い倫理的・道徳的観念を持ち，自己内省によって厳しく自分を律しより善き行為をなすリーダーのことである。

従来，経営学におけるリーダーシップ論は，リーダーシップをある人物の他者への影響過程と捉え，その影響力の源泉をリーダーたる人物の行動に求めていた。そして，いかなるリーダー行動が部下などのフォロワーを動機づけ，経済的な成果を高めるかについて研究を重ねてきた。

すなわち，既存のリーダーシップ論もまた戦略論と同様に，成果を高める手段・事実としてのリーダー行動に焦点を当て，価値問題を避けてきたのである。成果を高めるリーダーとは本当に良いリーダーなのか。リーダーが持つべき価値観や理念とは何か。道徳的に正しいリーダー（行動）とは何か。このような規範的問題は科学が扱うべき問題ではないとして捨象されてきたといえる。

しかし，リーマンショックなどにより，改めて経営者の過度の利潤追求行動が問題となり，「本当の」，「本物の」リーダーとは一体どのような人物なのか，利益を追求するビジネスリーダーだからこそ，道徳や規範といった利潤以外の真正な目的や価値観が重要なのではないか，ということが改めて問い直されているのである。

(2) オーセンティック・リーダーの特徴と典型的行動

ノースハウス（Northhouse, P.G. [2010]）によると，オーセンティック・リーダーシップ論には実践的アプローチと理論的アプローチがある。実践的アプローチとは実際にオーセンティックなリーダーの事例を取り上げる研究であり，理論的アプローチとはオーセンティックな行動を科学的・データ的に明らかにする研究である。まず，実践的アプローチによって明らかにされているいくつかの特徴を見てみよう。

① 「死に近い（near death）経験」

自らの真正な目的を悟ることがオーセンティック・リーダーになる第一歩である。つまり己を取り巻く世界を認識し，その世界において自分が情熱を持って果たすべき社会的役割や使命に覚醒するのである。興味深いのがそうした自己（再）発見が職務上の経験をきっかけとして起こるのではなく，病気，事故，近親者の死そして別離などの臨死や死に等しいような個人生活的な危機を通じて起こることである。このような経験によって，人はむしろ仕事上のしがらみや所属組織の利害関係を離れ，新たに自分の存在意義を問い直し本当になすべきことに気づく。

事例で考える

死に近い経験―スティーブ・ジョブズ―

Mac，iPod，iPad や iPhone など，常に時代に先駆けてスタイリッシュかつ革新的な製品を生み出し続けた，元 apple・CEO のスティーブ・ジョブズは，わたしたちのネット社会や生活のあり方を大きく変えてしまった。いまや，スマートフォンやタブレットのない社会生活など考えられないだろう。

今は亡きスティーブ・ジョブズは 2005 年に，有名なスタンフォード大学の卒業式での講演において死について触れている。彼はこのスピーチの 1 年前に癌と診断される。最終的にはその癌が彼の命を奪うのだが，この時点では治療可能と診断され，自分が最も死に近づいた瞬間だと述べている。

彼は，自分はまもなく死ぬという認識が，重大な決断を下すときに一番役立つという。なぜなら，プライドや失敗する不安など，自分を覆う虚飾を死がすべて剥ぎ取り，なんら意味もないものにするからだ，という主旨の発言をしている。すべてが剥ぎ取られた後に残るものが，本当に大切なことであり，我々はその内なる自分の心・声に従うべきであるという。

彼自身は結局ニア・デスにとどまらず生還することは適わなかったが，死を自覚する「ニア・デス経験」によって，人は地位，名誉，金銭，権力，奢侈などの世俗の執着を捨て，真の自分のあり方や生きる意味を悟ることを，スティーブ・ジョブズは示したのである。

（参考）日本経済新聞のスピーチ全訳 HP より

② 「勇気」

人はリーダーとして正しいことをなそうとしても，さまざまな利害関係やしがらみからなかなか実践できないものである。このとき，実行にうつさせるものが勇気であるという。ただし，勇気は教えたり学んだりできるものではなく，自ら実践し経験することでしか身につかない。さらに本来的に勇気あるリーダー行動はリスクが高く，ある勇気ある行動は必ずしも次の勇気ある行動を容易にしたり保障したりしないという。

③「自己規律」

真実の自分の目的を一貫させる行動が自己規律である。オーセンティック・リーダーは，自らが試される最も困難な状況でも己の社会的・公共的信念に忠実であり，さらに職場やプライベート，あるいは地域社会やコミュニティなどあらゆる生活局面において一貫した自己を保持する。リーダーたる人物はなにも職場だけで自己を律し使命を果たせばよいというわけではない。職場以外においても一貫した健全な自己と行動を維持し，統合された存在でなければならないという。つまり，公私にわたりリーダーシップの研鑽プロセスを生涯歩み続ける，信頼にたるリーダーなのである。

続いて，理論的アプローチによって，おおむね次のようなオーセンティック・リーダーの典型的行動が指摘されている。

①「自己認識」

自己認識は実践的アプローチの真実の自己を知ることに類似する。実際の行動に駆り立てるような自分自身の強みや弱み，中核となる価値，自我，感情，動機，そして目的を最も深い意識で捉え，継続して理解していくプロセスであるという。

②「内面化された道徳観念」

実践的アプローチの自己規律に相当する。自分の内面に深く根ざした道徳観を持ち，外圧によってではなく，その道徳的な指針や基準に導かれ行動することである。真の自分を自覚したのちの行動は，しばしば周りからの妨害に合い，多くの障害に直面する。そのような困難な状況に左右されて己の行動を変えていては，リーダーとして本物ではないのである。

③「バランスのある処理」

バランスのある処理とは，情報を目的に照らし合わせて客観的に処理することである。この種のリーダーは選り好みで物事を判断せずに，意思決定の前に自分の意見をオープンに表明し，自分に同意しない人々も含めて広く他の人々の意見に耳を傾け，公正に評価する。これも強靭な自己規制行動の一種である。

④「関係的透明性」

関係的透明性とは，自分の傷つきやすさや弱みすら含めて，自分の感情，思いや動機といった本当の姿をフォロワーやその他の人々に素直に開示し，正直なコミュニケーションを図る行動であり，さらにそうしたコミュニケーションを通じて自己を改める行動である。これもまた強い自己規制や規律を必要とする。

このようにビジネスリーダーのあくなき利益追求の反省から提唱されたオーセンティック・リーダーの特徴や行動は，リーダーが自己をどう理性的にコントロールし公共的・道徳的観点から企業経営を行うかにかかわっている。

コーポレート・ガバンスによる経営者の過剰な利潤追求戦略の規制は物的・制度的コントロールだといえるだろう。対して，経営者自らが道徳的・公共的目的に目覚めることによって，自らで律しようとするオーセンティック・リーダーシップは，人的・内面的コントロールといえる。

考えてみよう③

あなたはオーセンティック・リーダーになれるだろうか。あなたが本当になすべきこととは何だろうか，そして，それをどんな困難に直面しても貫けるだろうか。考えてみよう。

■企業経営者の真正な目的とは

実際には科学的・実証的なリーダーシップ論では主流とはなっていないものの，リーダーシップにおける道徳や価値の重要性は早くから指摘されていた。セルズニック（Selznick, P.［1957］）の制度的リーダーシップとバーナード（Barnard, C.I.［1938］）の道徳的リーダーシップの議論である。

セルズニック［1957］によると，組織の意思決定が事実前提で行われているとき，すなわち所与の目的に従い手段上・手法上の意思決定が淡々となされている状況では，特段，リーダーのリーダーシップは必要ではない。リーダーシップは，その目的自体すなわち価値前提を問い直さなければならないような危機的状況で必要となる。つまり，その組織の制度的使命を定義し目標を設定することで，制度に価値を吹き込むのが指導者の役割なのである。このようなリーダーシップを制度的リーダーシップと呼ぶ。

また，バーナード［1938］は組織にはさまざまな道徳準則（価値観）が存在し互いに対立しているという。この相互に対立した道徳準則ないし価値観を，より高い見地・次元から包括・統合するような道徳準則を作り上げることこそが経営者の役割であり，きわめて重要かつ創造的な活動なのである。これを道徳的リーダーシップという。

まさに，リーマンショックなどによって利潤獲得という既存の企業の価値が問い直されており，オーセンティック・リーダーシップの提唱は経営者が道徳的・制度的リーダーシップを発揮して，より高次の企業の制度としての価値や道徳を見いだすべきであることを指摘しているといえる。

そして，特に上記のバーナード［1938］の議論は，経営者がそのような真正な目的や使命にいたる方法を示唆している。しばしば，具体的なオーセンティック・リーダーの例として，非暴力主義でインド独立を主導したガンジーや，貧しい人々や病人に救いの手を差し出したマザー・テレサなどの宗教や福祉の指導者が挙げられる。宗教的指導者は，自身の持つ道徳的目的が社会奉仕という宗教組織自体の根本目的に一致するので，純粋にオーセンティックなリーダー活動に没頭しやすいからだろう。

また，NPO などにもオーセンティックな志を持ったリーダーが多いだろう。NPO は文字通り非営利組織（Non-Profit Organization）であり，営利を求めるのではなく，公共的・福祉的活動をメインに行う組織である。今日の競争社会によって振り落とされた経済的・政治的弱者を救いとるセーフティネットとなっている。個人の公共的な志と組織の活動目的が一致しているので，オーセンティック・リーダーが活動しやすい組織形態といえる。

しかし，以上に比べ企業の根本目的は利潤追求であり，たとえ経営者が真正な目的に目覚めたとしても，会社の機関たる経営者として利潤を追求しなければならないというプレッシャーもまた存在し，個人の社会的使命感と組織の利潤目的の間で葛藤することになる。したがって，ビジネス界においてオーセンティック・リーダーは出現しにくいのかもしれない。とりわけ，オーセンティックな行動は中小企業よりも大企業において困難だろう。個人事業主などはビジネスを通じて自分の夢を追求しやすいが，さまざまな利害関係者の利益要求にさらされている大企業の経営者はそう簡単には行えない。

そこで大規模企業の経営者に求められることは，バーナード［1938］が指摘するように，利潤追求を否定したりすることなく，それをより高度な見地から公共性や利他性といった矛盾する概念と統合させ，一段高いより善き道徳準則へと昇華させることだろう。先述したように，それはとても困難な知的作業であるが，企業において経営者にしかなしえない創造的で挑戦的な仕事なのである。

事例で考える

利潤追求と社会的使命の統合①　松下幸之助

例えば松下電器産業（現パナソニック）の創業者である松下幸之助は，水道哲学という経営理念を持っていた。すなわち，水道の水のように，大量にモノ（家電製品）を生産することによって安く消費者に提供し，世の中を豊かにしたいという考えである。モノ不足で貧しい家庭が多かった当時の日本において有効な哲学であった。

さらに彼は，利益はこの社会貢献の度合いを測る指標であり，多く利益を獲得したということはそれだけ社会貢献したこと（世の中を豊かにしたこと）だと述べている。利益は経営の目的ではなく，公共に奉仕した結果，後からついてくるものであるという考え方だろう。

以上の理念は，その是非はともかく，利潤獲得と公共的使命の統合を図ろうとした，１人のビジネスリーダーがたどり着いた解であったといえる。

事例で考える

利潤追求と社会的使命の統合②　社会的起業家

オーセンティック・リーダーシップを備えた事業家として挙げられるのが社会的起業家（社会的企業家：Social Entrepreneur）だろう。社会的起業家とは私企業や国・地方の公的機関が手を付けないような社会的問題や課題をビジネスの発想と仕組みによって解決し，社会的な革新をなす人々を指す。公共への奉仕を単なる一時的ボランティアに終わらさず，ビジネスとして成り立たせることで運転資金を確保し，事業体として活動に永続性を持たせるのである。

代表的な社会的起業家に，バングラディッシュにあるグラミン銀行の創設者であるムハマド・ユヌスが挙げられる。彼は，大手銀行などが絶対にビジネスの対象としないような農村部の貧困層へ，比較的低金利の少額の無担保融資を行い，弱者の救済をビジネスとして成立させている。

また，アメリカの女性社会起業家のロザンヌ・ハガティも有名である。彼女はNPOを立ち上げて資金を募り，廃墟となり犯罪の温床となっていたホテルを買い取ってマンションに改装した。そして，ホームレスや低所得者向けに低家賃で部屋を貸し出す事業を始めた。

このマンションには，就業訓練所やカウンセリング施設なども備わっており，また就労先の斡旋なども行う。つまり，ホームレスが家を持って再起し，きちんと自分自身で働き家賃を払って生活できるように支援するのである。一見矛盾する「ホームレスの経済的自立」という公共的使命と「賃貸マンション」という営利事業を，見事に両立させているのである。

この事業は地域社会にも恩恵をもたらした。犯罪率が下がり安全な街になることで地価も高くなり，地域経済が活性化したという。

考えてみよう④

企業において利潤追求と公共性（社会性）は両立できるだろうか。また，どのようにすれば両者を統合できるだろうか。「利潤追求と社会的使命の統合」の事例①と事例②を参考にして考えてみよう。

4．戦略の前にあるべきもの

企業はわたしたちが消費者として生きていくために必要なモノ・サービスを提供し，同時に労働者として働くことによってそれらのモノ・サービスを購入するための賃金を提供してくれる。また，そうした有形の対価だけではなく，さらには自己実現の場や働き甲斐や生きがい，職場を通じた豊かな人間関係など精神的な充足も提供してくれる。現代社会において，わたしたちの生活に占める企業の存在は大きい。

ただし，その一方で，企業は人類が開発した最も効率的な利潤拡大マシーンである。そして，株式会社などのさまざまな会社形態を開発することで，そのマシーンを歴史的に洗練させてきた。企業は，無機的に自己の存在目的である利潤獲得を達成しようとする。その本質を忘れるべきではないだろう。そして，経営者は人格を持ったその忠実な実行機関（片岡［1992］）であり，戦略はその人格的担い手が冷徹に他社（者）を排除するために用いる手段であった。これら 3 つの要素が重層し合うとき，必要以上の利潤追求と他社排除が行われ，さまざまな社会のゆがみが生み出される。

本章では，過剰な戦略行動がそのような事態を引き起こさないために，戦略（の策定）の前にあって，それをコントロールするものとしてのリーダーシップ（価値の問題）について着目した。

企業の本質は変わらない。経営者もその本質的役割から逃れられない。ただし，経営者が企業の利潤追求の人格的担い手であるならば，その人格の道徳的・倫理的側面に働きかけ，戦略の手綱を握り過度の利潤追求を抑制するという方法がある。それが，オーセンティック・リーダーシップの議論といえる。

しかし，公共性や社会性は利益性と鋭く対立し，経営者の人格（心）の中で葛藤を生じさせ，また経営者と周りの人々との間でも軋轢を生じさせるだろう。したがって，経営者には社会性も利益性も否定することなく，それらを高次で統合し超克するビジネス・コンセプトないしシステムを生み出すことが求められる。そして，そのための英知・見識を磨くことこそが，ビジネス・エリートたる経営者の真の務めであるといえるだろう。

主要参考文献

Barnard, C.I.［1938］*The functions of executive,* Harvard University Press.（山本安次郎・田杉　競・飯野春樹訳［1968］『新訳　経営者の役割』ダイヤモンド社）

出見世信之［2003］「アメリカの企業統治構造」佐久間信夫編著『企業統治構造の国際比較』ミネルヴァ書房，39 ～ 67 ページ。

片岡信之［1992］『現代企業の所有と支配』白桃書房。

経営学検定試験協議会監修・経営能力開発センター編［2013］『経営学検定試験公式テキスト①』中央経済社。

Northhouse, P. G.［2010］*Leadership: Theory and practice,* 5th ed., SAGE Publications.

Selznick, P.［1957］*Leadership in administration,* Harper and Row.（北野利信訳［1963］『組織とリーダーシップ』ダイヤモンド社）

Simon, H.A.［1955］*Administrative behavior,* Macmillan.（松田武彦・高柳　暁・二村敏子訳［1989］『経営行動』ダイヤモンド社）

山城　章［1975］『経営原論　第 2 版』丸善。

吉村泰志［2011］「リーダーシップ論」佐久間信夫・坪井順一編著『現代経営組織論の基礎』学文社，136 ～ 151 ページ。

■参考 URL

日本経済新聞「「ハングリーであれ。愚か者であれ。」ジョブズ氏スピーチ全訳」http://www.nikkei.com/article/DGXZZO35455660Y1A001C1000000/（2014 年 9 月 30 日アクセス）

索　引

《著者紹介》（五十音順）

稲田 賢次（いなだ・けんじ）担当：第1章，第3章，第5章
大阪学院大学経営学部准教授。
龍谷大学経済学部卒業，龍谷大学大学院経営学研究科修士・博士課程修了。博士（経営学）。2008年4月より大阪学院大学経営学部ホスピタリティ経営学科講師を経て，2013年より現職。著書として，『小売業態における概念の問題とシステム的意義』（関西学院大学出版会），『現代の流通と政策』（共著，中央経済社），『現代のマーケティング』（共著，中央経済社），『現代のマーケティングと商業』（分担執筆，五絃舎），『地域ブランド論』（共著，同文舘出版），『セールスメーキング』（分担執筆，同文舘出版）等。

伊部 泰弘（いべ・やすひろ）担当：第2章，第4章，第6章，第10章
新潟経営大学経営情報学部教授。
龍谷大学経営学部卒業，龍谷大学大学院経営学研究科修士・博士課程修了。博士（経営学）。龍谷大学非常勤講師，敦賀短期大学職員・非常勤講師を経て，2007年10月より新潟経営大学経営情報学部准教授，2013年10月より現職。著書として，『日本と中国の現代企業経営』（分担執筆，八千代出版），『現代マーケティング』（分担執筆，ナカニシヤ出版），『現代のマーケティングと商業』（共編著，五絃舎），『京都に学ぶマーケティング』（分担執筆，五絃舎）等。

名渕 浩史（なぶち・ひろし）担当：第7章，第8章
近畿大学経営学部専任講師。
関西外国語大学外国語学部卒。大阪市立大学大学院創造都市研究科修士課程修了。民間マーケティング会社を経て現職。近畿大学非常勤講師。著書として，『現代のマーケティング』（共著，中央経済社），『中小企業の実践マネジメント』（共著，中央経済社），『経験の社会経済』（分担執筆，晃洋書房），『地域ブランド論』（共著，同文舘出版）等。

吉村 泰志（よしむら・たいじ）担当：第9章，第11章，第12章
帝塚山大学経営学部准教授。
帝塚山大学経済学部卒業，龍谷大学大学院経営学研究科修士課程修了，関西大学大学院博士後期課程単位取得満期退学，酒田短期大学経済科専任講師，帝塚山大学経営情報学科専任講師，助教授を経て，2007年より現職。著書として『経営戦略理論史』（分担執筆，学文社），『経営戦略の理論と実践』（分担執筆，芙蓉書房出版），『現代経営組織論の基礎』（分担執筆，学文社）等。

（検印省略）

2015年 7 月20日　初版発行
2018年 4 月20日　二刷発行　　略称 — 経営戦略

経営戦略論を学ぶ

著　者　稲田賢次・伊部泰弘
　　　　名渕浩史・吉村泰志
発行者　塚 田 尚 寛

発行所　東京都文京区春日2－13－1　株式会社 創 成 社
電　話　03（3868）3867　FAX　03（5802）6802
出版部　03（3868）3857　FAX　03（5802）6801
http://www.books-sosei.com 振 替　00150-9-191261

定価はカバーに表示してあります。

ISBN978-4-7944-2460-0 C3034
Printed in Japan

組版：トミ・アート　印刷：エーヴィスシステムズ
製本：宮製本所
落丁・乱丁本はお取り替えいたします。